Dr. Vernon Coleman praktiziert in den Midlands (England). Er ist tätig als Schriftsteller, arbeitet für den Rundfunk und war der erste ärztliche Ratgeber im englischen Fernsehen. Seine Medizin-Kolumnen erscheinen wöchentlich in Zeitungen auf der ganzen Welt. Er ist Autor von mehr als 30 Büchern, die in 11 Sprachen übersetzt wurden. Dr. Vernon Coleman ist Mitglied der »Royal Society of Medicine«.

Von Vernon Coleman ist außerdem erschienen:

»Gesund ohne Medizin« (Band 7750)

Vollständige Taschenbuchausgabe Dezember 1990
Droemersche Verlagsanstalt Th. Knaur Nachf., München
Titel der Originalausgabe »Mindpower«

Originalverlag Century Hutchinson Ltd., London

Umschlaggestaltung Adolf Bachmann
Umschlagfoto Steven Hunt/The Image Bank
Druck und Bindung Ebner Ulm
Printed in Germany 5 4 3 2 1
ISBN 3-426-07844-9

Vernon Coleman: Denk dich gesund

Die Macht des Geistes über den Körper

Aus dem Englischen von Dieter Kuhaupt

Knaur

Inhalt

Vorbemerkung

Doktor Vernon Coleman hat diesem in englischer Sprache geschriebenen Buch den kurzen und prägnanten Titel «Mindpower» gegeben, wobei es sich um eine eigene Begriffsschöpfung handeln dürfte. Im Untertitel erklärt er, worum es in seinem Werk geht: «How to use your mind to heal your body».

Das englische Wort «mind» wird so zu einem Schlüsselbegriff, der in seinen Ausführungen überaus häufig verwendet wird und dessen korrekte Übersetzung für das Verständnis des gesamten Textes entscheidend ist. Nun weist aber «mind» im Englischen ein sehr weites Bedeutungsfeld auf und wird zum Beispiel in der Freud'schen Psychologie für «Seele», «Psyche» gebraucht. Erkundigungen bei Fachleuten haben indes übereinstimmend ergeben, daß «mind» hier nicht so zu verstehen ist. Als deutscher Entsprechung bedienen wir uns vielmehr des Wortes «Geist», wie denn allgemein «the human mind» mit «menschlicher Geist» übersetzt wird, der in ausdrücklicher Gegenbeziehung zu «Körper» und «Materie» steht.

In freierer Übertragung wird man «mind» auch als «gedankliche Kraft», «positive Gedankenkraft», «Bewußtsein», «innere Einstellung» oder ähnliches bezeichnen dürfen, während «mindpower» am wörtlichsten mit «Geistesmacht» zu übersetzen wäre. Auf deutsch würde der Untertitel dann wie folgt lauten: «Wie man mit Hilfe positiver Gedankenkräfte seinen Körper heilt». Wir haben – so steht zu hoffen – für unsere Buchausgabe eine leichter faßliche Version gewählt: «Die Macht des Geistes über den Körper».

Hinzuzufügen bleibt, daß die geistigen Kräfte, die erhellen, klären und ordnen und die willentlich gesteuert werden können, je nach persönlichem oder geschichtlichem Standpunkt einerseits die unbewußten, dunklen und geheimnisvollen Kräfte der Psyche mitenthalten und andererseits über die Person des Menschen hinausreichen – dann etwa, wenn von einem «Weltgeist» die Rede ist. Die Wortwahl in diesem Buch spiegelt somit bedeutungsmäßig eine gewisse Mitte, und man tut sicher gut daran, sich immer wieder der übergreifenden wie inhärenten Bedeutungskomponenten zu entsinnen.

1

Selbsthilfe und Selbstheilung aus dem Geist: die Geburt einer Idee

Macht und Einfluß des Geistes auf den Körper – dieses Thema interessiert mich seit anderthalb Jahrzehnten. Eines meiner ersten Bücher befaßte sich vor zehn Jahren mit der körperlichen Schadwirkung von Ängsten und Belastungen. Nach Darstellung der Gründe, warum in unserer Gesellschaft ein so stressiges Reizklima herrscht, führte ich die lange Liste von Krankheiten auf, die durch Belastungen aller Art entweder verursacht oder jedenfalls verschlimmert werden können.

Damals sah ich den Effekt der geistigen Kräfte auf den Körper noch überwiegend negativ. Zufriedenheit und Glück können das Erkrankungsrisiko herabsetzen, das wußte ich; aber daß die Geisteskräfte neben der Schad- auch eine ausgesprochene Heilwirkung haben können, war mir in diesem Sinne nicht bewußt. Glück und andere positive Emotionen hielt ich nur insofern für therapeutisch, als sie streßdämpfend wirkten.

Dann, einige Jahre später, hatte ich – modisch ausgedrückt – ein Aha-Erlebnis. Ich befand mich mitten auf einer anstrengenden Promotion-Tour für ein Buch, hatte in zwei Wochen Dutzende von Rundfunk- und Fernsehstudios besucht, mit zahlreichen Pressevertretern gesprochen, Hunderte von Meilen zurückgelegt, in obskuren Hotelzimmern übernachtet, war per Bahn, Flugzeug, Auto und zu Fuß gereist, hatte ein und dieselben Fragen tausende Male beantwortet.

Das Buch, um das es ging, hatte absolut nichts mit Streß zu tun – Thema war das unseriöse Gebaren der Kosmetikindustrie –, aber die Tour hatte mich in fast unerträglichem Maße gestreßt. Ich war fertig, körperlich und geistig.

Fünf Tage vor Abschluß der Tour wachte ich mit allen Anzeichen einer heftigen Erkältung auf. Halsschmerzen, Kopfschmerzen. Arme, Beine und Rücken taten weh, als hätte mich ein Schwergewichtsboxer zusammengeschlagen. Die Grippe hatte mich gepackt, und ich hätte mir ein paar Tage Ruhe gönnen und mich erholen müssen.

Aber ich hatte noch mehrere wichtige Interviews vor mir, und ich wußte, daß das Buch gut ging. Ein paar Tage mußte ich unbedingt noch durchstehen, dann konnte ich mich ausruhen, so lange ich wollte. Ein Großteil des in der Öffentlichkeit wachgerufenen Interesses würde wieder einschlafen, wenn ich die Tour vorzeitig abbrach.

Mit einem seltsam törichten Gefühl lag ich im Bett – und schloß einen Pakt mit meinem Körper und dem Erreger, der ihn befallen hatte. Ich erklärte beiden, daß ich unbedingt noch fünf gesunde Tage brauchte; hinterher mochte die Grippe mich überkommen, aber diese fünf Tage mußte ich haben. Dann stand ich auf, duschte und zog mich an.

Als ich reisefertig war, fühlte ich mich schon viel besser. Die Halsschmerzen waren verschwunden, die Stimme nicht mehr heiser und gebrochen. Keine Schmerzen mehr in den Muskeln, keine Kopfschmerzen. Meine Nase war nicht mehr verstopft, und nur noch das Reisefieber plagte mich.

Ungelogen – die nächsten fünf Tage überstand ich beschwerdefrei. Pünktlich erschien ich in den Funk- und Fernsehstudios und absolvierte die geplanten Interviews. Alles ging gut, das Buch verkaufte sich und erlebte weitere Auflagen.

Nach Beendigung der Tour fuhr ich heim und wollte mich erholen, ehe ich an mein nächstes Manuskript ging. Ich wußte schon, worüber ich schreiben wollte, wußte aber auch, daß ich zunächst etwas Ruhe brauchte. Den Pakt mit dem Grippevirus und den Pakt mit meinem Körper hatte ich völlig vergessen.

Aber mein Körper hatte ihn nicht vergessen. Und auch der Erreger war nicht verschwunden. Kaum hatte ich die Schuhe ausgezogen, fing mein Hals wieder zu schmerzen an. Das Kopfweh kam zurück, die Schwere in den Gliedern, das Schniefen in der Nase. Binnen ein, zwei Stunden stellten sich wieder sämtliche Symptome ein, die ich fünf Tage zuvor registriert hatte.

All dem schenkte ich seinerzeit nicht allzuviel Beachtung. Ich war müde und krank und wollte mich einfach nur ausruhen. Da ich keine Interviews mehr zu geben hatte, legte ich mich in den nächsten Tagen hin und ließ meinen Körper Genesungsarbeit leisten.

Erst im nachhinein erinnerte ich mich wieder an den geschlossenen Pakt. Mir fiel ein, wie ich mich fünf Tage vor Ende der Tour gefühlt hatte. Und mir fiel das mirakulöse Verschwinden der Grippesymptome ein.

Damals bekam ich eine erste leise Ahnung von den Kräften, die im menschlichen Geist schlummern, von Kräften, die alles übersteigen, was ich mir hatte träumen lassen; der kleine, isolierte und durchaus bedeutungslose Vorfall öffnete mir die Augen dafür, daß im menschlichen Bewußtsein Potenzen vorhanden sind, die wir noch nicht annähernd erschlossen haben, Kräfte, die unsere Körperreaktionen auf Krankheit und Infektion mitsteuern und gezielt einsetzbar sind, um unsere Gesundheit und unser Wohlbefinden zu verbessern. Plötzlich paßte vieles zusammen und ergab einen Sinn.

Nach meinem Examen praktizierte ich bis zu dem Zeitpunkt, da ich ins freie Autorenfach überwechselte, zehn Jahre als Allgemeinarzt. In dieser Zeit bekam ich es wiederholt mit Patienten zu tun, die rein medizinisch hätten «tot sein müssen», aber immer noch lebten. Ein großes Rätsel für den jungen Mediziner, den man in dem Glauben erzogen hatte, die Wissenschaft sei allmächtig und der menschliche Körper reagiere auf Erkrankungen und Belastungen grundsätzlich immer in gleicher Weise.

Herausgegriffen sei ein Beispiel. Pam, eine junge Frau, die an Darmkrebs litt, hatte nach Ansicht der behandelnden Krankenhausspezialisten höchstens noch ein paar Wochen zu leben. Aber: Sie starb nicht. Und sie weigerte sich sogar, im Krankenhaus zu bleiben. Pam war alleinerziehende Mutter von drei kleinen Kindern, zu denen sie wieder nach Hause wollte. Die von den Krankenhausärzten veranlaßten Labor-Tests zeigten, daß sie eigentlich hätte sterben müssen. Doch sie starb nicht, obwohl sie bis zum Skelett abmagerte.

Niemand begriff, was sie noch am Leben hielt. Medikamente konnten es nicht sein. Die angebotenen Medikamente hatte sie nicht vertragen, und sie hatte die Chemotherapie abgebrochen. Am Ende freilich wurde Pam so schwach, daß sie in einen kurzen Krankenhausaufenthalt einwilligte, vorausgesetzt, ihre Kinder würden unterdessen von einer anderen Familie versorgt. Dies – so schien es plötzlich – war der Schlüssel zu allem. Die Kinder durften nicht auseinandergerissen werden, sonst hätte sie sich auf keinen Fall ins Krankenhaus einweisen lassen.

Es war nicht leicht, für Pams drei Sprößlinge ein Zuhause zu finden. Die Sozialarbeiter, mit denen ich mich in Verbindung setzte, wollten die Kinder in verschiedene Heime stecken. Es gab zu der Zeit nämlich kein Heim, das drei neue Zöglinge auf einmal hätte aufnehmen können. Gerade als ich daran verzweifeln wollte, je eine Lösung zu finden, führte ein Zufallsgespräch mit einem anderen Patienten dazu, daß wir eine Pflegefamilie fanden – für alle drei. Darauf ging Pam ins Krankenhaus.

Jeden Tag besuchten sie die Kinder. Auf Pams ständige Ängste und Fragen antworteten sie, sie seien glücklich und zufrieden in ihrem neuen Zuhause, und erzählten, was sie mit den Pflegeeltern alles unternommen und erlebt hatten. Die Mutter fehlte ihnen, aber sie hatten sich eingelebt und waren zusammen. Zu meiner Überraschung bestand Pam nicht mehr darauf, aus dem Hospital entlassen zu werden. Sie schien – vorerst – damit zufrieden, dort zu bleiben.

Und dann fragte sie mich eines Tages, ob die Kinder nicht für immer bei den neuen Eltern bleiben könnten. Die Antwort war ein klares

«Ja». Die Pflegeeltern hatten den neuen Nachwuchs schnell lieben gelernt. Sie wollten sich nicht mehr davon trennen.

An diesem Tag starb Pam. Es war, als hätte sie planmäßig so lange am Leben festgehalten, bis sie sicher sein konnte, daß ihre Kinder gut versorgt waren. Sie hatte die medizinische Wissenschaft Lügen gestraft: durch Willenskraft, durch starke Entschlossenheit, so lange durchzuhalten, wie es nötig schien. Als die Ängste um ihre Kinder beschwichtigt waren, ließ sie das Leben fahren und erlag dem Krebs, dem sie schon Wochen, Monate zuvor hätte erliegen «müssen».

Pam war kein Einzelfall. Ich habe zahlreiche weitere Fälle dieser Art erlebt. Jedesmal schaffte ich es, mir einzureden, es müsse sich um eine Ausnahme handeln, die Labor-Tests seien falsch gewesen oder es wären unbekannte Faktoren im Spiel gewesen. Jedesmal widerstand ich der Versuchung zu glauben, eine stärkere, innere Kraft könne mitgespielt haben – könne dem Tod Trotz geboten oder einen Pakt mit ihm geschlossen haben.

Nicht nur meine persönliche Erfahrungen als Arzt brachten mich allmählich zu der Überzeugung, daß die Macht des Geistes über den Körper weit größer sein kann, als unsere Schulweisheit sich träumen läßt. In die gleiche Richtung deutete die in den sechziger und siebziger Jahren anschwellende Lawine von Fachpublikationen über die Zusammenhänge zwischen Geist und Physis.

Gewiß, vieles, was man da zu lesen bekam, hatte anekdotischen Charakter und konnte leicht ins Fabelreich verwiesen werden. Kritisch, wie die meisten Ärzte, stand ich Geschichten von fernöstlichen Jogis gegenüber, die ihren Puls stillstehen ließen oder über rotglühende Kohlen wandelten. Ärzten wird Zynismus und Skepsis anerzogen, und in beiden Spezialitäten hatte ich es weit gebracht. Ich glaubte nicht, was sich nicht klipp und klar beweisen ließ.

Manches aber, was ich las, war nicht so leicht als Fabel abzutun. 1972 zum Beispiel veröffentlichten zwei seriöse amerikanische Forscher (der eine war von der Harvard-Universität) Ergebnisse, die zeigten, daß bei Meditation der Sauerstoffverbrauch und der (Stoffwechsel-)Grundumsatz deutlich sinkt und daß Angstzustände bei Menschen, die meditieren, meßbar nachlassen. Aus Frankreich kamen Forschungsergebnisse von Physiologen, wonach Meditierende tatsächlich ihren Herzschlag verlangsamen, ja sogar stoppen können. 1970 zitierte das renommierte britische Ärzteblatt *Lancet* wissenschaftliche Belege, aus denen hervorging, daß die Atemfrequenz bei Meditation beträchtlich zurückgeht. Und an der Universität Köln stellten Forscher fest, daß Meditierende ihren Aggressions-, Depressions-, Reizbarkeits- und Nervositäts-«Pegel» zu senken vermochten.

Eine wahre Flut von ähnlich lautenden Ergebnissen: Überall auf der Welt fanden Forscher, daß der menschliche Geist vielerlei positive Wirkungen auf den Körper ausüben kann und daß man durch die Steuerung der geistigen Kräfte auch die Reaktionsweise des Körpers beeinflussen kann. Es sei hier ausdrücklich hervorgehoben, daß diese Erkenntnisse keineswegs neu waren. Schon jahrzehntelang hatte man solche geistig-leiblichen Zusammenhänge postuliert. Nur wurden, je mehr ich mich umschaute, die Zeichen immer deutlicher, daß es sich eben nicht nur um abseitige Hypothesen, sondern um wertvolles Material handelte, das der Ärztestand schlichtweg ignorierte.

Rückschauend auf die Anfänge der Medizin vor Tausenden von Jahren fiel mir auf: Das Wissen von der Macht des Geistes über den Körper ist uralt. Schon vor Jahrtausenden praktizierten die Inder Blumen-, Duft- und Musiktherapien bei Genesenden. Hippokrates, der Altvater der Medizin, wußte, daß das Geistesleben eines Menschen ungeheuren Einfluß darauf hat, welche Art von Krankheiten er bekommt und wie diese Krankheiten individuell bei ihm verlaufen. Er, vor über zweitausend Jahren lebend, kannte den Wert von Meditation und geistiger Entspannung. Die kaum zu überschätzende positive Macht, welche der Geist über den Leib haben kann, war ihm durchaus bewußt.

Während ich einerseits immer mehr Indizien-Bausteine für das sich entwickelnde Konzept der «gesundheitlichen Selbsthilfe mit geistigen Mitteln» fand, stand ich andererseits vor ebenso vielen Fragen wie Antworten. Da kam einmal, als ich noch als Arzt praktizierte, eine ältere Dame in die Sprechstunde und wollte etwas gegen ihre Wintererkältung. Nicht die üblichen Grippenspritzen oder Vitamintabletten, sondern «etwas vom Besseren».

Was sie damit meine, fragte ich.

«Na, was ihr Ärzte selber nehmt», sagte sie. «Ihr sitzt da den ganzen Tag und werdet angeniest und angehustet und kriegt nie einen Schnupfen.»

Das Medikament «vom Besseren» konnte ich leider nicht verschreiben; es gibt kein Spezialmedikament für Ärzte. Und doch – ganz unrecht hatte sie nicht. Ärzte, besonders Allgemeinpraktiker, sind naturgemäß besonders hohen Infektrisiken ausgesetzt; sie werden von ihrer Patientenschar mit Krankheitserregern geradezu bombardiert und erkälten sich – so scheint es – doch nur selten. Bei mir war es so, daß ich mich eigentlich nie in der Praxis, sondern nur anderswo erkältete. Drei Monate konnte ich unbeschadet in der Schußlinie sitzen, und nach einem Fünf-Tage-Urlaub kam ich mit verschnupfter Nase und tränenden Augen zurück.

Und das gilt nicht nur für die ordinäre Erkältung. Ärzte, die mit Patienten arbeiten, die an anderen Infektionskrankheiten leiden, scheinen sich mit diesen Krankheiten nur selten anzustecken. Missionare, bei denen Menschen mit allen möglichen schrecklichen Erregern ein- und ausgehen, bleiben bemerkenswert gesund, obwohl sie eigentlich erkranken sollten. Fragen über Fragen, die ich nicht beantworten konnte, auf die ich aber unbedingt eine Antwort finden wollte.

Anfang der achtziger Jahre glaubte ich mich einer Lösung all dieser Fragen nahe, einer Erklärung, warum todgeweihte Patienten wie Pam am Leben blieben; warum ich auf meiner Promotion-Tour den Grippevirus vorübergehend hatte abschütteln können; warum bei Patienten mit gleicher körperlicher Konstitution in gleichen Streßsituationen der eine aufblüht, der andere dahinwelkt. Der Verdacht kam mir, daß etwas faul sein mußte im Staate der orthodoxen Medizin; daß meine Ausbildung irreführend gewesen war und daß wir alle – Ärzte und Patienten – uns von den technischen Wundern der modernen Wissenschaft bis zur Orientierungslosigkeit hatten verblenden lassen.

2
Traditionelle Einflüsse und medizinische Praxis

Mein erstes Buch, 1975 veröffentlicht, war eine kritische Attacke auf die Pharma-Industrie gewesen. Ich hatte die vielen Methoden publik gemacht, mit denen Ärzte von den Pharma-Konzernen dazu verführt werden, Mittel zu verschreiben, die weder ungefährlich noch wirkungsvoll sind. Das Buch hatte seinerzeit in Fachkreisen einiges Aufsehen erregt. Ärzte hatten mich heftig dafür angegriffen, daß ich zu behaupten wagte, sie verschrieben riskante Produkte.

Mein zweites, ein Jahr darauf erschienenes Buch hatte mich einen Schritt weitergebracht. Ich hatte die Welt der medizinischen Forschung kritisch durchforstet und war zu der damals überraschenden Schlußfolgerung gekommen, daß die Forschung die praktische Gesundheitsversorgung nicht nennenswert verbesserte, sondern eher selbstzweckhaft Informationen aufhäufte und Bibliotheken mit wissenschaftlichen Veröffentlichungen füllte, die kaum irgendeinen praktischen Wert hatten. Viele Forscher – so mein Schluß – folgen persönlichen und kommerziellen Motiven und sammeln Wissen aus den falschen Gründen.

Trotz aller Kritik an der Pharma- und an der Forschungsindustrie hatte ich indes noch nicht hinreichend erkannt, warum die Medizin derart auf eine falsche Bahn geraten war. Und fehlgeleitet war sie zweifellos. Die Hilflosigkeit, mit der sie den großen gesundheitlichen Problemen des zwanzigsten Jahrhunderts gegenüberstand, war zu offensichtlich.

Im neunzehnten Jahrhundert hatte die Medizin zunächst revolutionäre Fortschritte gemacht. Zu Anfang jenes Jahrhunderts herrschte drückend niedrige Lebenserwartung, Millionen von Kindern erreichten nie das Erwachsenenalter. Typhus, Cholera, Pocken und Tuberkulose säten Tod. Dramatischer Wandel bis zum Jahrhundertende: die Lebenserwartung hatte sich entschieden gesteigert. Höherentwickelte Hygiene, bessere Wohnbedingungen, bessere Versorgungs-Infrastruktur und fortschrittlichere Agrarmethoden bescherten den Menschen mehr zu essen, menschenwürdigere Wohnstätten, saubereres Trinkwasser und größeren Krankheits- und Infektionsschutz.

Rosige Zeiten also beim Anbruch des zwanzigsten Jahrhunderts. Die pharmazeutische Industrie entwuchs gerade den Kinderschuhen, chirurgische Techniken verfeinerten sich zusehends. Jeder, der um die Jahrhundertwende lebte, mußte das Gefühl haben, daß es mit der medizinischen Kunst unablässig aufwärts gehe und daß die Menschen in Zukunft länger und glücklicher leben würden.

Dieser Traum erfüllte sich nicht. In den letzten zwanzig Jahren ist mehr Geld für medizinische Versorgung und Forschung ausgegeben worden als in allen früheren Zeiten zusammengenommen. Auch inflationsbereinigt ist das eine schwindelerregende Summe. Das Gesundheitswesen ist zu einer der größten und schnellstwachsenden «Industrien» der Welt geworden. Ein kaum glaublicher Aufwand – zu dem die Resultate in keinerlei Verhältnis stehen. Nur sehr wenige wichtige medizinische Fortschritte sind im letzten Vierteljahrhundert gemacht worden, und dies auf Gebieten, in denen man auf jahrzehntelanger Vorarbeit aufbauen konnte.

Trotz allem individuellen ärztlichen Engagement: Die Medizin ist in ein «Tief» geraten, und weder die Qualität noch die Quantität des Lebens in den entwickelten Ländern hat sich nennenswert gebessert. Nach Schätzung der Weltgesundheitsorganisation hat sich in einigen entwickelten Ländern die Lebenserwartung in den letzten Jahren sogar wieder leicht verschlechtert, und die Sterblichkeitsrate unter jungen Menschen ist gestiegen.

Irrungen, Wirrungen und Widersprüche kennzeichnen das Bild. Einerseits, im Statistikerjargon, ein «Rentnerberg». Andererseits ansteigende Todesziffern unter den Dreißig- bis Fünfzigjährigen. Die Kosten des Gesundheitswesens klettern ins Uferlose; zugleich zeigen Statistiken, daß die Menschen heute mit höherer Wahrscheinlichkeit krank werden als noch vor einer Generation. Alljährlich steigt die Zahl der Ärzte; gleichzeitig sinken bei Ärztestreiks regelmäßig die Todesziffern.

Ernährungsmöglichkeiten und Medikamentenpalette sind heute reichhaltiger als je zuvor. So gibt es Indizien, daß z. B. in Großbritannien die Bevölkerung nie gesünder war als in der Notzeit des Zweiten Weltkrieges. Die Regierung behauptet, den Wert der Präventivmedizin zu kennen, und dennoch nehmen in Großbritannien die Hälfte der Erwachsenen und ein Drittel aller Kinder jeden Tag mindestens ein Medikament zu sich.

Einerseits hat die Apparatemedizin einen ungeheuren Aufschwung genommen; andererseits greifen Krebs-, Immun- und Allergieleiden immer stärker um sich. Trotz hochspezialisierter Intensivstationen für Herzinfarkte sterben mehr Menschen an Herzleiden denn je. Die jungen Leute sind heute größer und kräftiger als früher; trotzdem verdoppelt sich jedes Jahrzehnt die Zahl der zuckerkranken Kinder. Immer mehr Menschen wohnen in klimatisierten, zentralgeheizten Räumen; nichtsdestotrotz sterben noch Millionen an Infektionen.

Einerseits gibt es mehr Chirurgen und Operationssäle als je zuvor, andererseits immer noch sehr lange Wartelisten. Neue Verfahren, neue Arzneimittel werden heute gründlicher und umfassender getestet denn je; dessen ungeachtet steigt die Ziffer der arztinduzierten Krankheiten. Nie hat es mehr Regeln zum Schutz der Patienten gegeben, und nie sind Patienten stärker ihrer Freiheit beraubt worden. Wir haben die Technologie zur Verhütung unerwünschter Schwangerschaften, und doch werden immer mehr Abtreibungen vorgenommen. Nie war die Medizin so hochentwickelt wie heute, und nie waren Patienten so unzufrieden wie heute. Nie haben sich Ärzte stärker bemüht; nie waren sie ungeliebter.

Insgesamt eine katastrophale Bilanz, für die es keine simple Erklärung gibt. Woran liegt es? Teils daran, daß der Ärztestand in den letzten hundert Jahren ein System der medizinischen Versorgung geschaffen hat, das mehr auf die Interessen der Mediziner als auf die der Patienten ausgerichtet ist. Und teils daran, daß die Medizin die öffentlichen Bedürfnisse und Belange falsch bzw. gar nicht verstanden hat.

Haupt- und Grundursache ist in meinen Augen jedoch, daß sich die Medizin zuviel Macht angemaßt hat. Fasziniert von den Wundern der Wissenschaft, haben die Ärzte die körperlichen und geistigen Selbstheilungskräfte des Menschen aus dem Blick verloren. Von der eigenen Fachpropaganda bezirzt, haben sie einen Berufsstand aufgebaut, der die Therapie zu hoch und das Heilen zu gering achtet. Zum erstenmal in der Geschichte haben wir einen Ärztestand, der nachhaltig in die Natur einzugreifen vermag. Und zum erstenmal haben wir einen Ärztestand, der das Phänomen «natürliche Heilung» außer acht läßt.

Die Zunft der Ärzte ist machtbewußt geworden und hat zuviel Verantwortung übernommen. Und aus einer Mischung aus Respekt, Bewunderung und Angst haben die Patienten ihnen diese Verantwortung abgetreten. Zu einer Zeit, da wir uns der bemerkenswerten Heil- und Schutzkräfte des menschlichen Geistes bewußt werden sollten, haben wir aller Verantwortung entsagt und haben unseren Körper auf die Werkbank der Technik gelegt.

Den gewissermaßen weltanschaulichen Hintergrund dafür, daß die Ärzte die natürlichen Heilkräfte des menschlichen Körpers und Geistes dermaßen ignorieren, bildet die Auffassung vom menschlichen Körper als Maschine: eine mechanische Sicht, die zum großen Teil auf René Descartes, den im 17. Jahrhundert lebenden französischen Philosophen zurückgeht.

Nach dieser cartesianischen Sicht glaubt der moderne Arzt: Bei «Defekten», also wenn sich Symptome zeigen oder wenn irgend etwas nicht ordentlich läuft, braucht man lediglich die Maschine auseinanderzunehmen, alle Teile zu überprüfen und die kaputten Teile zu reparieren.

Mehrere Jahrhunderte lang hat diese simple mechanistische Sicht der Wissenschaft gute Dienste geleistet. Moderne chirurgische und Chemotherapien zielen alle darauf ab, das glatte Funktionieren einer Maschine wiederherzustellen, die durch Infektion oder einen sonstigen Schaden defekt geworden ist. Grundziel der meisten medizinischen Behandlungen ist die raschestmögliche und wirksamste Unterdrückung aller Zeichen und Symptome einer Erkrankung oder sonstigen Funktionsstörung. Für Kopfschmerzen gibt's Schmerztabletten, für Verdauungsstörungen ein Antacidum, für Bluthochdruck ein Antihypertonikum. Ein punktueller Ansatz, ein Eingreifen am Punkt des Schadens.

Ungeachtet der Tatsache, daß dieser Ansatz der modernen Medizin viele Erfolge bescherte, hat er seit ungefähr einem Jahrhundert auch seine Kritiker: Menschen, denen das Maschinenbild Descartes' nicht ganz geheuer ist. Viele weisen auf die erstaunlichen Selbstheilungskräfte des menschlichen Körpers hin und halten angesichts dessen, was wir über die Selbstheilungssysteme des Körpers wissen, das mechanistische Modell für eine unzulässige Vereinfachung.

Im Gefolge von Vorreitern im 19.Jahrhundert wie dem französischen Physiologen Claude Bernard und dem amerikanischen Physiologen W. B. Cannon haben viele Forscher in aller Welt Beweise dafür gefunden, daß sich der Körper durch seine «Bord»-Mechanismen inneren Belastungen und Wandlungen auf verblüffende Weise anpassen kann und daß die besten Heilsysteme der Welt nicht in der Apotheke des Doktors und nicht im Kräutergärtlein des Naturheilkundlers, sondern im Körper selbst zu finden sind.

Schon die simpelsten medizinisch-anatomischen Erkenntnisse belegen es. Dank seiner hochsensibel reagierenden Selbstheilungssysteme kann der Körper nicht einfach als ein starres Stück Mechanik betrachtet werden. Ein Beispiel: die Blutgerinnung. Wenn wir uns eine geringfügige Verletzung zufügen und bluten, bilden spezielle Proteine, die immer im Blut kreisen, sofort eine Art Schutznetz zum Auffangen von Blutzellen; dadurch formt sich ein Gerinnsel, das die Wunde verschließt und weiteren unnötigen Blutverlust unterbindet. (In Wirklichkeit ist der Gerinnungsmechanismus komplizierter. Eine ganze Reihe von Sicherheitseinrichtungen sorgt dafür, daß das System nicht versehentlich in Gang gesetzt wird, wenn gar kein Leck vorhanden ist, und daß die Gerinnung erst dann einsetzt, wenn soviel Blut durch die verletzte Stelle geflossen ist, daß aller Schmutz und alle eventuell vorhandenen Bakterien weggeschwemmt sind.)

Hat das Gerinnungssystem den Blutverlust auf ein Mindestmaß eingegrenzt, treten weitere komplexe Systeme in Aktion, die dafür sorgen, daß jede potentielle Infektionsgefahr ebenfalls auf ein Minimum beschränkt bleibt. Sobald sich ein Blutgerinsel gebildet hat und kein Blut mehr verlorengeht, schütten die verletzten Zellen Stoffe in die Gewebe aus, die bewirken, daß die lokalen Blutgefäße sich weiten und zusätzliches Blut zur Verletzungsstelle strömt. Die zusätzlichen Blutmengen machen das Wundgebiet rot, geschwollen und heiß. Die Hitze hilft, alle infektiösen Organismen zu vernichten, die Schwellung panzert die Stelle schützend ab. Schmerz und Steifheit wirken als natürliche Schiene (Ruhigstellung).

Weiße Blutkörperchen werden zur Wunde transportiert und vertilgen dort etwa vorhandene Fremdkörper und Bakterien. Nach Erfüllung ihrer Aufgabe werden diese «Freßzellen», vollgestopft mit Abfallprodukten, vom Körper als Eiter abgesondert. Weitere Raffinesse: Der Körper baut das entstehende Narbengewebe viel stärker als die ursprüngliche Haut. Narbengewebe mag unschön aussehen, sorgt aber dafür, daß die verletzte Stelle «haltbarer» ist als vorher.

Auch wenn die Mechanismen der Blutgerinnung nicht schnell oder stark genug sind, um ohne großen Flüssigkeitsverlust mit dem Schaden fertigzuwerden, ist nicht alles verloren. Die Arterien, die das verletzte Gebiet versorgen, ziehen sich so zusammen, daß sich ein weiterer Blutverlust in Grenzen hält.

Periphere Blutgefäße, die die Haut versorgen, schließen sich, damit die Blutzufuhr zu lebenswichtigeren Organen aufrechterhalten werden kann. Die Nieren drosseln die Produktion von Urin, damit die Flüssigkeitspegel des Körpers möglichst wenig absinken. Dem gesamten Gewebe wird Flüssigkeit entzogen und dem Blut zugeführt, um dessen verbleibende Menge möglichst groß zu halten. Die Rote-Blutkörperchen-Fabrik im Körper steigert ihre Produktion, um die verlorenen Zellen zu ersetzen. Zusätzlich löst der Blutverlust schließlich Durst aus, der dafür sorgt, daß die fehlende Flüssigkeit so schnell wie möglich ersetzt wird.

Tausende hochsensible Schutzsysteme ähnlichen Stils gibt es im menschlichen Körper. Zum Beispiel Thermostaten, die unabhängig vom äußeren Milieu – ob wir auf einer Eisscholle sitzen oder in der Sahara schwitzen – unsere Innentemperatur konstant halten. Ist es außen zu heiß, schwitzen wir, und durch die verstärkte Hautdurchblutung steigert sich die Wärmeabgabe des Körpers nach draußen. Ist es außen zu kalt, wird die Haut relativ blutleer, und die Wärmeabgabe verringert sich.

In den zwanziger Jahren dieses Jahrhunderts entdeckte Clara Davis aus Chicago, daß der Mensch ein Appetitsteuerungszentrum (das sogenannte Hungerzentrum) besitzt. Frau Davis nahm eine Gruppe gerade abgestillter Kinder und ließ sie ihre Nahrung selber aussuchen, ohne fremde Beeinflussung. Die Resultate waren verblüffend. Ohne irgendeinen Einfluß von außen wählten die Kinder eine gute, vielseitige Kost. Sie aßen die richtigen Nahrungsmittel in der richtigen Menge, und ihr Wachstum, ihre Entwicklung und ihr Aussehen waren ebenso zufriedenstellend wie bei Babys, die eine sorgfältig von Spezialisten ausgesuchte Kost zu sich nahmen.

Später entdeckten andere Forscher, daß es im menschlichen Hirn einen natürlichen Tranquilizer gibt und daß – soll Schmerz ausgeschaltet werden – ein Anti-Schmerz-Mittel ausgeschüttet wird, das es an Kraft und Wirkung mit Morphium aufnehmen kann. Nachgewiesen wurde ferner, daß leichtes Fieber und Appetitverlust bei Infektionen ein Zeichen sind, daß die Infektionsabwehr des Körpers gut arbeitet. Die Erreger, die normalerweise Infektionen verursachen, brauchen regelmäßige frische Nahrungszufuhr – und vertragen Hitze schlecht. Wenn dem Patienten der Appetit vergeht und seine Körpertemperatur steigt, bedeutet das: Bekämpfung und Schwächung der Erreger.

In einem meiner Bücher habe ich vor einigen Jahren die bemerkenswerten Selbstheilungsmechanismen des Körpers dargestellt. Für ihr Vorhandensein und ihre Wirkung gibt es eindeutige Indizien, die jedoch bezeichnenderweise von Mitgliedern des Ärztestandes ignoriert, ja teils sogar bewußt unterdrückt werden. Beherrscht und nach wie vor überzeugt von Descartes' mechanistischer Sicht, scheuen sich moderne Mediziner auf merkwürdige Weise, die Bedeutung dieser Entdeckungen anzuerkennen. Sie glauben lieber, daß sie – und nur sie – den Schlüssel zur Behebung aller Leiden besitzen, als zu akzeptieren, daß sie mit den körpereigenen Selbstheilungssystemen zusammenarbeiten müssen, um bei geringstmöglicher Intervention und Schädigung den größtmöglichen Nutzen zu erzielen.

Nur sehr widerstrebend ringt sich das medizinische Establishment – und besonders das Lehrpersonal an den Universitäten – zu der Erkenntnis durch, die mechanistische Sicht könne vielleicht doch nicht alleinseligmachend sein. Als ich vor einem Jahrzehnt in einem Zeitungsartikel behauptete, hoher Blutdruck stelle eine natürliche Reaktion auf Streß dar und könne manchmal allein durch Entspannung gesenkt werden, schrieb ein Professor einen anklagenden Leserbrief und meinte, hätte ich derlei bei ihm im Staatsexamen behauptet, hätte er mich durchfallen lassen. (Heute wird auch ein reaktionärer Medizinprofessor zugeben, daß Streß und Bluthochdruck eng zusammenhängen.)

Bis zu einem gewissen Grade ist diese repressive und etwas deprimierende Haltung verständlich. Schließlich war es, als Descartes seine mechanistische Anschauung formulierte, mit der Wissenschaftlichkeit der Medizin noch nicht weit her. Die Ärzte arbeiteten noch mit schwarzer Magie und Gesundbeten und mußten sich «strebend bemühn», den Mythos zu schaffen, sie allein seien im Besitz der Geheimnisse der Gesundheit.

So treibt trotz aller Beweise, die es heute für Existenz und Umfang der körpereigenen Heilkräfte gibt, ein Großteil der Mediziner eine Vogel-Strauß-Politik und bleibt bei der mechanistischen Sicht. Und wer den Körper als Maschine sieht, der betrachtet natürlich auch als beste aller Heilinstanzen den Mechaniker – den Arzt.

Ein zweiter Grund, warum die natürlichen Heilmechanismen ignoriert werden, liegt darin, daß es heute viele kommerzielle Kräfte und *pressure groups* gibt, die ein wohlbegründetes Interesse daran haben, daß der Status quo und die althergebrachten Auffassungen zu Gesundheit und Heilung aufrechterhalten bleiben.

Die paternalistische Medizinerhaltung kommt dem Kommerz gut zupasse. So verdient die Pharma-Industrie alljährlich Unsummen an den riesigen Arzneimengen, die von den Ärzten verschrieben werden, und sie litte schweren Schaden, würden die mechanistischen Auffassungen im Gesundheitswesen revidiert. Die Pharma-Konzerne haben dafür gesorgt, daß zwischen Industrie und Medizin eine enge Verflechtung besteht. Offenes Geheimnis: Wenn es der Pharma-Industrie schlechter ginge, ginge es auch den Ärzten schlechter. Die meisten medizinischen Fachblätter müßten ihr Erscheinen einstellen, und es hätte ein Ende mit kostenlosen Auslandsreisen zu Konferenzen und Symposien, ein Ende mit vielen Forschungssubventionen, ein Ende mit pharma-gesponsorten Medizinertagungen und – vielleicht am schwerwiegendsten – ein Ende mit der Fähigkeit der Pharma-Industrie, die Ärzteschaft zu schützen. Eine Verflechtung und Verquickung, die ihresgleichen sucht.

Resultat: Sehr viele praktizierende Ärzte stellen sich immer noch auf den Standpunkt, jedes Symptom erfordere irgendeine interventionistische Behandlung und die Mehrheit der Erkrankungen werde am besten dadurch behandelt, daß man die Eigenreaktionen des Körpers unterdrücke. Nur zu gut wissen sie: Einzugestehen, daß Erkrankungen wie Bluthochdruck und Schlaflosigkeit sehr wohl ohne Chemotherapie behandelt werden können, hieße an dem Ast sägen, auf dem sie selbst und die Pharma-Industrie sitzen.

Diese ungesunde Fixierung auf medikamentöse Behandlung schadete dem Ärztestand. Sie machte die Ärzte für die vielfältigen Möglichkeiten der körperlichen Selbstheilung nicht nur blind, sondern führte auch dazu, daß in erschreckend steigender Zahl Patienten durch medizinische Behandlung «körperverletzt» werden. Jedes zehnte Krankenhausbett – so kann man schätzen – ist heute von Menschen belegt, die durch den Arzt krank gemacht wurden. Oder anders gesagt: Wenn nach ärztlicher Behandlung neue Symptome auftreten, ist die Wahrscheinlichkeit nicht gering, daß diese erst durch die Behandlung entstanden sind. Nicht die pillengläubigen Patienten (wie häufig behauptet), sondern die verschreibungssüchtigen Ärzte tragen dafür meines Erachtens die Hauptverantwortung.

Gewiß, die medikamentösen Großtaten des zwanzigsten Jahrhunderts sollen nicht geleugnet werden: Penizillin, das Unzähligen das Leben gerettet hat; die Antibabypille, die Bevölkerungsexplosionen verhütet hat; Insulin, das Millionen von Diabetikern ein normales Leben ermöglicht; Steroide (Kortikosteroide), die beispielsweise die Asthma- und Arthritisbehandlung revolutioniert haben.

Dennoch: Beim Arzneimittelgebrauch herrscht horrender Leichtsinn. Trotz reichlich vorliegender Indizien, daß Medikamente, die heilen, auch töten können, erliegen Ärzte den intensiven Werbebemühungen und dem Verschreibungsdruck der pharmazeutischen Industrie. Kamen vor einem Vierteljahrhundert auf jeden Patient pro Jahr 4 Verschreibungen, sind es heute 6,5 – mit steigender Tendenz. (Vergleichszahlen für die Bundesrepublik Deutschland, das «letzte große Paradies der Pharma-Konzerne»: jährlich 550 Millionen Verschreibungen; jeder Bundesdeutsche erhält vom Arzt im Jahr 10 Medikamentenpackungen verschrieben, zusätzlich kauft jeder im Schnitt noch 10 freiverkäufliche Packungen beim Apotheker. Das ergibt zusammen 20 Packungen – eine Rekordzahl.) Obschon die Zahl der Arzt-Patient-Konsultationen in den letzten fünfundzwanzig Jahren gefallen ist, haben die Verschreibungen drastisch zugenommen.

Ärzte führen dies gern darauf zurück, daß die Patienten «Medikamente verschrieben haben wollen». Das stimmt nicht, denn rund die Hälfte aller Rezeptmedikamente wandert unbenutzt in die Hausapotheke und verrottet und verstaubt dort. In Wahrheit ist es so, daß die Ärzte zum Überverschreiben gedrängelt und hingestoßen worden sind, und nun überverschreiben sie mehr aus Gewohnheit und Sucht, und nicht so sehr, weil die Patienten es wollen.

Nicht nur mengenmäßig zuviele, sondern auch zuviele verschiedene Arzneimittel werden verschrieben. Ein 1977 von der Weltgesundheitsorganisation eingesetztes Expertenkomitee hielt für die allermeisten Erkrankungen inklusive Tropenkrankheiten nur etwa 200 Medikamente und Impfstoffe für wesentlich. Seit 1977 ist die Liste vom Komitee zweimal neu geprüft, aber nur unwesentlich abgeändert worden.

Dem zum Trotz verschreiben Ärzte überall in der westlichen Welt weiterhin Medikamente, die unangebracht, überflüssig, gefährlich oder unwirksam sind. Eingelullt von den Sirenen der Pharma-Werbung, verordnen sie weiterhin Mittel, die als gefährlich erkannt sind, und überstrapazieren Mittel, die bei zurückhaltendem Einsatz ungefährlich und nützlich sind.

Hingewiesen sei in diesem Zusammenhang auf das erschreckend niedrige Niveau der Medizinerausbildung. Die akademischen Gralshüter sind oft mehr mit ihren eigenen Forschungsprojekten beschäftigt als mit den Studenten, deren Ausbildung ihnen anvertraut ist. Ergebnis: Antiquierte Anschauungen und Techniken werden von einer Generation auf die andere weitervererbt. Der frisch examinierte Arzt weiß viel zu wenig über die Arzneimittel, die er ein Leben lang verordnen wird.

Auf einem Symposium der Royal Society of Medicine in London gab der britische Professor Lant 1983 an, 50% aller Antibiotikaverschreibungen seien entweder unnötig oder unverhältnismäßig. Nach Professor Lawson von der Royal Infirmary in Glasgow treten bei nicht weniger als 25% aller Krankenhauspatienten medikamentöse Nebenwirkungen auf. Diese – nennen wir es ruhig so – Verschreibungsanarchie deutet auf einen gefährlich hohen Inkompetenzgrad hin.

Am besten veranschaulichen läßt sich die Werbewut der Pharma-Industrie und das beklagenswerte Verschreibeverhalten der Ärzte an den Tranquilizern. In dem Vierteljahrhundert seit ihrer Einführung haben Tranquilizer (z. B. Valium und Librium) einen beispiellosen Siegeszug angetreten. Allein in der Bundesrepublik Deutschland werden jährlich eine Milliarde Beruhigungspillen geschluckt. 1981 gaben die reichen Länder mehr für Tranquilizer aus als die siebenundsechzig ärmsten Länder der Welt für ihre gesamte Gesundheitsversorgung. 25% aller Kinder bekommen in ihren ersten achtzehn Lebensmonaten bereits irgendein Beruhigungsmittel.

In Großbritannien gibt es eine runde Million Menschen, die seit mehreren Jahren Tranquilizer nehmen, und eine Viertelmillion Menschen, die sie seit sieben oder mehr Jahren nehmen. Da Tranquilizer dieser Art eigentlich dazu gedacht sind, nur während ein bis zwei Wochen eingenommen zu werden, muß man den Schluß ziehen: Viele Ärzte wissen nicht, was sie tun.

Für diese ganze Misere gibt es mehrere Gründe. Der erste und wohl wichtigste: Die meisten heute praktizierenden Ärzte haben ihren Beruf angetreten, ehe Medikamente dieser Art auf dem Markt waren. Und da es ärztliche Fortbildung, die wirklich etwas taugt, fast nicht gibt, beziehen die Ärzte ihre Informationen über diese Medikamente nahezu ausschließlich von den Herstellerfirmen. Hätten sich die Ärzte die Mühe gemacht, vor solch massenhafter Verschreibung z. B. von Valium die unabhängige medizinische Literatur zu Rate zu ziehen, so hätten sie schon vor zehn Jahren Hinweise darauf gefunden, daß solche Produkte Aggression, Angst und Schlaflosigkeit erzeugen können. Und schon ein, zwei Jahre nach ihrer Markteinführung gab es auch wissenschaftliche Beweise, daß diese Mittel süchtig machen.

Ein weiterer Grund, warum Ärzte so rasch zum Rezeptblock greifen und Tranquilizer verschreiben: Auf viele durch Streß und Angst (mit) bewirkte Beschwerden ihrer Patienten wissen sie keine sinnvolle Antwort.

Erst in den sechziger Jahren wurde klar, daß zwischen Streß und körperlichen und seelischen Erkrankungen ein enger Zusammenhang besteht. Von diesem Zusammenhang erfuhren die Patienten ungefähr zur gleichen Zeit wie die Ärzte. Und da die herkömmliche Medizinerausbildung überwiegend rein Physisches/Organisches zum Thema hat (Herzleiden, Knochenbrüche), wußte kaum ein praktizierender Arzt, was gegen streß(mit)bewirkte Symptome zu tun sei. Und heute verschreiben Ärzte – obwohl sie wissen, daß Tranquilizer Probleme erzeugen – diese Mittel weiter, weil sie nicht wissen, was sie sonst tun sollen, und dies nicht zugeben können oder wollen. Der normale Arzt «muß» heute Tranquilizer verordnen, weil er keine andere Möglichkeit sieht, mit seinem täglichen Arbeitsanfall fertigzuwerden.

Natürlich gibt es andere Möglichkeiten. Wäre das medizinische Establishment nicht derart auf das mechanistische Modell des Menschen fixiert und nicht derart von der pharmazeutischen Industrie abhängig, hätten schon lange, ehe die Tranquilizer populär wurden, die medizinischen Fakultäten den angehenden Ärzten vermitteln können, daß es bessere Wege gibt, Patienten zu helfen, die an Angstzuständen und anderen durch Streß mitbedingten Erscheinungen leiden.

Es wird nur deshalb so hart mit der chemischen Keule zugeschlagen, weil die medizinisch Tonangebenden alle Lösungen innerhalb des etablierten therapeutischen Rahmens suchten, statt auch über den Zaun zu schauen und offen zu sein für frische, alternative Antworten.

Nicht nur auf die niedergelassenen Ärzte, auch auf die Verschreibungspraxis in den Krankenhäusern erstreckt sich der Einfluß der Pharma-Konzerne. Viele der meistverordneten Herzmedikamente sind weder sonderlich nützlich noch sonderlich risikolos; trotzdem werden sie von der Industrie mit ungeheurem Enthusiasmus angepriesen. Und mit ähnlich ungebrochenem Optimismus propagiert sie z. B. neue Antirheumatika, vor denen in der kritischen Literatur allgemein gewarnt wird.

All das kostet selbstverständlich ungeheuer viel Geld. Die Weltgesundheitsorganisation hat ausgerechnet, daß der medikamentöse Bedarf eines einzelnen Menschen im Schnitt nicht mehr als einen Dollar im Jahr kosten dürfte. In den meisten Industrieländern liegt der Betrag beim Zwanzigfachen, in der BRD aufgrund des starken Medikamentenkonsums und der überhöhten Preise noch einmal viel höher, nämlich bei rund 400 Mark pro Kopf und Jahr. 200 Mark davon nehmen die Pharma-Firmen ein, der Rest ist die Großhandels- und Apothekerspanne. Wegen des mangelhaften Ausbildungs- und Informationsstandes der Ärzte machen die Pharma-Multis weiterhin sagenhafte Geschäfte. Jedesmal wenn Versuche unternommen werden, die Medikamentenverschreibungen zu drosseln, polemisieren Ärztevertreter (selbstredend unterstützt von der Pharma-Industrie) lautstark gegen die Beschneidung der Verschreibungsfreiheit und der Patientenrechte. Die Wahrheit ist: Milliardenbeträge ließen sich einsparen, ohne daß irgendein Patient Nachteile erlitte.

Und nicht nur die pharmazeutische Industrie ist es, die Einfluß auf die medizinische Praxis nimmt. Eine breitgefächerte «Zubehörindustrie» bietet High-Tech-Produkte für die Praxis an: Medizintechnik in allen schillernden Spielarten. Ein durchschnittliches Gerät dieser Art hat am einen Ende einen Netzstecker, in der Mitte einen Computer und am anderen Ende ein Preisschild, das immer in die Tausende geht.

Der Uneingeweihte mag in der Apparatemedizin eine beeindrukkende Wunderwaffe sehen, aber in Wahrheit handelt es sich um einen faustischen Pakt. Nehmen wir zum Beispiel den Tomographen. Technisch gesehen ist es eine gelungene Maschine; menschlich gesehen ist sie aber weder erfolgreich noch besonders nützlich. Solche teuren Spielzeuge bringen dem Hersteller Profit und befriedigen den Stolz und die professionelle Neugier des Arztes, der sie erwirbt, aber sie retten nicht viele Leben und bessern mit Sicherheit nicht die Lebensqualität der Patienten. In der medizinischen Literatur findet man keinen Hinweis, daß sich die Anschaffung von Computertomographen lohnte; dennoch drängen technikbegeisterte Klinikärzte auf Anschaffung solcher Geräte, was vom Statuswert her dem Kauf eines neuen, noch schnelleren Sportwagens gleichkommt.

Noch ein letzter kommerzieller Umstand nimmt Einfluß auf die Art, wie Ärzte Medizin praktizieren: das Gewinnstreben. Am besten läßt sich das an den Chirurgen aufzeigen. Tausende überflüssiger Operationen finden statt, nur um das Bankkonto von Chirurgen aufzubessern. Auch in Großbritannien, wo die meisten ärztlichen Konsultationen über den staatlichen Gesundheitsdienst (National Health Service) erfolgen, werden Jahr für Jahr zahllose unnötige Operationen vorgenommen.

Sir George Godber vom britischen Gesundheitsministerium 1982: «Man glaubt allgemein, daß viele der jährlich in England und Wales durchgeführten 90000 Tonsillektomien [Mandelentfernungen] von zweifelhaftem Wert sind.» Warum nimmt man sie dann vor? Nun, viele Tonsillektomien werden privat durchgeführt. Andere Patienten werden auf die Warteliste des Health Service gesetzt, damit die Wartezeiten so lang wie möglich werden. Lange Wartezeiten garantieren nämlich, daß sich viele Patienten schließlich doch lieber privat operieren lassen.

Wenn Sie dies für zynisch halten, dann lassen Sie sich von einer weiteren «beliebten» Operation erzählen, die vielen Chirurgen ebenfalls gutes Geld einbringt und ebenfalls viel öfter als nötig vorgenommen wird: die operative Behandlung von Magen-Darm-Geschwüren. Meiner Meinung nach könnte vielen dieser Patienten auf anderem Wege geholfen werden als in den engen herkömmlichen Bahnen. Ein hartes Indiz zeigt hier, daß Chirurgen einen nichtoperativen Weg, der vorhanden ist, aus Gründen des eigenen Geldbeutels ignorieren. Es gibt nämlich einen medikamentösen Wirkstoff (Cimetidin), der – wie sich in Untersuchungen zeigte – 75% aller Zwölffingerdarmgeschwüre in vier Wochen und weitere 10% in acht Wochen abheilen läßt. Man schätzt, daß die Zahl der Operationen leicht um die Hälfte verringert werden könnte.

Neben dem cartesianischen Körperverständnis spielt für die medizinische Praxis seit Jahrhunderten eine weitere, viel ältere Tradition eine wichtige Rolle: der Umstand nämlich, daß sich die Arzt-Patient-Beziehung darauf gründet, daß Fachwissen, Fachkönnen und Beratung verkauft wird.

Erkrankt ein Patient, geht er zum Arzt, wird beraten und behandelt, bezahlt ein Honorar und wird entweder gesund oder kommt wieder. Diese simple, altüberlieferte Tradition hat noch immer beherrschenden Einfluß auf das medizinische Denken. Und sie hält die Ärzte davon ab, sich präventivmedizinisch (im Sinne der Vorbeugung) zu orientieren.

Sich mehr für Präventivmedizin zu interessieren, hätte die mechanistische Sicht kaum zerstört und die Ärzte wohl auch nicht aufgeschlossener gemacht für die echten Möglichkeiten der Selbstheilung, aber es wäre ein Anfang gewesen. Hätten Ärzte auf breiter Front mehr Interesse für die Lebensumstände ihrer Patienten gezeigt und ihnen engagiert angeraten, riskante Gewohnheiten zu ändern, so wäre zumindest ansatzweise der Versuch gemacht worden, den Patienten dazu zu bringen, daß er einen Teil der Verantwortung für seine eigene Gesundheit zurückübernimmt.

Präventivmedizin ist ja kein neuer Gedanke. Schon Hippokrates sprach ausführlich davon, wie wichtig die Beziehung zwischen Mensch und Umwelt sei. Er wies darauf hin, daß die Gesundheit eines Menschen in sehr hohem Maß von seinen persönlichen Gewohnheiten abhänge und von der Welt, in der er lebt. Kenntnis und Beeinflussung der Umwelt eines Menschen waren nach seiner Überzeugung ein wesentlicher Weg, ihn gesund zu erhalten.

Seit Hippokrates hat sich allmählich die Erkenntnis herauskristallisiert, daß der gute Arzt präventivmedizinisch auf vier Aspekte im Leben jedes Patienten achten muß. Erstens auf die allgemeine Umwelt der Patienten: die Luft, die er atmet, das Wasser, das er trinkt, das Klima des Landes, in dem er lebt. All diese Faktoren haben unweigerlich Einfluß auf seine Gesundheit. Wer im Dschungel lebt und sein Trinkwasser aus abgestandenen Tümpeln schöpft, wird sich andere Beschwerden zuziehen als jemand aus dem Staat New York oder jemand aus Paris.

Zweitens gilt es, die besondere Umwelt des Patienten zu berücksichtigen. Wer in einem Herrenhaus wohnt, umgeben von dreißig Morgen eigenem Land, ist anderen Belastungen ausgesetzt als derjenige, der in einer Zweizimmerwohnung lebt. Und beim Schreibtischberufler treten andere Beschwerden auf als beim Berufsbusfahrer.

Drittens muß die persönliche Umwelt in Betracht gezogen werden. Rauchen und Eß- und Trinkgewohnheiten beeinflussen die Gesundheit eines Menschen und haben sämtlich Einfluß auf die Art von Krankheiten, an denen er leidet. Und viertens muß der Arzt den Patienten selber kennen. Die Persönlichkeit eines Menschen bestimmt sehr stark mit, wie er auf seine Umwelt reagiert. Und ebenso wird sie die Art mitbestimmen, wie er mit seinen Mitmenschen umgeht und auskommt – auch mit dem Arzt.

Viele Ärzte sind heute der Meinung: Patienten zu behandeln, ohne ihre Umwelt zu berücksichtigen, ist, als suchte man Pflanzen anzubauen, ohne den Boden zu beachten, in dem sie wachsen. Ja es ist nicht zu hoch gegriffen, wenn man behauptet: Die chemotherapeutische oder chrirurgische Behandlung eines Menschen ohne Untersuchung seiner Persönlichkeit und Lebensumstände bedeutet fast dasselbe, als nähme man eine kränkelnde Pflanze aus ihrem Topf, schnippelte ein bißchen an ihren Wurzeln herum und setzte sie wieder in den Topf zurück, in dieselbe Erde wie vorher.

Trotz aller Beweise für den Wert der Präventivmedizin hat die Ärzteschaft diesen Gedanken mit recht wenig Begeisterung aufgegriffen. Die Geschichte birgt indes Tausende von Lektionen dafür, daß Ärzte durch simple Beratung der Patienten hinsichtlich ihres Lebensstils ungeheuer viel Gutes tun können.

Die Chancen, die sie hatten und haben, sind von den modernen Ärzten des zwanzigsten Jahrhunderts nie richtig ausgenutzt worden. Zwei grundlegende Fehler haben sie bei dem Versuch begangen, präventivmedizinisch wirksam zu werden. Der erste: Sie haben versucht, die Präventivmedizin zu einem neuen medizinischen Spezialgebiet zu machen, bei dem das althergebrachte Arzt-Patient-Dienstleistungsverhältnis erhalten bleibt. Es ist leicht verständlich, wie diese Auffassung bei den Ärzten populär werden konnte. Die Vorbeugungsmedizin wird damit, wenn wir's boshaft ausdrücken wollen, in geordnete kommerzielle Bahnen gelenkt: Der Arzt bekommt ein festes Honorar und behält alle Verantwortung. Der Patient hat für seine Gesundheit keine weitere Verantwortung, als regelmäßig zum «Durch-Checken» zu erscheinen.

Diese neue Spielart der Präventivmedizin tritt heute in vielen Erscheinungsformen auf. Beispiel: Man kann zum Arzt gehen und sich gegen Grippe impfen lassen. (Die Grippeimpfung hat keinerlei nachgewiesenen Wert; die Zahl der verantwortlichen Viren vervielfältigt sich jedes Jahr, so daß die Impfung kaum eine gezielte Schutzwirkung entfaltet.) Oder: Man kann beim Arzt den Blutdruck messen lassen. (Bislang herrscht Uneinigkeit darüber, welche Blutdruckwerte gefährlich und behandlungsbedürftig und welche harmlos sind.) Als Frau kann man beim Arzt einen Zervix-(Gebärmutterhals-)Abstrich machen lassen. Vor dreißig Jahren eingeführt, hat sich dieser Test mit Windeseile verbreitet. 1973 hatte fast jede zweite Amerikanerin über siebzehn in den vergangenen zwölf Monaten einen Abstrich vornehmen lassen. Leider wurde der Zervixabstrich etwas verfrüht ins diagnostische Instrumentarium aufgenommen. Es gab zunächst überhaupt noch keine Validitätsnachweise. Noch heute – nach Abermillionen durchgeführten Abstrichen – weiß man nicht genau, welche Frauen zum Abstrich sollten, in welchem Alter der Abstrich am nützlichsten ist und welche Frauen am gefährdetsten sind. Nach herrschender Meinung wäre es unerschwinglich, *alle* Frauen jährlich zu dieser Untersuchung zu bitten, und doch muß sie jährlich vorgenommen werden, sonst werden schnellwachsende Tumore (bei denen die Früherkennung besonders wichtig ist) nicht rechtzeitig entdeckt.

Erstaunlicherweise gibt es bis heute keine hieb- und stichfesten Beweise, daß Krebsabstrichkampagnen den Zervixkrebs nennenswert hätten zurückdrängen können. Andererseits liegen aber sehr viele Beweise dafür vor, daß unterschiedliche Zytologen ein und dieselbe Gewebeprobe oft ganz anders beurteilen. Und es ist außerdem erwiesen, daß Tausende von Frauen vor lauter Sorge darüber krank geworden sind, daß man ihnen sagte, sie müßten aus «technischen» Gründen leider noch ein paarmal zur Untersuchung kommen.

Die andere präventivmedizinische Hauptneuerung, die angeboten wird, ist die vorbeugende Generaluntersuchung, der alljährliche Check-up auf «Herz und Nieren». Er hat eine recht lange Tradition. Schon 1917 ließen mehr als 10% der dreihundert größten amerikanischen Firmen ihre Belegschaft regelmäßig durchuntersuchen. Als im Ersten Weltkrieg von den vier Millionen amerikanischen Wehrpflichtigen gut die Hälfte für ganz oder teilweise untauglich befunden wurde, begeisterten sich die Krankenkassen für die Idee regelmäßiger Check-ups für die Gesamtbevölkerung.

Diagnosekliniken erleben heute einen Boom. Dennoch, so erstaunlich es klingt: Der Wert von Vorsorgeuntersuchungen ist noch keineswegs nachgewiesen. Im Gegenteil. Bei einer mit öffentlichen Mitteln in England finanzierten Untersuchungsreihe kam heraus, daß regelmäßige Check-ups «kostspielig» und «wirkungslos» sind. Zwei Personengruppen wurden geprüft: Die eine war sieben Jahre lang regelmäßig durchuntersucht worden, die andere nicht. Zwischen beiden gab es gesundheitlich keinen nennenswerten Unterschied. Eine andere Untersuchung an 7000 Patienten zeigte, daß diejenigen, die sich regelmäßig hatten checken lassen, nicht weniger häufig Arbeitszeit verloren, ins Krankenhaus mußten, den Hausarzt aufsuchten oder früher starben als jene, die sich nicht hatten checken lassen.

Ähnliche Resultate erbrachten Studien in anderen Ländern. In Kanada untersuchten Spezialisten drei Jahre lang die Frage der turnusmäßigen Gesundheitsüberprüfung, ehe sie zu dem Ergebnis kamen, daß der alljährliche Gesundheitstest abgeschafft werden sollte. Er habe sich als nutzlos und sogar potentiell gefährlich herausgestellt. (Solche Vorsorgeuntersuchungen wiegen den Patienten oft in falsche Sicherheit und können dazu führen, daß er in der Folgezeit etwa auftretende Warnzeichen und Symptome nicht beachtet. Das Problem ist kurz gesagt wiederum darin zu sehen, daß dem Patienten Verantwortung abgenommen und auf den Arzt übertragen wird.) Der zweite große Fehler bei modernen präventivmedizinischen Programmen besteht in der mangelnden breiten Übereinstimmung zwischen den Medizinern selbst (wenn man sich schon gegenseitig widerspricht, wie verunsichert muß dann erst die Öffentlichkeit sein!), ferner in der mangelnden Ausschaltung von kommerziellen und Lobby-Gruppen, die ein Interesse daran haben, für bestimmte Erzeugnisse und Produktgruppen zu kämpfen. Das Ergebnis: Chaos und Konfusion. Und traurigerweise eine Schwächung der Fähigkeit der Mediziner, sich Gehör zu verschaffen, wenn sie zu wichtigen Fragen etwas zu sagen haben.

Bei der Ernährung zum Beispiel gibt es enorme Meinungsverschiedenheiten. Darf man Salz essen? Wieviel Ballaststoffe braucht man? Sind tierische Fette gesund oder ungesund? Hört man auf alles, was die sogenannten Experten zu sagen haben, fühlt man sich am Ende total verunsichert, denn die eine Gruppe wird einem dies erzählen, während die andere Gruppe (ebenfalls aus Koryphäen zusammengesetzt) genau das Gegenteil behauptet.

An einem kleinen Exempel sei das vorgeführt. Angenommen, ein einsamer Forscher in Schweden finde Hinweise, daß Brechbohnen Migräne erzeugen können. Weil Ernährungsfragen immer von Interesse sind, wird sein Befund kurz in irgendeiner Zeitung oder vielleicht auch im Fernsehen vorgestellt. So weit, so gut. Bis hierher ist's noch harmlos.

Beim Verband der Brechbohnenbauern jedoch schrillen die Alarmglocken. Die Verbandsberater durchforsten die Weltliteratur, bis sie einen Experten finden, der bereit ist, zu bezeugen, daß Brechbohnen gesund sind. Sie machen – sagen wir – in Kalifornien oder in Australien einen Forscher ausfindig, der glaubt, daß ohne tägliche Brechbohnenkost ein erhöhtes Risiko gegeben ist, an der Leber zu erkranken.

In Angst, der schwedische Bericht könne den Brechbohnenabsatz schmälern, organisiert der Verband der Brechbohnenbauern (der ja eine Interessenvertretung ist, sonst nichts) eine internationale Vortragsreise für den ihm genehmen Forscher. Man läßt ihn Pressekonferenzen abhalten und schickt Abdrucke seines Berichts an Ärzte und Ernährungsfachleute in aller Welt.

An diesem Punkt wird der Verband der Puffbohnenbauern nervös. Er betrachtet die angefachte Publicity für Brechbohnen als Bedrohung und hält seinerseits Ausschau nach wissenschaftlichen Kronzeugen. In Deutschland oder Israel findet er einen Spezialisten, der glaubt, Puffbohnen seien gut gegen Herzleiden oder Zahnzerfall. Auch dieser Spezialist wird, finanziell gut ausgestattet, auf Weltreise geschickt. Und es stört den Verband nicht, wenn der Experte die ihm zur Verfügung gestellte Publicity-Maschinerie auch gleich dazu einsetzt, eine andere obskure Theorie zu verbreiten, nämlich daß Möhren kahlköpfig und impotent machen. Wenn die Leute keine Möhren mehr kaufen – denkt der Verband –, kaufen sie vielleicht mehr Puffbohnen.

Da hat er aber nicht mit dem Marketingverband der Möhrenbauern gerechnet, der seinerseits eine Kampagne aufzieht usw. Im Nu sieht man Hunderte von Experten aus aller Welt in Debatten aufeinanderprallen, unterschiedliche Zahlen vorlegen, kurioseste Behauptungen aufstellen und darüber klagen, daß wieder mal niemand auf die Ärzte höre.

Die Nahrungsindustrie war eine der ersten, die erkannte, daß man für eine Prise Forschungsgelder und eine Handvoll Flugtickets nach Miami jede Menge Expertenmeinungen kaufen kann. Sie hat die Kunst des «Lobbying» zu hoher Blüte getrieben.

Betrachten wir, um ein konkretes Beispiel anzuführen, die tierischen Fette. Die Art, wie hier seitens der Interessengruppen Verdunkelung betrieben wurde, spricht Bände. Die allermeisten unabhängigen Forscher sagen übereinstimmend: Tierische Fette sollte man möglichst meiden. 1953 wurde erstmals ein Zusammenhang zwischen Herzkrankheiten und starkem Verzehr tierischer Fette überzeugend nachgewiesen.

1982 veröffentlichte die Weltgesundheitsorganisation – die sich mit Schlußfolgerungen immer viel Zeit läßt – eine eigene Empfehlung für fettärmere Ernährung. Zahlreiche bedeutende wissenschaftliche und medizinische Gremien in aller Welt sagten einhellig, daß wir weniger fettes Fleisch, weniger Butter, weniger Sahne und weniger Eier essen sollten.

Betrachtet man kühl und wissenschaftlich die Indizienlage, kann über die Richtigkeit dieser Empfehlung kaum ein Zweifel aufkommen. In vielen Ländern – zum Beispiel in den Vereinigten Staaten – wurden die Ratschläge befolgt, und tatsächlich sind dort die Herzkrankheiten um ein Viertel zurückgegangen.

In Großbritannien und anderen europäischen Ländern jedoch herrscht weiterhin Chaos und Konfusion. Und die Herzkrankheiten sind nicht zurückgegangen. Zu «danken» ist dies nicht zuletzt der Öffentlichkeitsarbeit der starken Bauern- und Lebensmittelhersteller-Lobbys. Aus ihrem offensichtlichen kommerziellen Interesse daran, daß weiter viel Butter gegessen und Milch getrunken wird, riefen sie mit teurem Geld eine Reihe hocheffektiver Propagandaorganisationen ins Leben. Diese Organisationen arbeiten auf unterschiedlichste Weise.

Zunächst bombardieren sie Journalisten mit Informationsmaterial, in dem suggeriert wird, tierische Fette seien gar nicht ungesund. Das gewährleistet ein gewisses Maß an Verwirrung in den Medien. Dann schicken sie den Ärzten einen Strom von Fachmitteilungen, ausgearbeitet vom eigenen angeheuerten Expertenstab. Aus meinem medizinischen Privatarchiv habe ich, ehe ich diese Seite schrieb, die Akte «Informationen über Fett» herausgenommen und gewogen. Die gesammelten Veröffentlichungen und Reports wogen siebeneinhalb Pfund. Davon stammten sieben Pfund direkt oder indirekt von parteiischen Instanzen. Wenn diese Techniken nichts fruchten, versuchen sie's mit anderen Methoden.

Als Reaktion darauf wurde der Ärztestand immer aggressiver, selbstherrlicher und dogmatischer. Der Beratung wird nicht der ihr zustehende Platz eingeräumt. Vielmehr haben sich die Mediziner von Lobbyisten, denen daran liegt, soviel Verwirrung wie möglich anzurichten, in lange, komplizierte Debatten hineinziehen lassen. Was als Versuch begann, nützliche und praktische Beratung darüber anzubieten, wie man sich gesund erhält, ist in etwas ganz anderes umgeschlagen, denn statt Rat teilt der Doktor wieder mal Instruktionen aus.

Resultat: neuerliche Einschränkung der Freiheit des Patienten. Der Flirt der Schulmedizin mit der Prävention gab den Patienten keine vermehrte Verantwortung für ihre eigene Gesundheit und führte die Ärzte auch nicht zu den Prinzipien der Selbstheilung hin. Widersprüchlicher- und unerwarteterweise hat das ärztliche Vorhaben, präventivmedizinisch wirksam zu werden, das herkömmliche Mediziner-Credo nur noch gefestigt, das da besagt, daß dem Arzt die dominierende Rolle zufällt, daß er alle Entscheidungen trifft und daß der Patient sie nur brav zu befolgen braucht.

So ist – teils zufällig, teils beabsichtigt – die alte Rollenverteilung erhalten geblieben und noch erhärtet worden: hier die Autoritätsgestalt im weißen Kittel, dort der Patient als Befehls- oder doch Anweisungsempfänger. Dieser Trend ist in gewissem Maß auch von den Patienten gefördert worden. Wenn man krank ist und Angst hat, ist es tröstlich, jemanden zu haben, der sich autoritativ um einen kümmert, einen kühlen distanzierten Profi, dem man alle Verantwortung übertragen kann. Aber in dieser Beziehung und Rollenverteilung steckt – wie ich meine – etwas prinzipiell Ungesundes. Der Patient tritt dabei zuviel Verantwortung ab. Die einseitige Verteilung der Verantwortung hat sich in vielerlei Hinsicht schädlich ausgewirkt. Zum ersten hat sie der Arzt-Patient-Beziehung geschadet. Die Medizin hat sich, pauschal gesagt, übernommen. Sie versprach mehr, als sie halten konnte. So mußte es zu millionenfacher Enttäuschung kommen: Patienten, die alles Vertrauen in den Arzt gesetzt hatten, erlebten eine bittere Enttäuschung, als sie eben doch krank wurden. Gesundheit und langes Leben war ihnen verheißen worden, und beide Verheißungen hatten die Ärzte nicht einzulösen vermocht.

Und zum zweiten bürdet die ungleiche Verteilung den Ärzten selbst zuviel Last auf. Man weiß es seit einiger Zeit: Ärzte gehören zu den ungesündesten Berufsgruppen. Sie sterben eher als die meisten Menschen. Sie begehen öfter Selbstmord. Sie haben mehr Herzkrankheiten und Magen-Darm-Geschwüre. Sie brauchen mehr psychotherapeutische Betreuung als die meisten anderen Gruppen. Und weit stärker als andere Zeitgenossen werden sie alkohol- und drogenabhängig. Ihre Ehen leiden immens. Sie zerbrechen unter dem ungeheuren Druck. Die Ärzte haben sich in eine unmögliche Lage hineinmanövriert. Wie wollen sie vor dem «Rest der Welt» glaubhaft als Gesundheitsexperten dastehen, wenn es um ihre eigene Gesundheit so jämmerlich bestellt ist? Wer traut einem bankrotten Buchhalter, einem Automechaniker, der per Anhalter fahren muß, einem übergewichtigen Ernährungsspezialisten, einem Anwalt hinter Gittern?

Und drittens hinderte die Weigerung, den Patienten wieder mehr Verantwortung für die eigene Gesundheit übernehmen zu lassen, die Ärzte des zwanzigsten Jahrhunderts auch daran, den wachsenden Erkenntnisschatz auszuwerten und in die Schulmedizin einzubeziehen, der auf die starken Selbstheilungskräfte des Körpers hindeutet – Selbstheilungstechniken, die nichts kosten, keinerlei Nebenwirkungen haben und neben Heilung auch Schutz, neben Gesundheit auch Wohlbefinden bieten.

Noch wichtiger schließlich: Dadurch, daß die Ärzte des zwanzigsten Jahrhunderts die mechanistische Gesundheitsauffassung ungebrochen beibehielten, haben sie uns allen die Chance verbaut, von den Selbstheilungskräften zu profitieren, die in unserem Geist schlummern. Damit bleiben Heilungspotenzen unerschlossen, die – wie ich hier behaupte – weitaus stärker sind als die automatischen Heilvorgänge des Körpers. Es ist eine verborgene Kraft von bemerkenswerter Tiefe und außerordentlicher Stärke. Zur natürlichen Selbstheilung verhält sie sich wie der Schrei zum Flüstern.

3

Die Rolle des Heilers und die Rolle des Patienten

Die späten siebziger und frühen achtziger Jahre waren für mich eine Zeit der Verwirrung und der Orientierungssuche. Überzeugt, daß die Medizin mit ihrem starren Festhalten am mechanistischen Gesundheits- und Heilungsbegriff auf einem Irrweg war, gab ich meine ärztliche Praxis auf und konzentrierte mich darauf, über Medizin zu schreiben und einen gangbaren Weg zu suchen, der es Ärzten und Patienten ermöglichen würde, zusammenzuarbeiten.

Daß ich desillusioniert war von der Art, wie Schulmedizin praktiziert wird, hatte viele Gründe; der schwerwiegendste war jedoch, daß ich die Auffassung von ärztlicher Kunst als «Exklusivwissenschaft» nicht teilte. Fast alle Ärzte, die ich kannte, waren hochengagierte Menschen, nach Kräften bemüht, ihren Patienten zur Besserung zu verhelfen, und in endloser Sorge, wenn ihnen das nicht gelang. Aber: Es war ihnen in Fleisch und Blut übergegangen, daß sie ein «komplettes Versorgungspaket» anzubieten hatten. Daß sie die volle Verantwortung für die Gesundheit jedes Patienten, der in die Sprechstunde kam, zu übernehmen hatten. War ihre Autorität in irgendeiner Weise bedroht, ging ihnen das sehr gegen den Strich.

So erinnere ich mich beispielsweise, daß ein Konsiliarius, mit dem ich als junger Krankenhausarzt arbeitete, vor Wut rot anlief, als er erfuhr, daß eine seiner Patientinnen sich an einen Osteopathen – einen Arzt für Knochenleiden – gewandt hatte. Er fühlte sich von «seiner» Patientin hintergangen, betrogen; das Einholen einer zweiten ärztlichen Meinung faßte er als bewußte Demütigung auf. Diese Reaktion stellt keineswegs eine Ausnahme dar, sondern ist – wie ich aus meiner Erfahrung als Krankenhausarzt und Allgemeinpraktiker sagen kann – ziemlich typisch.

Nicht nur das Zu-Rate-Ziehen von sogenannten Außenseitern erbost die Ärzte. In den letzten zehn Jahren habe ich viele Doktoren mit derartigem Besitzanspruch kennengelernt, daß es sie schon kränkte, wenn ihre Patienten auch nur ein einziges Wort mit einem beliebigen anderen Arzt wechselten.

Ein Allgemeinarzt, den ich kannte, pflegte die Behandlung jedes Patienten sofort abzubrechen, wenn dieser tapfer genug war, eine zweite ärztliche Meinung einzuholen. Seine Patienten «gehörten» ihm, und auf Fremdgehen reagierte er allergisch.

Dieses Arztes Haltung stürzte viele Patienten in unglückselige Konflikte. Ich erinnere mich an eine Patientin – ich will sie Karen nennen –, deren Leben davon tief gezeichnet wurde. Karen war Friseuse und hatte einen arbeitslosen Freund, der versuchte, sich als Fotograf selbständig zu machen. Sie war neunzehn, er ein Jahr älter, und sie schliefen zusammen.

Ein paar Wochen hatten sie es ohne Verhütungsmittel getan, aber dann, nach einigen Tagen bangen Wartens auf Karens verspätete Periode, lief Karen zum Arzt und wollte die Pille verschrieben bekommen. Medizinisch sprach nichts dagegen – sie war jung, fit, gesund, ohne persönliche oder familiäre Dispositionen, die zur Sorge hätten Anlaß geben können.

Aber der Arzt weigerte sich, denn er war strenger Katholik. Er sagte ihr, er sei aus moralischen Gründen gegen Empfängnisverhütung und werde ihr die Pille auf keinen Fall verordnen. Nicht nur, daß er Karen dem Diktat seiner sittlichen Anschauungen unterwarf, er drohte auch, er werde sie von der Patientenliste streichen, wenn sie sich die Pille anderswoher besorge. Und er ließ keinen Zweifel, daß er über den Anlaß dieser medizinischen Exkommunikation auch ihre Eltern unterrichten werde. Als Karen den Arzt wechselte, war sie im sechsten Monat schwanger. Und der Kurs ihres Lebens hatte sich unwiderruflich geändert – durch die patriarchalisch-possessive Art ihres Arztes.

Noch Dutzende ähnlicher Geschichten könnte ich erzählen; nur eine noch. Diesmal sei die Patientin Mary genannt (in Wirklichkeit hieß sie anders). Sie war zweiundzwanzig und sehr hübsch. Nur etwas machte ihr zu schaffen: ihre Brüste. Sie war von der Natur so reich gesegnet, daß die Brüste ihr Leben und insbesondere ihre Beziehungen zu Männern beherrschten. Seit dem Alter von zwölf, dreizehn Jahren hatte sie sich alle möglichen lüsternen Bemerkungen von Fremden wie von Freunden anhören müssen und – kein Wunder – schämte sich ihres Busens. Sie wollte ihn sich operativ verkleinern lassen.

Ihr Arzt lachte sie geradezu aus. Er sagte ihr, die meisten jungen Frauen wären überglücklich, hätten sie solche Brüste. Ein operativer Eingriff wäre eine Sünde und Schande und komme überhaupt nicht in Frage. Sie solle gehen und sich des Lebens freuen und Gott danken für ihre üppige, attraktive Figur.

Sie ging, konnte sich aber nicht des Lebens freuen und nicht dankbar sein für ihre üppige, attraktive Figur. Immer noch fühlte sie sich von ihren Brüsten dominiert, und immer noch schwebte ihr eine Operation vor. In der Zeitung sah sie die Annonce einer Privatklinik – und ging hin.

Fast ein Jahr mußte sie sparen, bis sie das Geld für die Operation zusammen hatte. Der Eingriff mißlang völlig. Der Chirurg ging grob und ungeschickt vor, und sie wurde aus der Klinik entlassen mit verunstalteten Brüsten, die noch bluteten und schmerzten. Zu Hause in der Wohnung konnte sie es vor Pein nicht aushalten und schleppte sich zu ihrem Arzt in die Abendsprechstunde.

Dessen Reaktion war – vorsichtig ausgedrückt – gefühllos. Er beschimpfte sie wegen ihrer Dummheit, in die Privatklinik gegangen zu sein. Und er brüllte sie an, warum sie sich habe entstellen lassen. Warum sie seinen Weisungen nicht gefolgt sei. Und dann: Weil sie ohne seine Erlaubnis zu einem anderen Arzt gegangen sei, werde er sie nicht behandeln, jetzt nicht und später nicht. Das Schlimme, das eigentlich Unverzeihliche für ihn war, daß sie ihn «hintergangen» hatte. Sie war untreu, gewissermaßen mit einem anderen intim geworden.

«Böse» macht es Ärzte auch manchmal, wenn Patienten sich selbst behandeln. Unter gewissen Umständen ist das verständlich. Verschreibt der Doktor einem Kranken ein Herzmedikament und kauft sich der Kranke stillschweigend noch ein zweites Medikament hinzu, kann es zu unberechenbaren Wechselwirkungen kommen. Unter anderen Umständen aber ist es weniger leicht erklärlich, weshalb sich der Arzt so ärgert.

Seit mehreren Jahren halte ich Patienten, die an Schlaflosigkeit leiden, häufig dazu an, ihre Beschwerde zunächst einmal auf nichtmedikamentösem Weg zu bekämpfen. Schlaftabletten eignen sich nicht zur Dauertherapie und bieten höchstens eine kurzfristige Lösung. Von allem anderen abgesehen, schlägt nämlich nach ein, zwei Wochen regelmäßigen Gebrauchs die Wirkung ins Gegenteil um – sie machen dann wach, nicht müde. Auch die Pharma-Industrie selbst warnt vor Dauergebrauch.

Als ich diesen Ratschlag auch im Rundfunk gab, bekam ich mehrfach von Patienten zu hören, sie trauten sich nicht, andere Lösungen auszuprobieren und die Schlaftabletten abzusetzen, weil sonst ihr Hausarzt beleidigt wäre. Eine Frau rief mich an und erzählte unter Tränen, ihr Arzt habe sie angebrüllt, als sie ihm gesagt habe, sie komme auch ohne Schlafpillen zurecht. Er war aufgebracht, weil sie ihre Beschwerden ohne sein Zutun überwunden hatte und seine regelmäßigen Rezepte nun nicht mehr brauchte.

Eine derartige Reaktion ist gar nicht so selten. Auch im Zusammenhang mit Tranquilizern kommt sie häufig vor. All dies erschien mir äußerst ungesund. Damals, in diesem Stadium, stellte ich mir die Frage, ob nicht die alternative Medizin bessere, gangbarere Wege böte.

In den siebziger Jahren war ich keineswegs der einzige, der sich von schulmedizinischen Attitüden abkehrte. Immer mehr Menschen suchten Hilfe bei alternativen und ergänzenden Heilverfahren («Außenseitermethoden»).

Rapide stieg die Zahl derer, die zum Akupunkteur, Homöopathen, Heilpraktiker usw. gingen. 1981 probierte ein Drittel der französischen Bevölkerung Außenseitermethoden. 1983 überschritt in Großbritannien die entsprechende Zahl erstmals die Millionengrenze, dem Vernehmen nach mit stark steigender Tendenz. 1984 zeigte eine britische Umfrage, daß bereits jeder Dritte einen alternativen Mediziner konsultiert hatte. Ein ähnliches Bild bietet sich in Amerika, Deutschland, Australien, Skandinavien und fast allen Industrieländern.

Dieser alternativmedizinische Boom hat viele verschiedene Ursachen. Manche Menschen gehen nicht mehr zum Schulmediziner, weil sie mehr Selbstbestimmung über ihre Gesundheit wollen und diese beim Alternativmediziner zu finden glauben. Andere, weil sie sich von den Nebenwirkungen und Risiken moderner Chemo- und operativer Therapien abgeschreckt fühlen. Und wieder andere aus dem schlichten Grund, daß sie bei der Schulmedizin weder Hilfe noch Heilung fanden.

Als akademisch ausgebildeter Skeptiker stand ich vielen Behauptungen der alternativen Heilkundigen ungläubig gegenüber. Manche stellten sich denn auch als Betrug heraus. Einige der etablierten alternativen Heilverfahren jedoch schienen mir gut untermauert und einleuchtend. Akupunktur beispielsweise schien mir nützlich und wirkungsvoll. Bei Durchsicht der medizinischen Weltliteratur fand ich vieles, was für die Akupunktur (wenn kunstgerecht ausgeübt) sprach. 1974 etwa berichteten vier amerikanische Ärzte, sie hätten im Raum New York über dreihundert Patienten mit Akupunktur behandelt. Bei drei Vierteln der Fälle habe sich Akupunktur als eine der besten Behandlungsweisen für Arthritis, Neuralgien und andere Knochen- und Muskelschmerzen erwiesen.

Im Fachblatt des kanadischen Anästhesistenverbandes schrieben im selben Jahr zwei Ärzte, es hätten sich Berichte von einer Vielzahl unter Akupunktur-Anästhesie durchgeführten operativen Eingriffen (Erfolgsquote bis zu 90%) nunmehr hinreichend erhärtet, so daß an der Wirksamkeit der Akupunktur nicht mehr zu zweifeln sei.

Bis 1979 war über Akupunktur schon so viel veröffentlicht worden und war bereits so erprobt und bewährt, daß auf einer Ärztetagung Vertreter aus allen sechs Regionen der Weltgesundheitsorganisation (WHO) zu dem Schluß kamen: Das schiere Gewicht der Indizien verlange, «daß sie als klinisches Verfahren von beträchtlichem Wert ernstgenommen werden» müsse.

In noch jüngerer Zeit hat die WHO sogar Ärzte dafür getadelt, daß sie die Akupunktur nicht als nützliche medizinische Technik anerkannten; die ablehnende Haltung vieler Doktoren und anderer im Gesundheitswesen Tätiger verhindere, daß die Akupunktur sich durchsetzen könne.

Insgesamt drängte sich mir bei den alternativen Heilverfahren die Folgerung auf, daß manche erfolgsversprechend, andere aber quacksalberisch waren. Keine konnte als echte, selbständige Alternative zur Schulmedizin gelten. Das schien mir eine große Schwäche zu sein.

Je besser und verantwortungsbewußter ein alternativer Heilkundiger war, desto mehr pflegte er darauf zu bestehen, daß er keine Voll-, sondern nur eine Teilalternative zur herkömmlichen Medizin anbot. Die Qualifiziertesten unter ihnen sagten mir ausnahmslos, sie betrachteten sie als Ergänzung, als komplementär zur Schulmedizin. Die besten Akupunkteure, Hypnotherapeuten usw. arbeiteten stets «mit» den die etablierten Medizinern, und nicht «gegen» sie.

Nur die Fragwürdigsten und Unqualifiziertesten behaupteten, völlig eigenständig zu arbeiten. Die Vernünftigeren gaben alle zu, daß sie immer einige ihrer Patienten zum niedergelassenen Arzt und zu Klinik-Spezialisten schickten. Sie stimmten darin überein, daß sie keine Infarkte, keine komplizierten Knochenbrüche, keine Hirnblutungen behandelten. Keine dieser sogenannten Alternativen zur Schulmedizin schien mir eine tatsächliche Alternative zu sein – eher eine Variation über ein schon vorhandenes Thema.

Anfang der achtziger Jahre waren – folgerichtig – alternative Methoden schon von vielen Schulmedizinern übernommen worden. Es gab Ärzte, die Hypnotherapie, Homöopathie, Akupunktur usw. praktizierten. Oft geschah dies noch vorschnell und nicht sehr kunstgerecht (aufgrund mangelhafter Ausbildung), aber immerhin bereitete es ihnen kaum Schwierigkeiten, die neuen Außenseitermethoden in ihr Schulrepertoire zu integrieren. Selbst der Britische Ärztebund (British Medical Association) hatte Interesse an alternativen Heilverfahren bekommen und einen Untersuchungsausschuß eingesetzt.

Es kam also zu einer Eingliederung der Alternativen in die Schulmedizin. Akupunktur und Chiropraktik wurden zusammen mit herkömmlichen Verfahren wie Chemotherapie und Chirurgie angewandt. Mir war klar, daß nach ein paar Jahrzehnten die besten Aspekte der Alternativmedizin von der Schulmedizin aufgesaugt sein würden. Und daß in Praxen und Kliniken im ganzen Land Heilpraktiker neben approbierten Ärzten arbeiten würden.

Noch etwas anderes überzeugte mich davon, daß die neue Welle der alternativen Verfahren so «alternativ» gar nicht war. Die cartesianisch-mechanistische Körperauffassung galt nämlich weiterhin. Es schien, als sei die Mehrheit der alternativen Heilkundigen derart von schulmedizinischer Tradition durchtränkt und gleichsam einer Gehirnwäsche unterzogen worden, daß sie den Fehler machte, ihr Fachkönnen und ihre Produkte auf die gleiche Art und Weise zu verkaufen, wie dies jeder orthodoxe Arzt zu tun pflegt.

In meinen Augen unterschieden sie sich kaum voneinander: der Heilkundige, der zum Rezeptblock greift und Tranquilizer verschreibt, der Heilkundige, der seinen Patienten Nadeln in die Haut sticht, der Heilkundige, der Kräuterarzneien verabreicht, der Heilkundige, der ein homöopathisches Mittel mischt, der Heilkundige, der Hypnotherapie anbietet, und der Heilkundige, der auf dem Wohnzimmerteppich Beschwörungstänze aufführt. Gemeinsamer Nenner bei allen: der interventionistische Grundsatz «von außen her». In allen Fällen wollte der Praktizierende die Verantwortung für die Gesundheit seines Patienten übernehmen und sein Fachkönnen und seine Dienste Menschen anbieten, die Hilfe brauchten.

In den ersten Jahren des achtziger Jahrzehnts bestätigte sich meine Skepsis, das aufblühende alternative Heilgewerbe betreffend, auf mehrfache Weise. Zum einen dadurch, daß überall auf der Welt Heilpraktikerschulen und dergleichen aus dem Boden schossen. Die Branche war zum *big business* geworden, und Diplome wurden in Massen feilgeboten. Viele alternative Heilkundige hatten lediglich einen Wochenendlehrgang mitgemacht, manche sogar nur kurze Fernkurse.

Zum andern rühmten sich viele Heilpraktiker ihrer technischen Praxisausstattung. Computer waren beliebt, und im Sprechzimmer des erfolgreichen Mode-Heilkundigen wimmelte es von allen möglichen raffinierten Apparaturen.

Drittens bestätigten Berichte in wachsender Zahl, daß Patienten durch alternative Heilverfahren Schaden genommen hatten oder krank geworden waren. Es schien, daß die Außenseitermedizin Lösungen anbot, die manchmal nicht ungefährlicher waren als die der Schulmedizin.

Mein unvermeidliches Fazit: Ungeachtet des Publicity-Rummels um die Alternativmedizin war keine dieser Heilmethoden wahrhaft alternativ. Im besten Fall stellten sie wertvolle Ergänzungen zur Schulmedizin dar, aber mehr nicht.

Zu der Erkenntnis gelangt, daß die alternativen Verfahren wenig grundsätzlich Neues boten, befand ich mich weitgehend wieder da, wo ich Ende der siebziger Jahre angefangen hatte. Ich war überzeugt, daß es eine «einfache Antwort» auf alles geben mußte, einen neuen

Ansatz, ein neues Gesundheitsverständnis, das unsere Einstellung zum Kranksein und zu den Ärzten revolutionieren konnte. Und ich fühlte, daß ich ihm nahekam. Zunächst jedoch mußte ich Klarheit darüber gewinnen, welche Rolle der professionelle Heiler meiner Meinung nach spielen sollte.

Mit den professionellen Heilern – und namentlich den Schulmedizinern – bin ich bisher ziemlich hart ins Gericht gegangen. Diese Kritik muß ich jetzt etwas einschränken bzw. in die rechte Perspektive rücken. Trotz aller Vorbehalte gegen die paternalistische Art der Ärzte, gegen ärztliche Denk-Schemata, gegen die Pharma-Firmen und gegen die Wachstumsbranche Außenseitermedizin möchte ich keinen Augenblick lang den Eindruck erwecken, wir könnten ohne sie auskommen.

Doktoren und allen anderen Gesundheits-Profis fällt eine tragende Rolle zu bei unserer Gesunderhaltung, beim Kampf gegen Krankheiten, wenn sie bedrohlich werden, und bei unserer Betreuung und Pflege, wenn wir schwach, gebrechlich, invalide werden.

Nein, das Problem liegt anderswo. Es liegt nach meiner Ansicht in der falschen Gewichtsverteilung bei der Arzt-Patient-Beziehung. Der Heiler hat die Gesamtverantwortung übernommen, hat dem zu Heilenden allzuviel Verantwortung abgenommen. Das Verhältnis glich bisher allzusehr dem zwischen Lehrer und Schüler, Arbeitgeber und Arbeitnehmer, Herr und Knecht.

Dies Übergewicht zugunsten des Arztes, glaube ich, muß abgebaut werden. Sowohl Arzt als auch Patient sollten alles in das Verhältnis einbringen dürfen, was sie für angemessen und richtig halten. Aber – und das ist entscheidend – der Patient sollte stets die dominierende Rolle spielen. Der Arzt – ob Allgemeinarzt oder Spezialist – ist da, um fachlichen Rat und Hilfe zu geben. Er sollte sich in erster Linie als technischen Berater sehen.

In einem so gewichteten Verhältnis sind die Verantwortlichkeiten des Arztes auf ein handhabbares Maß reduziert, und die Verantwortlichkeiten des Patienten sind so ausgeweitet, daß er Spielraum hat, die vielen Selbstheilungsmechanismen seines Körpers voll zu nutzen.

Von der Beendigung des herkömmlichen Herr-Knecht-Verhältnisses werden wir sehr handgreiflich profitieren – auf dreierlei Weise. Erstens: Der Patient wird viel freier und mündiger. Er kann jeden Heilkundigen konsultieren, von dem er sich Hilfe verspricht, ohne befürchten zu müssen, durch «Fremdgehen» bestehende Verhältnisse zu trüben. Und mit der größeren Freiheit wird sicherlich auch mehr Ehrlichkeit kommen. Die Patienten werden zum Hausarzt, zum örtlichen Akupunkteur oder zum örtlichen Kräuterkundigen gehen. Aber sie werden es offen und ehrlich tun. Im Augenblick wird dies gern noch als Seitensprung betrachtet und geheimgehalten. Man erzählt dem einen nicht, was der andere verordnet hat. Das kann gefährlich werden.

Aus meiner Zeit als praktizierender Arzt erinnere ich mich an eine Bluthochdruckpatientin, die zu mir kam. Neben nichtmedikamentösen Maßnahmen, die ich ihr empfahl (Entspannung, Gewichtsreduzierung, bessere Streßbewältigung), verschrieb ich ihr auch ein Medikament, weil ihre Blutdruckwerte doch ziemlich hoch lagen. Nach einer Woche, als sie wieder zu mir kam, waren sie allerdings noch höher gestiegen statt gefallen. Ich erhöhte die Dosis des Mittels und bestellte sie nach einer Woche wieder zu mir.

Resultat: noch höherer Blutdruck. Aus einer Eingebung heraus – damals stellte ich diese Frage noch nicht routinemäßig – fragte ich sie, ob sie vielleicht noch von anderer Seite behandelt werde. Unter Tränen gestand sie, sie sei noch zu einem Kräuterkundler gegangen und habe auch von ihm etwas verschrieben bekommen. Das hatte sie mir verschwiegen, um mich nicht zu verprellen. Zwischen den beiden Mitteln hatte sich indes eine gefährliche paradoxe Wechselwirkung ergeben, die den Blutdruck noch mehr in die Höhe trieb.

Wenn wir die ärztliche «Exklusivbesitzhaltung» gegenüber den Patienten aufgeben, ermöglichen wir dem Patienten, jeden Heilkundigen aufzusuchen, den er will – und dann offen über die Behandlungen zu sprechen, die er bekommen hat oder noch bekommt. Das ist weitaus ungefährlicher als der jetzige Modus. (In Ländern, wo der Arzt ein jährliches Generalhonorar, eine Pauschale für jeden Patienten erhält, müßte das System so geändert werden, daß der Arzt für jede Konsultation einzeln bezahlt wird. Das Pauschalhonorar stärkt das Eigentumsgefühl des Arztes.)

Der zweite Vorteil der Beendigung der paternalistischen Arzt-Patient-Beziehung wird sein, daß die überholte mechanistische Sicht geschwächt wird. Der Arzt hat zum Patienten eine Objekt-Haltung, die es ihm leicht macht, den Patientenkörper als Maschine zu sehen. Diese Entpersönlichung und Reduzierung auf die Krankheit kommt auch in der Medizinersprache zum Ausdruck: Die Galle auf Zimmer 12, der Infarkt im zweiten Bett von rechts. (Manchmal ist es schwierig zu entscheiden, was zuerst kommt: das Paternalistische oder das Mechanistische. Aber Hauptsache, der Kreis wird an irgendeiner Stelle durchbrochen; dann bleibt er durchbrochen.) Der dritte Vorteil der Überwindung der veralteten Arzt-Patient-Beziehung wird sein, daß der Arzt seine Möglichkeiten als «Heiler» voll ausschöpfen kann.

Dazu gehört auch die zunächst obskur erscheinende Heilwirkung, die ein Arzt, Psychologe oder sonstiger Mensch (oder auch: Gesundbeter, Priester, König, Medizinmann) auf einen Patienten einfach dadurch haben kann, daß er ihm nahe ist oder ihn berührt.

Vor Jahrhunderten gab es beispielsweise den Glauben, Könige könnten durch Handauflegen heilen. In Frankreich wurde solches Massenheilen erstmals durch Chlodwig I. im Jahre 496 praktiziert (mit Erfolg!); in England soll dieser ursprünglich heidnische Brauch durch Eduard den Bekenner Eingang gefunden haben. Tagelang standen Patienten Schlange, um von einem Mitglied der Königsfamilie berührt oder gesegnet zu werden. Und sehr oft ging es ihnen hinterher tatsächlich besser.

Ärzte können eine ähnliche Heilwirkung entfalten; in unzähligen Fällen ist dies historisch belegt. Im Mittelalter, als die medizinische Wissenschaft in ihrer finstersten Phase steckte und kaum über irgendwelche heilkräftigen Arzneien verfügte, gab es immer auch Ärzte, die bemerkenswert hohe Erfolgsquoten hatten. Hätten sie nicht zumindest bei einigen ihrer Patienten Erfolge erziehlt, wären sie nicht lange im Geschäft geblieben. Niemand gibt Geld aus und läßt sich von einem Arzt behandeln, der nie irgendeinen seiner Patienten gesund machte.

Die nahezu unheimliche Kraft des sogenannten Placebo-Effekts fiel mir erstmals an einigen konkreten Fällen in meiner ärztlichen Praxis auf. Als Medizinstudent hatte ich von Placebos nie etwas gehört; in keiner Vorlesung war von der durchschlagenden Wirkung gesprochen worden, die diese pharmakologisch inaktiven Scheinarzneimittel entfalten können. Eine Arthritispatientin, die von starker Besserung ihres Leidens berichtete, nachdem sie versehentlich – im Glauben, es sei das richtige – ein ganz falsches Medikament geschluckt hatte, das bei ihr gar keine Wirkung haben konnte (ein Antibiotikum), weckte mein Interesse an dieser Frage, und ich recherchierte in der Fachliteratur.

Die Ausbeute war reichlich. Ein aufsehenerregender Placebo-Fall beispielsweise ereignete sich im Zweiten Weltkrieg. Einem amerikanischen Militärarzt ging bei der Behandlung von Verwundeten das Morphium aus. Er brachte es nicht übers Herz, den Soldaten (die großenteils schreckliche Schmerzen litten) zu sagen, er hätte nichts mehr, und injizierte ihnen statt dessen Wasser. Zu seiner Verblüffung wirkte die «wirkungslose» Injektion ebenso stark wie das Morphium. Berge wurden versetzt – durch den Glauben?

In den Folgejahren nahm man die Placebo-Wirkung wissenschaftlich genauer unter die Lupe. Ein Forscher namens Jellinek stellte 1946 fest, daß von 199 Kopfschmerzpatienten sage und schreibe 120 durch ein Scheinmedikament (Zuckerpille) schmerzfrei wurden. Bei Patienten mit schweren postoperativen Dauerschmerzen wurde in 30% der Fälle deutliche Schmerzlinderung nachgewiesen. Und nach einem Bericht im *British Medical Journal* 1970 hatten 60% der Angina-pectoris-Patienten weniger Anfälle, wenn man ihnen ein Placebo gab und sagte: «So, jetzt bekommen Sie weniger Anfälle.»

Weitere Forschungen haben gezeigt, daß die Wirkung der Placebos von Farbe, Form und Größe der Tablette, vor allem aber von dem Enthusiasmus mitbestimmt wird, mit dem der Arzt sie anpreist.

Gibt er dem Patienten die Tablette mit den Worten: «Na, versuchen Sie das mal, vielleicht hilft's ein bißchen», wird die Wirkung sehr wahrscheinlich geringer sein als bei der eindringlichen Empfehlung: «Das wird Ihnen sicher helfen. Es ist das stärkste und beste Mittel auf dem Markt.» Solcher Enthusiasmus steigert die Wirkungschancen nachgewiesenermaßen um ein Vielfaches.

Sogar auf die Nebenwirkungen hat der Arzt Einfluß, allein durch das, was er sagt. Überreicht er die Pillen-Packung (ob Placebo oder nicht) mit dem Kommentar: «Passen Sie auf, davon kann man Hautausschlag kriegen», stehen die Chancen hoch, daß der Patient anschließend über Hautausschlag klagt. Allem Anschein nach reagiert unser Körper nicht nur auf tatsächliche in einer Tablette enthaltene Wirkstoffe, sondern auch auf vermeintliche.

Natürlich beschränkt sich der Placebo-Effekt nicht auf Medikamente; er kann auch auf tausenderlei andere Weise wirksam werden.

Sagt ein Chirurg vor der Operation dem Patienten: «Wenn Sie aufwachen, werden Sie leider starke Schmerzen haben und sich richtig quälen müssen», dann tritt wahrscheinlich genau das ein. (Töricht für einen Chirurgen, so etwas zu sagen – aber ich habe es erlebt.)

Sagt der Doktor aber: «Wenn Sie aufwachen, wird es Ihnen viel besser gehen; Sie werden ruhiger sein, und wir werden dafür sorgen, daß Sie keinerlei Schmerzen haben», dann wacht der Patient wahrscheinlich schmerz- und beschwerdefrei auf.

Ein anderes Beispiel: Ein Patient kommt mit Nackenschmerzen, und der Arzt sagt: «Eine kleine Massage hilft Ihnen gegen die Schmerzen», und tatsächlich gehen nach der Massage die Schmerzen weg. Nicht die Massage hat hier wahrscheinlich die Schmerzen zum Verschwinden gebracht, sondern die Tatsache, daß der Arzt Heilung verhieß.

Aus alledem sollte klar sein, daß diese «Heil»-Wirkung nicht nur der approbierte Arzt, sondern selbstverständlich auch der sogenannte Laie ausüben kann. Was in der Praxis ja auch geschieht. In der alternativen Medizin wird sehr ausgiebig mit dem Placebo-Effekt gearbeitet. Alternative Heilkundige verhelfen ihren Patienten durch optimistische, enthusiastische Haltung zur Besserung.

Der reinste Placebo-Effekt wird von jenen erzielt, die ganz auf Tricks, Medikamente und mechanische Hilfsmittel verzichten und den Patienten einfach durch ihr Beisein oder durch Berühren «heilen». Auch dafür habe ich Beweise gesehen; und ich bin überzeugt, daß es möglich ist, einen Patienten einfach dadurch zu heilen, daß man ihm sagt, daß man ihn heilen werde.

Ich muß zugeben, daß ich gegenüber der Fähigkeit von Heilern, echte Veränderungen zu bewirken, skeptisch blieb, bis ich vor ein paar Jahren im englischen Fernsehen eine Heilerin interviewte. Sie hatte mir geschrieben, hatte von ungewöhnlichen Heilkräften berichtet und mich um eine fachliche Beurteilung gebeten. Auf meine Bitte brachte sie eine Patientin ins Studio mit, die jahrelang an schwerer Arthritis gelitten hatte und angeblich durch die Heilerin schmerzfrei geworden war. Die Schmerzfreiheit wollte ich ihr gern glauben, nicht aber, daß sich ihr Grundleiden substantiell gebessert hatte.

Die Skepsis verging mir, als ich Röntgenaufnahmen betrachtete, die im Krankenhaus von ihr gemacht worden waren. Radiologisch war eindeutig eine Besserung festzustellen. Die Vorher-Bilder zeigten klar Arthritis, die Nachher-Bilder praktisch gar keine mehr. Und ein Experte für Röntgendiagnostik (der nicht wußte, daß die Kranke von der Heilerin behandelt worden war) stimmte mir zu, daß sich die Krankheit deutlich – und offenbar spontan – gebessert hatte.

Vor hundert Jahren hätte man das als ein Wunder bezeichnet. Und auch heute gibt es ja noch Geistheiler und Gesundbeter, die derlei auf metaphysische Intervention zurückführen. Unsinn, wie ich glaube. Die Mehrheit der wirklich qualifizierten modernen Heiler lehnt Wunderglauben ab; sie rufen keine überirdische Hilfe an, sondern unterstützen einfach den Körper bei der Selbstheilung.

Es haben sich heute sehr viele Beweise dafür angesammelt, daß die «Heil»-Wirkung einfach darin besteht, daß ein positiver Effekt auf den Körper ausgeübt wird; ein Effekt, der handgreiflich physiologisch erklärt werden kann. Der Heiler löst lediglich die internen Heilreaktionen des Körpers aus und befähigt den Körper, sich selbst zu heilen.

Würde die alte paternalistische Herr-Knecht-Beziehung zwischen Arzt und Patient aufgelöst, so würde – wie gesagt – meines Erachtens die Fähigkeit des Arztes gestärkt, als Heiler zu wirken. Den Beweis dafür sehe ich darin, daß die besten Heiler stets *mit* dem Patienten arbeiten.

Zu den Gründen, warum die «außenseiterischen» Heilkundigen den orthodoxen Medizinern in der letzten Zeit so viele Patienten weggenommen haben, zählt, daß die Außenseiter oft freundlicher sind, augenfälliger mitfühlend. Sie folgen zwar noch der alten mechanistischen Anschauung, sind noch Interventionisten, jedoch längst nicht mehr so paternalistisch. Die meisten von ihnen haben noch keine Zeit gehabt, sich die Aura des unterkühlten Profis zuzulegen, wie sie so vielen Schulmedizinern eigen ist.

Der Placebo-Effekt, mit dem die alternativen Heiler so ausgiebig arbeiten, könnten auch die traditionellen Ärzte viel besser nutzen, wenn sie aus ihrer Distanz heraustråten. Zwar hat auch der herkömmliche Arzt einen gewissen Heileffekt dadurch, daß Patienten ihm blind vertrauen. Aber der Arzt, der die jetzt traditionelle Schranke zwischen Doktor und Patient niederzureißen vermag, wird mit weit höherer Wahrscheinlichkeit einen positiven, heilenden Effekt erzielen. Der Arzt muß lernen, an seinen Patienten zu glauben, ebenso wie vom Patienten erwartet wird, daß er an den Arzt glaubt. Zur vollen Erschließung der Heilkräfte müssen Respekt und Vertrauen in beide Richtungen fließen.

Veränderungen in der Arzt- und Heilerrolle bringen naturgemäß auch Veränderungen der Patientenrolle mit sich. Bis heute spielt der Patient im Gesundheitswesen – so grotesk das klingt – eine Nebenrolle.

Ich möchte den Patienten dazu ermutigen, sich des Fachkönnens von Profis nur dann zu bedienen, wenn es wirklich nötig ist. Er soll professionelle Hilfe dann suchen, wenn er sich nicht sicher ist, wie bestimmte Beschwerden, bestimmte Symptome behandelt werden sollen. Fachkundige technische Hilfe soll er suchen, wenn er mit Symptomen nicht mehr fertig wird, die sein Wohlbefinden oder gar sein Leben gefährden. Falsche Scham ist dann unangebracht.

Der mündige Patient weiß, daß jede unerklärliche Veränderung, Unregelmäßigkeit oder Auffälligkeit an seinem Körper, die er selber nicht beurteilen und nicht effektiv behandeln kann, der fachmännischen Begutachtung bedarf. Er wird der ärztlichen Hilfe näher und nicht ferner sein. Er wird besser imstande sein, professionelles Fachkönnen zu nutzen, und wird aus dem breitgefächerten Spezialistenangebot, das es heute gibt, sachkundiger wählen können.

Aber gleichzeitig wird der mündige Patient auch besser in der Lage sein, sich selbst zu versorgen. Verweist er die Profis auf beratende Plätze, schafft er ein Vakuum, das er nun mit eigenen Fähigkeiten und Stärken füllen kann. Nun kann er die gesundheitssteigernden und krankheitseindämmenden Kräfte des Geistes voll nutzen, die allzulange totgeschwiegen, mißverstanden, übergangen worden sind.

Nur der mündige Patient wird zur Selbsthilfe durch positive Gedankenkräfte gelangen können. Dieses Konzept bietet die Lösung, die ich suchte. Thema des nächsten Kapitels soll sein, welche Geist-Körper-Zusammenhänge bestehen und wie das eigentlich funktioniert: das Konzept der gesundheitlichen Selbsthilfe mit geistigen Mitteln.

4

Geist und Körper: Koppelungen und Rückkoppelungen

Daß es zwischen geistigen Problemen und Problemen, die den Körper in Mitleidenschaft ziehen, substantielle Zusammenhänge gibt: über diesen Gedanken hätten noch vor wenigen Jahren die meisten Mediziner gelacht. Kein Arzt, der in Fachkreisen einen Ruf zu verlieren hatte, hätte einen solchen Zusammenhang zugegeben.

In einem meiner Bücher vertrat ich vor zehn Jahren die Auffassung, daß fast alle gängigen Leiden des zwanzigsten Jahrhunderts von Streß (mit)verursacht oder verschlimmert werden; daß Streß die größte Umweltgefahr unserer Zeit darstellt und daß sich die Ärzte mehr um die Streßbewältigung und weniger um das schlichte Kurieren von Symptomen kümmern sollten.

Einflußreiche Koryphäen lachten damals darüber und taten es als Spinnerei ab. Man war noch beherrscht vom Glauben an die physische Grundlage aller Krankheiten. Heute würde wohl kein Arzt und kein ernstzunehmender medizinischer Wissenschaftler mehr leugnen wollen, daß Streß, Furcht, Angst, Sorge, Unter-Druck-Stehen, Wut, ja auch Freude ganz echte physische Reaktionen und sehr reale Krankheiten hervorrufen können.

Die Zahlen schwanken von Report zu Report, aber vorsichtig geschätzt kann man davon ausgehen, daß mindestens drei Viertel aller Beschwerden, die dem Arzt in der Sprechstunde vorgetragen werden, ganz oder teilweise psychosomatischen Ursprungs (d.h. durch geistig-seelische Ursachen ausgelöst) sind. Rechnet man die nicht ärztlich behandelten Leiden ein – z.B. Kopfschmerzen, Menstruationsbeschwerden, leichte Angstzustände, Schlaflosigkeit, Rückenschmerzen, Erkältungen etc. –, liegt die Zahl noch höher. Nach langen Gesprächen mit medizinischen Spezialisten vieler verschiedener Richtungen würde ich schätzen: 90–95% aller Leiden lassen sich ganz oder teilweise auf geistig-seelische Kräfte zurückführen.

Beispiel: das gemeine Kopfweh. Nach Expertenmeinung hängt es in den allermeisten Fällen – zu schätzungsweise 98% – mit Streß und Belastungen zusammen. Unter Streß verdrehen wir die Augen, verspannen Kopf- und Nackenmuskeln – und der Kopf schmerzt.

Oder: Verdauungsstörungen, eines der verbreitetsten zeitgenössischen Leiden. Setzen sich fünf Gäste zu Tisch, kann man darauf wetten, daß hinterher mindestens einer davon an verdorbenem Magen leidet. Zwar können Verdauungsstörungen auch an schlechten Eß- und Ernährungsgewohnheiten liegen, in der großen Mehrzahl aller Fälle aber steht Angst und Streß dahinter.

Auch wenn schlechte Eßgewohnheiten mitspielen, ist es oft leicht zu beweisen, daß die primäre Ursache Streß heißt. Wenn jemand sich beim Mittagessen beeilt, beeilt er sich wahrscheinlich, weil er unter Streß steht. Wenn jemand schluckt, ohne ordentlich zu kauen, dann wahrscheinlich, weil eine dringende Akte im Büro auf ihn wartet. Wenn jemand am Schreibtisch hastig seine Stulle futtert, dann vielleicht aus Gründen der Überbelastung und Arbeitsangst.

Aus den wissenschaftlichen Daten lassen sich Zusammenhänge zwischen Streß und bestimmten Berufen ablesen. Die Bedeutung des «Fabrik-Streß» wurde in Amerika erstmals 1956 publik, als ein Maschinist namens James Carter am Fließband von General Motors in Detroit «zusammenklappte». Er hatte, was man heute einen Nervenzusammenbruch nennt, und strengte gegen General Motors Klage an mit der Begründung, der spezifische Streß an seinem Arbeitsplatz habe seinen Zusammenbruch mitbewirkt. Es war ein Musterprozeß: Carter gewann. Und von dem Tage an nahm die US-Industrie den Zusammenhang zwischen Streß und Erkrankung sehr, sehr ernst.

Seit damals veröffentlichten Forscher in aller Welt Arbeiten, die bestimmte Berufe mit bestimmten streßinduzierten Krankheiten verknüpfen.

Kaum ein Berufsverband, kaum eine Gewerkschaft, die in der Folge nicht irgendwann behauptete, ihre Mitglieder seien besonders streßanfällig: Ärzte, Krankenschwestern, Gerichtsvollzieher, Lehrer, Journalisten, Taxifahrer, Piloten, Fluglotsen. Immer spezifischer werden die Verbindungslinien zwischen «Beruf» und «berufsstreßbedingter Krankheit». So behauptet zum Beispiel Jack Dunham, beratender Psychologe im englischen Berkshire County Council und an der Universität von Bath, daß der spezifische Berufsstreß von Schullehrern zur Unfruchtbarkeit führen kann.

Freilich können Streßkrankheiten auch losgelöst von jeglicher Berufstätigkeit auftreten. Arbeitslosigkeit etwa kann, wie Untersuchungen mittlerweile zur Genüge nachwiesen, aufs stärkste belasten, kann Streßkrankheiten hervorrufen. Widerlegt sein dürfte dadurch endgültig der alte Mythos, streßanfällig sei nur der überarbeitete, kettenrauchende Manager. Nach meinem heutigen Erkenntnisstand meine ich, daß nahezu jede menschliche Situation, jedes menschliche Tun streßträchtig sein kann.

Inzwischen sind viele Arbeiten publiziert worden, die beweisen, daß soziale Situationen einen krankmachenden Grad an Streß erzeugen können. In einer dem Amerikanischen Psychiaterbund vorgelegten Arbeit wies ein Autor nach, daß das Immunsystem einer frischverwitweten Frau deutlich geschwächt worden war – Streß hatte die Fähigkeit des Körpers herabgesetzt, Krankheiten abzuwehren. Ein weiterer Report (veröffentlicht im *Journal of the American Medical Association*) legte dar, daß die spezifische Depression, die auf Trauer- und Todesfälle folgt, die körpereigenen Abwehrkräfte so stark in Mitleidenschaft ziehen kann, daß kleine bösartige Tumoren, die normalerweise vom Immunsystem zerstört werden, wachsen und den Patienten am Ende umbringen. Eine dritte, in Australien veröffentlichte Untersuchung zeigte, daß diese Veränderungen im Immun- und Abwehrsystem des Körpers innerhalb der ersten acht Wochen nach dem Tod eines engen Verwandten stattfinden. Mit anderen Worten: Kaum zwei Monate nach dem Ableben eines uns Nahestehenden ist unser Körper durch Streß so geschädigt, daß er äußerst anfällig für Krebs und alle möglichen Infekte wird.

Fast jeder Arzt wird das aus seiner praktischen Erfahrung bestätigen können. Ein (Ehe-)Partner stirbt, und nach ein, zwei Monaten stirbt auch der bisher gesund und fit wirkende andere Partner. Resultat einer Großuntersuchung: Bei Verwitweten lag die Todesrate zwölfmal höher als bei einer vergleichbaren Gruppe Nichtverwitweter. Auf dem Totenschein wird der Name Streß nicht auftauchen. Gleichwohl: Er ist die Todesursache.

Ähnlich belastendes Material gibt es inzwischen für alle möglichen sozialen Streßsituationen. Wer zu Hause «unter Druck» steht oder ein zu hektisches Liebesleben führt, versechsfacht sein Herzinfarktrisiko; desgleichen derjenige, der Geldsorgen oder Probleme mit engen Freunden hat. Ein «sozial mobiler» Mensch (Aufsteigertyp) verdrei- oder vervierfacht das Risiko.

In all diesen Fällen heißt der ausschlaggebende Faktor: Streß. Ganz zweifellos ist er in unserem Jahrhundert der große Killer Nr. 1.

Daraus ergibt sich die Frage: Wieso sind wir gerade heute so streßanfällig, wo doch unser Leben so gut organisiert ist? Unsere Altvorderen hatten viel mehr akute Sorgen: Essensbeschaffung für das nächste Mahl; Suche nach einer warmen und trockenen Schlafstatt; Schutz gegen Raubtiere. Wir dagegen haben (im Normalfall) immer einen gedeckten Tisch und ein Dach über dem Kopf, brauchen uns nicht vor Raubtieren zu fürchten, haben Zentralheizung, Mikrowellenherde und eine Menge Programme auf dem TV. Verglichen mit unseren

Urahnen haben wir's herrlich. Und leiden doch weitaus mehr unter Streß, als unsere Ahnen je litten. Wie kommt das?

Es kommt daher, daß unser Körper für die heutige Welt nicht ausgerüstet ist. Er ist noch ausgerüstet für eine Welt, in der «Kampf» und «Flucht» sinnvolle und angebrachte Reaktionen darstellten. Reaktionen, die uns halfen, Begegnungen mit Säbelzahntigern zu überstehen.

Grundsätzlich reagiert der Körper heute noch so. Stoßen wir auf ein Problem, spannen sich unsere Muskeln, das Herz schlägt rascher, der Blutdruck steigt, ein Adrenalin«schuß» geht durch die Adern, der ganze Körper wird in Alarmzustand versetzt. Ideale Voraussetzungen für Kraftaktionen, für Kampf, für Flucht.

Aber die Verhältnisse sind nicht (mehr) so, um mit Brecht zu sprechen. Keine Säbelzahntiger, hungrigen Wolfsrudel, wildgewordenen Höhlenbären bedrohen uns. Statt dessen sind wir mit Arbeitslosigkeit, dem Amtsschimmel, Parkplatzsorgen und patzigen Postbeamten konfrontiert. Keines dieser Probleme ist «im direkten Angang» zu lösen, keines durch schnelleren Puls, höheren Blutdruck und Muskelanspannung. Unsere naturgegebenen physiologischen Reaktionen helfen uns nicht mehr.

Auf Bedrohungen jedweder Art antwortet der Körper auf die einzige ihm geläufige Weise: durch Bereitmachen zum physischen Handeln. Wir sind – entwicklungsgeschichtlich – noch zu rückständig, haben noch nicht gelernt, daß rein physiologische Reaktionen nichts mehr nützen. Die Wurzel des Übels ist, daß wir unsere Welt zu rasch veränderten, als daß der Körper hätte «nachkommen» können. Zu keiner früheren Zeit der Weltgeschichte gab es ein so konstantes Fortschreiten von Ideen, nie zuvor einen rasanteren Wandel der Moden, Themen und Haltungen, nie zuvor so enorme Erwartungen und Belastungen.

In den letzten Jahrhunderten veränderten revolutionäre Neuerungen in der Medizin, in der Navigation, im Buchdruck, in der Militärtechnik, im Konstruktionswesen, im Verkehr, in industriellen Arbeitsmethoden und Kommunikationssystemen unsere Welt von Grund auf. Unser Körper aber ist noch fast der gleiche wie vor zehn-, zwanzig-, hunderttausend Jahren. Um sich anzupassen, braucht er viele Tausende von Jahren, und er hinkt der zivilisatorischen Entwicklung hoffnungslos hinterdrein.

Diese natürlichen Reaktionen sind traurigerweise für die Schadwirkungen verantwortlich, die der Streß hervorbringt. Und hervorgebracht werden sie, weil die Probleme, die «Steine des Anstoßes», nicht mehr eher akut (wie früher), sondern eher chronisch sind und uns Tage, Wochen, Jahre nerven.

Wenn einem eine saftige Heizkostenrechnung ins Haus flattert, reagiert der Körper auf die Bedrohung wie seit Urzeiten gewohnt: Puls und Blutdruck steigen, die Muskeln spannen sich, wir sind kampfbereit. Diese Reaktionen haben aber keinen Sinn mehr. Ja, sie sind mehr als sinnlos – sie sind schädlich. Denn die Rechnung ist ja keine akute Bedrohung, die nach ein paar Minuten verschwindet. Das Problem bleibt längere Zeit bestehen. Und solange es bestehen bleibt, solange bleibt der körperliche Alarmzustand.

So weit, so gut. Rätselhaft am Streß ist die Tatsache, daß er sich von Mensch zu Mensch so unterschiedlich auswirkt. Verdeutlichen möchte ich das an zwei Patienten, die ich seinerzeit als Arzt kennenlernte.

Das erste Beispiel: Als ich Robert kennenlernte, war er Mitte dreißig, verheiratet, zwei kleine Kinder. Er arbeitete als stellvertretender Geschäftsführer in einem kleinen Lebensmittelgeschäft in der Nähe meiner Praxis. Um ehrlich zu sein: Ich glaube nicht, daß der Laden einen «stellvertretenden Geschäftsführer» brauchte, aber der Besitzer wollte Robert einen etwas höheren Status geben (hauptsächlich wohl als Ausgleich für fehlende Gehaltserhöhungen), also hatte er ihm einen weißen Kittel mit einem Namensschild gekauft.

Robert war «der Leidende», wie er im Buch steht. Kaum ein Tag, an dem er nicht bei mir im Wartezimmer saß. Chronisches Besorgtsein über nahezu alles bestimmte sein Leben. Er sorgte sich, daß im Laden morgen vielleicht keine Bohnenkonserven auf Lager wären. Er sorgte sich, es könnten vielleicht zu viele Kunden kommen. Er sorgte sich, es könnten vielleicht zu wenige kommen. Er sorgte sich, es könnte regnen (schlechtes Geschäft). Er sorgte sich, die Sonne könnte scheinen (schlechtes Geschäft, weil dann die Leute ins Schwimmbad gehen). Über alles ließ er sich graue Haare wachsen. Und damit machte er sich krank.

Robert entwickelte sich zum Paradefall dafür, was Streß anrichten kann. Er hatte Bluthochdruck; er hatte Asthma, das sich verschlimmerte, wenn er Sorgen hatte; er hatte Verdauungsbeschwerden, die nicht nachlassen wollten und die ein beginnendes Zwölffingerdarmgeschwür vermuten ließen; er hatte einen Hautausschlag, der immer aufflammte, wenn er sich besonders stark über etwas aufregte; und er hatte Durchfall. Schließlich bekam er auch noch Herzschmerzen. Als ich meine Praxis aufgab, war er körperlich ein Wrack, sah aus wie fünfundfünfzig statt fünfunddreißig. Er wurde mit seinem Lebensstreß nicht fertig.

Dabei war er ja objektiv gar nicht stark gestreßt. Er hatte eine nette, liebenswerte, treue Frau; ein Eigenheim mit geringer Schuldenbelastung; einen guten sicheren Arbeitsplatz mit festem Einkommen und nicht sehr hoher Verantwortung; zwei gesunde Kinder. Eigentlich hätte er relativ streßfrei sein müssen. Aber er war es nicht. Er war das Streß-Opfer par excellence.

Gegenbeispiel: Susan. Offensichtlich jedem Streß gewachsen. Aufrecht und unerschütterlich. Sie hatte früh geheiratet, aber ihr erster Mann hatte sie mit zwei Kleinkindern sitzenlassen. Eine Zeitlang hatte sie als Lehrerin gearbeitet und dann einen Bauunternehmer geheiratet, hatte die Arbeit aufgegeben und noch zwei Kinder bekommen. Binnen drei Jahren war ihr Mann bankrott gegangen und hatte Selbstmord begangen. Zurück blieb Susan mit einem Berg unbezahlter Rechnungen, leerem Bankkonto, keinem Dach über dem Kopf und vier Kindern, die versorgt werden sollten.

Das hatte sie nicht nur nicht umgeworfen, sondern geradezu aufblühen lassen. Sie war wieder berufstätig geworden und brachte es in zehn Jahren zur Direktorin einer großen Gesamtschule. Die Kinder wuchsen alle relativ gut heran, eines war allerdings zuckerkrank und ein zweites war mit der örtlichen Polizei in Konflikt geraten.

Schulischer und häuslicher Druck – beides war für Susan enorm. In der Schule: Verantwortung für mehr als tausend Kinder, ein großes Lehrerkollegium. Da waren Schulkuratoren, ein Verwaltungsausschuß, der Elternbeirat. Streiks, Drogenprobleme, schwangere Schülerinnen. Zu Hause: kein Mann, drückende Hypotheken, vier halbwüchsige und ziemlich anstrengende Kinder.

Und doch habe ich Susan nie an irgendeiner Streßkrankheit leiden sehen. Sie war überhaupt nur zweimal in meiner Sprechstunde – wegen Routine-Impfungen.

Diese beiden – und Hunderte weiterer – Patienten überzeugten mich, daß Streß, der große Killer, «an sich» nicht direkt und unmittelbar tötet. Gewiß, wir alle reagieren auf physische Belastungen und Gefahren in grundsätzlich gleicher Weise. Stünden wir alle einem Heer von Säbelzahntigern gegenüber, würde uns allen das Herz schneller schlagen. (Der eine reagiert stärker, der andere weniger stark, im Prinzip reagieren aber alle ähnlich.)

Nur: Die meisten Belastungen im zwanzigsten Jahrhundert sind abstrakte Befürchtungen, Sorgen, Ängste, Vermutungen. Nicht so sehr das tatsächliche Geschehen um uns bringt eine Reaktion hervor, sondern eher unsere Vermutungen, was geschehen könnte; unser Glaube, dies und das könnte eintreten; unsere Imagination, unsere Einbildung.

Das machte mir den grundsätzlichen Zusammenhang klar: Der Schaden, der im zwanzigsten Jahrhundert durch Streß angerichtet wird, wird über die innere Einstellung angerichtet. Nicht das, was um uns herum geschieht, bringt uns um, sondern unser «Bild» davon, unsere «Vorstellung» von den Konsequenzen.

Dazu noch ein kleines Anschauungsbeispiel aus meiner ärztlichen Praxis. Donald: Herzanfall, verursacht durch Streß (nach eigenen Angaben des Patienten). Während seiner Genesungszeit fragte ich ihn am Krankenbett, worin genau der Streß bestünde, unter dem er litte.

«Schwierig zu sagen», meinte er. «Ich stehe unter so vielfältigen Belastungen, daß ich kaum weiß, wo ich anfangen soll. In der Fabrik, wo ich arbeite, bin ich unter anderem für den Rohstoffeinkauf zuständig. Kriegen wir die Rohstoffe nicht rechtzeitig, kommt die ganze Fabrikation zum Stillstand. Sowas ist sehr besorgniserregend.»

«Wieso besorgniserregend?» fragte ich.

Er stutzte.

«Ich weiß, Sie sind für die Rohstoffbeschaffung verantwortlich», sagte ich. «Inwiefern wäre denn ein Engpaß für Sie besorgniserregend?»

«Na, zunächst stünde meine Stelle auf dem Spiel.»

«Sie meinen, Sie werden entlassen, wenn ein Zulieferer die bestellten Rohmaterialien nicht rechtzeitig anliefert?»

«Entlassen vielleicht nicht gerade, aber ich stünde doch ziemlich dumm da.»

Donald pausierte nachdenklich.

«Ich hätte ein schlechtes Gewissen», erklärte er. «Als hätte ich die Firma hintergangen.»

«Und was, wenn Sie tatsächlich entlassen würden?» fragte ich ihn. «Wie schlimm wäre das?»

«Furchtbar», sagte er schnell.

«Lieben Sie Ihre Arbeit?» fragte ich.

«Meistens.»

«Aber es ist auch Stumpfsinn dabei?»

Er nickte.

«Gibt es irgend etwas, das Sie gern tun möchten, aber aus Zeitmangel nicht tun können?»

«Jede Menge», sagte er. «Ich schreibe Artikel über Angeln für eine Hobbyzeitschrift. Eines Tages möchte ich ein Buch daraus machen, wenn ich es schaffe.»

«Sie hätten also genug Beschäftigung, wenn Sie arbeitslos würden?»

«Ja, sicher.»

«Wie viele Schlafzimmer hat Ihr Haus?»

Er stutzte wieder. «Vier.»
«Wie viele brauchen Sie wirklich?»
«Eins», sagte er nach kurzem Zögern. «Oder höchstens zwei.»
«Wann haben Sie Ihr Haus gekauft?»
«Vor zwanzig Jahren.»
«Dann ist es heute sicherlich viel mehr wert als damals?»
Donald nickte und lächelte. «Ja, es ist viel mehr wert», gab er zu. «Man sagt immer, Immobilien seien eine gute Geldanlage, und das hat sich bewahrheitet.»
«Wenn Sie es verkauften, könnten Sie also in ein kleineres Domizil umziehen und kämen immer noch gut zurecht?»
Er dachte einen Augenblick nach und nickte. Er lächelte immer noch. «Ja, ich glaube schon ...»
«Dann wäre also eine Entlassung gar keine so furchtbare Bedrohung?» sagte ich. «Sie könnten etwas Kleineres kaufen, mehr Spaß am Leben haben und Ihr Buch über Angeln schreiben.»
Donald blieb einen Augenblick stumm. «Kein schlechter Gedanke», sagte er. «Würden Sie mir das vorschlagen?»
«Nein», erwiderte ich rasch. «Ich schlage Ihnen überhaupt nichts vor. Ich wollte Ihnen nur mal vor Augen führen, daß die objektive Streßbelastung in Ihrem Leben vielleicht gar nicht so groß ist, wie Sie glauben. Es ist die Einstellung, die Sie zu Ihrer Arbeit haben, die Ihre täglichen Probleme und Aufgaben so streßreich machte.»
Das gilt grundsätzlich für uns alle: Häufig reagieren wir nicht auf die Realitäten in unserem Leben, sondern auf unser *Bild* von den Realitäten. Wir reagieren nicht auf die tatsächlichen Belastungen, sondern auf unsere Einstellung zu den Belastungen. Der Streß, der uns alle umbringt, existiert nicht in der realen Welt um uns, sondern in der Welt in unserem Kopf. Die gesellschaftlichen Veränderungen haben neue, andere Belastungen mit sich gebracht. Und weil diese Belastungen oft so abstrakt und schwer mit Händen greifbar sind, schaffen wir «aus nichts» neuen Streß und neue Ängste.
Nicht Arbeitslosigkeit selbst verursacht Herzleiden, sondern die Art, wie wir auf Arbeitslosigkeit reagieren. Nicht die Heizrechnung selbst treibt den Blutdruck hoch, sondern die Art, wie wir auf die Heizrechnung reagieren. Nicht der Verkehrsstau und das Telefongeklingel selbst erzeugt Darmgeschwüre und Kolitis und Kopfschmerzen, sondern die Art, wie wir auf Verkehrsstau und Telefongeklingel reagieren.
Säbelzahntiger können uns mit Kralle und Zahn umbringen. Heizrechnungen können uns nur durch die Wirkung umbringen, die sie auf unsere Haltung haben.

Allmonatlich erscheinen auf der Welt ungefähr sechstausend medizinische Fachblätter. Und in wachsender Zahl veröffentlichen sie neue Indizien und wissenschaftliche Daten, die das Vorhandensein und die Bedeutung des tragenden Zusammenhanges veranschaulichen, der zwischen geistig-seelischer Belastung und körperlichen wie geistigen Erkrankungen besteht.

Bahnbrechend war unter anderem eine Großstudie am Medizinischen Institut der Johns-Hopkins-Universität von Baltimore, begonnen 1946, die sich über siebzehn Jahre erstreckte und fast 1500 Medizinstudenten erfaßte. Untersucht wurde der Zusammenhang zwischen innerer Haltung und Krankheitsanfälligkeit. Es zeigte sich: Wie der Mensch auf Belastungen reagiert, hat starken Einfluß auf den Typus der Krankheiten, die er sich körperlich zuzieht.

Diese zunächst sehr pauschal klingende Behauptung wurde in der Folgezeit durch unzählige Forschungsergebnisse untermauert. Auf einer wissenschaftlichen Konferenz am Institut für Epidemiologie und Rheumatologie an der McMaster University in Ontario, Kanada, waren sich fast alle Teilnehmer einig, daß die Lebenseinstellung des Patienten seine körperliche wie geistige und seelische Gesundheit unmittelbar mitbestimmt. Nachgewiesen ist, daß Sorgen, die man sich über eine Erkrankung macht, Komplikationen heraufbeschwören und den Heilungsverlauf verzögern können. Die Geist-Körper-Koppelung kann uns in einen erstickenden Kreislauf nicht enden wollenden körperlichen und geistig-seelischen Elends hineinmanövrieren.

So eng ist die Koppelung, daß auch bei Erkrankungen, die durch rein äußerliche Kräfte hervorgerufen werden, die innere Haltung entscheidenden Einfluß auf die Genesung – die «Selbstreparatur» – haben kann. Wenn man stürzt und sich ein Bein bricht, wird die Geschwindigkeit, mit der die Fraktur heilt, von der inneren Haltung des Patienten, seinen Hoffnungen, Ängsten und Wünschen abhängen. (Diese können auch Einfluß darauf haben, ob man sich überhaupt ein Bein bricht – darauf komme ich später noch zu sprechen.)

Ein Kollege, der als Vereinsarzt einen Fußballklub betreut, erzählte mir neulich von zwei Spielern aus seiner Mannschaft, die nach Fouls sehr ähnliche Verletzungen erlitten. Der erste Spieler, Michael, war verbittert, haßerfüllt und voll Zorn, weil sein ruppiger Gegenspieler weder vom Schiedsrichter die Karte noch vom eigenen Klub eine Strafe bekommen hatte. Auch sorgte er sich sehr um seinen Platz in der Mannschaft. Ein jüngerer Spieler von der Reservebank hatte in der Zwischenzeit an seiner Stelle geglänzt, und er wußte, daß er auch nach vollständiger Wiederherstellung würde hart kämpfen müssen, um seinen Platz zurückzuerobern.

Tony, der zweite Spieler, nahm seine Verletzung viel gelassener. Er betrachtete sie als Berufsrisiko und war hinsichtlich seines Comebacks ziemlich zuversichtlich. An seine Verletzung dachte er nicht viel, sondern verbrachte die meiste Zeit damit, sich Fußballspiele auf Video anzusehen. Er wollte unbedingt in die Nationalmannschaft und sah seinen Krankenhausaufenthalt nur als vorübergehende Zwangspause an.

Nach ein paar Monaten spielte Tony wieder in seiner Mannschaft, wieder voll hergestellt und erfolgshungrig. Michael dagegen – der Sorgenzerfressene – ging immer noch am Stock. Es sah aus, als würde seine Genesung noch viel Zeit und Mühe kosten. Die Wahrscheinlichkeit schwand, daß er je wieder professionell würde spielen können.

Sogar auf Lebenswillen und Lebenschancen eines Menschen erstreckt sich die innere Einstellung. Die meisten Menschen in der westlichen Welt sind geneigt, Wudu für Spinnerei zu halten. Manch einer mokiert sich darüber, daß es in Afrika noch Menschen gibt, die sich durch die Drohung eines Medizinmannes so erschrecken lassen, daß sie ein paar Stunden nach dem Spruch «Du sollst tot umfallen» tatsächlich tot umfallen.

Aber ist es denn bei uns so grundsätzlich anders? An die Stelle des Medizinmannes mit Maske und Lendenschurz ist der Medizinmann mit Kittel und Stethoskop getreten, der Halbgott in Weiß. Wenn er uns sagt, wir hätten nur noch sechs Monate zu leben, dann ist es durchaus nicht unwahrscheinlich, daß wir tatsächlich «pünktlich» sterben.

Ein wahres Fallbeispiel, im Telegrammstil erzählt: Patient geht wegen Husten und Atembeschwerden zwecks Stellung einer genauen Diagnose ins Krankenhaus. Untersuchungen, Tests. Heimkehr. Nach ein paar Tagen die Nachricht: Krebs, unheilbar. Noch höchstens zwei Monate zu leben. Wenige Tage danach beginnt der Patient zu verfallen. Kann nicht mehr arbeiten. Bettlägerig. Appetitlos. Rascher Gewichtsverlust. Pflegebedürftig. Brust-, Arm- und Kopfschmerzen. Hausarzt gibt Schmerzmittel. Laufende Betreuung. Verwandte kommen aus fernen Landesteilen, um das Ende abzuwarten.

Plötzlich meldet sich das Krankenhaus wieder: Mit vielen Entschuldigungen wird erklärt, der Patient habe gar keinen Krebs. Seine Unterlagen seien mit denen eines anderen Kranken mit ähnlichem Namen verwechselt worden. Er habe lediglich eine seltene, aber gut behandelbare Brustinfektion.

Binnen vierundzwanzig Stunden steht der Patient aus dem Bett auf, geht wieder arbeiten, hat wieder Appetit, die Schmerzen sind weg, er kann wieder einwandfrei laufen. Geblieben sind nur die Symptome, die er am Anfang schon hatte: Husten und Atembeschwerden.

Diese unglaubliche, aber wahre Geschichte ist keineswegs ein Einzelfall. Eine weitere: Catherine bekam als Kind gesagt, wie werde immer hinken müssen, weil ein Bein ein bißchen kürzer sei als das andere. Also hinkte sie. Mit zwanzig Jahren Überprüfung der Diagnose: Die Beine waren völlig in Ordnung, kein Längenunterschied. Als die Patientin dies erfuhr, konnte sie – fast über Nacht – plötzlich einwandfrei laufen, das Hinken verschwand.

Erinnern Sie sich an Pam, die dem Krebs trotzte, bis sie ihre Kinder gut versorgt wußte? Noch ein weiterer wahrer Fall aus meiner ehemaligen ärztlichen Praxis:

Helen lebte von ihrem Mann getrennt. Anfang vierzig bekam sie Krebs. Es handelte sich um eine besonders bösartige Krebsform. Binnen Monaten war ihr gesamter Körper befallen. Jeder Spezialist, den sie aufsuchte, gab ihr höchstens noch ein paar Wochen zu leben. Jedes Organ im Körper war bereits angegriffen, krank, funktionsgestört. Der Laborfacharzt im örtlichen Krankenhaus wunderte sich, daß sie überhaupt noch lebte, so schwerer Schaden war bereits angerichtet.

Allen medizinischen Prognosen zum Trotz: Helen starb nicht, noch nicht. Sie hatte zwei kleine Kinder zu versorgen. Wiederholt gab sie zu verstehen, sie wolle und könne die Kinder nicht einfach ihrem Schicksal überlassen. Sichtlich verfiel Helen, unaufhaltsam fraß sich der Krebs durch ihren Körper. Und immer noch «weigerte» sie sich zu sterben. Sie blieb am Leben, bis ihre Kinder ins Teenager-Alter vorgerückt waren und in ein Internat konnten. Dann starb sie. Die Autopsie zeigte, daß die Diagnose richtig gewesen war. Praktisch ihr gesamter Körper war verkrebst. Sie hätte schon seit Jahren tot sein müssen.

Seit klar wurde, daß der Geist Macht über den Körper hat, versucht die Wissenschaft, die näheren Mechanismen zu ergründen, mittels derer gedankliche Prozesse Einfluß auf den Körper nehmen. Ein Mechanismus ist die Imagination, die Einbildungs- und Vorstellungskraft. Unser Körper wird sehr stark beeinflußt von dem Bild, das wir uns von dem Geschehen um uns machen: dem früheren, dem aktuellen und dem zukünftigen Geschehen.

Wenn man glaubt, daß man demnächst den Arbeitsplatz verlieren wird, reagiert der Körper ebenso dramatisch, als sei man tatsächlich schon entlassen worden. Wenn man glaubt, daß man schwanger ist, dann hört die Periode auf, die Brüste schwellen an und man nimmt zu. Auch dann, wenn überhaupt kein Fötus in der Gebärmutter vorhanden ist.

Hypnotherapeuten nutzen die Kraft der menschlichen Imagination schon seit langem. Mit ganz erstaunlichen Resultaten. Ich selber habe auch schon Menschen hypnotisiert. Es steht außer Zweifel, daß Hypnose sehr wirksam ist. Ich sah, wie ein Freiwilliger unter Hypnose glaubte, ein Eiszapfen sei ein glühendheißer Schürhaken. Und ich sah auch, wie sich auf Berührung mit dem Eiszapfen hin bei ihm eine Brandblase bildete. Der Körper reagierte auf die Suggestion, nicht auf die Realität.

Oft assoziiert man Hypnotherapie mit dämonischen Gestalten, mit abgedunkelten Zimmern, Flüsterstimmen, mit Scharlatanerie, billigen Diplomen, Profitmacherei und Schwindel. Aber es handelt sich um eine ernstzunehmende Methode zur Nutzung der menschlichen Imagination.

Die ersten Hinweise, daß Hypnotherapie nützliche Wirkung haben kann, wurden 1847 erbracht, als James Esdale in Indien 300 größere chirurgische Eingriffe unter Hypnose ohne sonstige Betäubungsmittel durchführte. In der Folgezeit häuften sich die Beweise dafür, daß man viele verschiedene Schmerzen und Beschwerden dadurch bekämpfen kann, daß man Patienten hypnotisiert und sie in einen anderen Bewußtseinszustand versetzt.

Sogar reflektorische (nicht vom Willen abhängige) Vorgänge können durch das Denken gesteuert werden. Beispielsweise läßt sich durch die Imagination – wie es scheint – auf die Verdauung Einfluß nehmen. Bei einem Experiment vor wenigen Jahren vermochten Versuchspersonen Enzyme herzustellen, die ihr Körper gar nicht brauchte. Ißt man fettreich, stellt der Körper sogenannte Fettspalter (Lipasen) her, die Nahrungsfette in Produkte aufspalten, die leicht im Blut transportiert werden können. Diese Enzyme werden gewissermaßen gedankenlos und rein reflexbedingt erzeugt. Den Versuchspersonen wurde nun suggeriert, ihre Nahrung habe Fett enthalten (was in Wirklichkeit nicht zutraf); ihr Körper reagierte daraufhin auf die eingebildete Wahrheit, nicht die reale Wahrheit: die fettspaltenden Enzyme wurden hergestellt.

In einem anderen Experiment wurde gezeigt, daß auch das Immunsystem von der menschlichen Vorstellungskraft mitgesteuert werden kann. Bei einer Test-Injektion mit Tuberkulin bildet sich, wenn der Betreffende bereits mit TBC in Berührung gekommen ist und Immunität entwickelt hat, auf der Haut eine Schwellung und ein roter Fleck; ist er nicht immun, bildet sich keine Schwellung und kein roter Fleck. Diese Reaktion erfolgt normalerweise völlig automatisch. Sagt man aber einem Menschen, der normalerweise eine Reaktion zeigen würde: «Du wirst nicht reagieren», dann reagiert er auch nicht. So scheint es möglich, mit Hilfe der Imagination sogar eine zellulär vermittelte Immunreaktion zu lenken.

In meiner ärztlichen Praxis erhielt ich oft klinische Beweise dafür, daß das Immunsystem von der Imagination beeinflußt werden kann. Beispiel: Patient Malcolm, der an Heuschnupfen litt. Das ist bekanntlich eine allergische Störung, die weitgehend daher kommt, daß das Immunsystem des Körpers falsch schaltet. Aus irgendeinem Grund stuft es Pollen als feindlich ein und sucht sie durch Abwehrmaßnahmen zu vertreiben: Die Augen tränen (Pollen werden herausgespült), durch Niesen wird die Nase freigeblasen etc. Eine – vom Standpunkt des Immunsystems – hochwirksame Überreaktion.

Theoretisch wird sie nur durch tatsächliches Vorhandensein von Pollen ausgelöst. Aber es gelang mir zu beweisen, daß bei Malcolm auch Über-Physisches mitspielte. Als er nämlich eines Tages in die Sprechstunde kam, fing er beim Anblick einer Vase voll Blumen, die ein Patient im Vorzimmer hatte stehenlassen, heftig zu niesen an. Es handelte sich um – Kunstblumen. Was fehlte, hatte sich Malcolm hinzu-eingebildet.

Da heute immer mehr Beweise darauf hindeuten, daß viele verheerende Krankheiten des zwanzigsten Jahrhunderts – unter anderem rheumatoide Arthritis und einige Krebsformen – mit dem Immunsystem zusammenhängen, kommt dieser Koppelung zwischen Imagination und organischen Immunreaktionen höchste Bedeutung zu.

Kann die Vorstellungskraft eine so mächtige Wirkung entfalten, dann – wie ich meine – nicht nur im negativen (krankmachenden), sondern genauso auch im positiven (vorbeugenden und heilenden) Sinn. Das vielleicht Bemerkenswerteste an unserer Einbildung ist, daß wir ihre Kraft schon lange «kennen», ohne uns ihrer Bedeutung voll bewußt zu sein. Es ist gar nicht schwierig, anhand weiterer Beispiele zu zeigen, wie die Imagination den Körper regieren kann.

So ist es kein Problem, auf einem Brett entlangzubalancieren, das man auf den Wohnzimmerfußboden legt. Stellt man sich aber intensiv vor, das Brett führe über eine tiefe Schlucht, wo unten hungrige Tiger lauerten, wird der Balanceakt schon weitaus schwieriger, obgleich sich die objektiven Bedingungen nicht änderten.

Auch Fußballtrainer kennen den Wert der menschlichen Imagination. Sagt einem Spieler der innere Sinn: «Du bist müde», dann wird er tatsächlich bald ermüden und in der zweiten Spielhäfte nicht mehr gut sprinten können. Glauben dagegen alle Spieler der Mannschaft, daß sie gewinnen werden, dann werden sie wahrscheinlich auch gewinnen. Der „anfeuernde Appell“ in der Kabine in der Halbzeit kann Wunder wirken. Der Trainer oder Kapitän, der in der Mannschaft

Selbstvertrauen und ruhige Entschlossenheit wecken kann, wird allein wegen seiner Führungsqualitäten sein Brot wert sein.

Paradebeispiel für das Arbeiten mit der menschlichen Imagination ist der Kinofilm. Wenn man sich einen guten Film anschaut, taucht man in eine mit allen Raffinessen geschaffene Phantasiewelt ein. Man vergißt, daß man mit hundert anderen Menschen in einem abgedunkelten Saal sitzt, man hört nicht mehr das Knistern von Bonbonpapier und das Husten der Nachbarin. Die auf der Leinwand geschaffene Illusion vermag uns aus der realen Welt herauszuheben, in der unser Körper gefangen sitzt. Frei schweift der Geist, folgt dem gesehenen und gehörten Geschehen. Und was sich «im Geiste» abspielt, wird auch das bestimmen, was sich im Körper abspielt.

Als der Film *Lawrence von Arabien* lief, gab es in aller Welt Berichte, daß der Absatz von Eiskrem in den Kinos enorm stieg. Die endlosen Wüstenszenen hatten den Zuschauern in ganz wörtlichem Sinn eingeheizt. Ihr Körper hatte auf das reagiert, was sie zu sehen und zu erleben glaubten, und in der Pause hatten sich Tausende von Menschen ein kühlendes Eis gekauft.

Noch reiner und unvermittelter zeigt sich die Kraft der Imagination beim Lesen eines guten Buches, wo Bilder und Vorstellungen ohne Einschaltung der Sinne direkt im Geist geschaffen werden. Auch hier echte physische Reaktionen: Die Grusel-Story läßt den Puls höher schlagen, die Haare im Nacken und auf dem Handrücken stehen «zu Berge». Die tränenreiche Story kann echte Tränen wecken. Der Körper reagiert auf das Eingebildete – im besten Sinn.

Einhelliges Ergebnis aus renommierten Forschungsinstituten in aller Welt: Wer meditieren und sich entspannen kann, ist besonders gut gegen Streßleiden gewappnet. Unter Laborbedingungen wurde zweifelsfrei festgestellt, daß Menschen durch Entspannung ihren Blutdruck und Puls senken und allgemein ihre Fähigkeit steigern können, Belastungen zu verkraften, ohne krank zu werden.

Aus den vorliegenden Daten läßt sich sagen: Unser modernes Leben ist so hektisch und so gnadenlos, daß die meisten Menschen sich chronisch überfordern. Wir lassen uns nicht die Zeit, uns an unseren Lebensstil zu gewöhnen; wir lassen uns nicht die Zeit, uns zu lockern, zu entkrampfen; wir geben uns nicht die Chance, unseren Geist (und damit auch unseren Körper) mit wohltuenden, ruhigen, entspannenden Bildern zu laben.

Drei Gründe gibt es meiner Meinung nach, warum die Vorteile tiefgehender Entspannung nicht von mehr Menschen genutzt werden. Zunächst ist der Begriff «Entspannung» mit Irrtümern und Mißverständnissen verbunden. Für entspannend halten es viele Menschen, wenn sie sich mit einer Flasche Bier und einer kalten Platte vor den Fernseher setzen.

Diese Art Entspannung hilft – vielleicht – dem Körper, aber kaum dem Geist. Und der ist, wie ich zu zeigen versuchte, der Herr im Haus. Sich hinzuhocken und vom TV gleichsam betäuben zu lassen, trägt zur Entlastung des geplagten Gemütes wenig bei. Die aufgespeicherten Sorgenbilder des Tages kämpfen um Raum neben der neuen, durchs Fernsehen hinzukommenden Bilderflut, den Krisen- und Katastrophenmeldungen der Abendnachrichten. Kaum überraschend, daß nach dreieinhalb Stunden Fernsehen manch einer zur Schlaftablette greifen muß, um die Augen zuzutun. Ich wünschte mir, im Fernsehen würde die altmodische Pause – in der nichts auf dem Bildschirm erscheint – wieder eingeführt. Ich bin sicher, daß sie für die meisten Zuschauer ein wahres Labsal wäre. Eine fünfminütige Pause jede Stunde – das gäbe dem TV-Berieselten Gelegenheit zu sehr effektivem «Ausruhen» des Geistes.

Abschreckend wirken zweitens die religiösen und halbreligiösen Assoziationen, die manche Formen des Meditierens umgeben. Bei «Entspannen» und «Meditation» denken viele gleich an kahlgeschorene Mystiker, an Sekten, an Mönche und Exzentriker. Da ist es kaum überraschend, daß viele Menschen davor zurückscheuen. Sie wollen ein Mittel zur besseren Lebensbewältigung, aber sie wollen es nicht mit kultischen Handlungen und beschwörendem Brimborium erkaufen.

Viele, die die Meditation in unsere Kultur einführen wollen, machen den Fehler, eine Technik zu kopieren, die für eine östliche Kultur gedacht ist. Eintönig sich wiederholende Tanz- und Gesangsrhythmen werden seit Jahrhunderten von primitiven Stämmen in aller Welt benutzt (und sehr effektiv – mit einlullend-bewußtseinstrübender Wirkung und damit einhergehender Entspannung), aber sie eignen sich absolut nicht zur Massenvermarktung in der westlichen Welt.

Drittens: Meditations-Befürworter behaupten immer wieder, es sei notwendig, den Geist von jeglicher Informationszufuhr zu befreien und von allen Gedanken zu leeren, um aus der so entstehenden Ruhe Kraft zu schöpfen. Das ist nicht einfach. Für viele Menschen ist das eine Hemmschwelle: die Aussicht, ihr Bewußtsein «leerlaufen» lassen zu müssen.

Diese drei «Haken» haben dazu geführt, daß Meditation und Entspannung das Vorrecht einer relativ kleinen Gruppe geblieben sind. Und das ist jammerschade, denn Millionen könnten von Techniken dieser Art profitieren. Meditation hilft, indem sie die ganz natürliche

Entspannungsreaktion des Körpers auslöst – die natürliche Antithese zur Streßreaktion. Ironie unserer Zeit, daß wir – obwohl körperlich und geistig mehr unter Streß stehend als unsere Vorfahren – es verlernt haben, diese natürlichen Anti-Streß-Techniken zu gebrauchen.

Ein weiterer Faktor, der stark bei der individuellen Streßbewältigung mitspielt, ist die Persönlichkeit. Nicht nur auf die Art, wie der Körper Streß, Belastungen und Umweltprobleme verkraftet, sondern auch auf die Art der Krankheiten, die er anschließend entwickelt, kann die Persönlichkeit Einfluß nehmen. Das ist wissenschaftlich nachgewiesen.

Indizien dafür gibt es seit langem. Schon 1910 schrieb William Osler in *The Lancet,* daß ehrgeizige, hart arbeitende Menschen am ehesten an Herzbeschwerden leiden. 1945 kam ein Arzt zu dem Ergebnis, daß Herzgefährdete häufig von dem Drang gequält werden, mit ihrem Vater wetteifern zu müssen.

Seither ist es immer mehr Forschern gelungen, diese beiden Behauptungen zu untermauern. In ihrem 1981 erschienen Buch «Biotypes» erzählt Joan Arehart-Treichel, wie in den frühen fünfziger Jahren ein Polsterer, der in einem von zwei Ärzten gemeinsam genutzten Wartezimmer Sessel reparierte, merkte, daß nur die Vorderränder der Sessel abgenutzt waren – als ob die Patienten buchstäblich «auf der Kippe» gesessen hätten. Die beiden Ärzte hießen Rosenman und Friedman, und sie verbrachten einen großen Teil der nächsten zwei Jahrzehnte damit, zu erforschen, welcher Patiententyp am ehesten zu Herzanfällen neigt.

Nach Rosenman/Friedman ist der klassische Infarktkandidat männlichen Geschlechts und stark streßbelastet. Er ist sehr konkurrenz- und leistungsorientiert. Er arbeitet sehr viel, hat Erfolgswillen, findet es schwierig, stillzusitzen, kann sich nicht entspannen und ist Perfektionist. Mit dem Erreichten ist er selten zufrieden. (Das Gefühl der persönlichen Befriedigung hängt nicht davon ab, wie erfolgreich man tatsächlich ist, sondern davon, für wie erfolgreich man sich *hält.*)

Auch zwischen Krebsgefährdung und Persönlichkeit gibt es – teils schon lange bekannte – Verbindungslinien. Im zweiten Jahrhundert nach Christus stellte der römische Arzt Galen fest, daß Frauen mit Depressionen viel anfälliger für Krebs sind als glückliche Frauen. Diese «antike» Beobachtung hat sich in den letzten Jahren durch gewichtige Indizien erhärtet. Es ist heute bekannt, daß Menschen, die zu Krebs neigen, sich im allgemeinen zu sehr darum bemühen, es aller

Welt recht zu machen. Wenn es ihnen – ganz zwangsläufig – mißlingt (man kann es ja niemals allen recht machen), bekommen sie mit höherer Wahrscheinlichkeit Krebs.

Krebsleidende haben oft eine unglückliche Kindheit, wachsen ohne genügend Liebe, in einem Klima der Einsamkeit auf und haben das Gefühl, daß sie von denen, die ihnen am nächsten standen, verraten und verkauft worden sind. Krebsopfer neigen dazu, mehr zu geben als zu nehmen und ihre eigenen Wünsche und Emotionen zu unterdrükken. Selbstlos tun sie ihr Bestes, um ihre Umgebung zufriedenzustellen, und wenn irgend etwas in der Welt, die sie sich geschaffen haben, schiefgeht, erkranken sie an Krebs.

Es gibt heute Daten, die zeigen, daß man bestimmte Persönlichkeitstypen mit bestimmten Krankheiten in Verbindung bringen kann – Arthritis, Asthma, Kolitis, Heuschnupfen und Migräne zum Beispiel. Selbst bei Erkältungen und kleinen Hals- und Brustinfekten scheint es mitbestimmende Persönlichkeitszüge zu geben. Auch dafür existieren Anhaltspunkte. R. Totman von der Universität Sussex und D. Broadbent von der Universität Oxford sind in Zusammenarbeit mit dem «Common Cold Research Unit» zu dem Schluß gelangt, daß Introvertierte viel erkältungsanfälliger sind als Extrovertierte und daß auch Zwangsneurotiker stark zu Erkältungen neigen. Die Schwere der Symptome bei Erkältungen scheint vom Grad des subjektiven Gestreßtseins abzuhängen.

Die Persönlichkeit eines Menschen kann ihn auf bestimmte typische Lebensbahnen bringen. Das heißt aber gleichzeitig auch, daß er sich bestimmten typischen Problemen und Belastungen gegenübersieht.

Beispielsweise: Henry, der Zahlenmensch. Er arbeitete immer schon gern mit Zahlen und bekam dann auch tatsächlich seinen Traumjob: Buchhalter. Für diese Arbeit war er am besten geeignet, und sie machte ihm am meisten Spaß. Dennoch befiel ihn die klassische Streßkrankheit Kolitis (Dickdarmentzündung). Sein Problem: Er nahm seinen Beruf zu ernst. Der kleinste Fehler, der sich in seine Zahlenkolonnen einschlich, bereitete ihm schlaflose Nächte. Seine zwanghafte Persönlichkeit machte ihn für seine Tätigkeit einerseits geeignet, bewirkte aber andererseits, daß ihn seine Tätigkeit krank machte.

Henry ist durchaus kein Einzelfall. Als Arzt habe ich Hunderte von Patienten kennengelernt, deren Leben durch ihre Persönlichkeit vorgezeichnet war. Und in vielen Fällen hatte der Lebensstil, den die Patienten sich gewählt hatten, sie krank gemacht, todkrank.

Unsere Persönlichkeit spielt in unserem Leben eine ausschlaggebende Rolle. Sie bestimmt die unmittelbare Umwelt, die wir uns schaffen, und sie bestimmt dann die Art, wie wir auf den Streß und die typischen Belastungen dieser selbstgeschaffenen Umwelt reagieren. Unsere Geisteshaltung ist es meist, die den Leib umbringt. Aber unsere Persönlichkeit ist es, die bestimmt, auf welche Art die Tötung vor sich geht.

In mancher Hinsicht leistet das menschliche Gedächtnis nur sehr wenig. In manch anderer Hinsicht jedoch grenzt seine Leistungsfähigkeit ans Wunderbare. Sie ist von Mensch zu Mensch unterschiedlich und in verschiedenem Maße erfolgreich. Weinexperten merken sich den Geschmack unzähliger Kreszenzen. Kunsthistoriker haben ein Gedächtnis für Bilder, Musiker für tonale Abläufe, Schneider für das Gefühl von Stoffen, Köche und Feinschmecker für bestimmte Düfte.

Das gute Gedächtnis kann im Sinne einer Spezialbegabung sehr einseitig sein. Ich hatte einmal einen Patienten, der sich jedes einzelne Spiel merkte, das seine Lieblings-Fußballmannschaft austrug. Er wußte das Resultat jedes Ligaspiels und jedes Cupspiels. Er wußte, ob es sich um ein Heimspiel oder ein Auswärtsspiel gehandelt hatte. Er wußte die Mannschaftszusammenstellungen beider Seiten, er wußte neben dem Endergebnis auch den Halbzeitstand. Und den Tabellenstand, und so weiter. In dieser Hinsicht war sein Gedächtnis makellos.

Aber in seinem Beruf konnte er sich auch simple Arbeitsabläufe nicht merken. Er konnte sich nicht einmal merken, wie die Maschine bedient werden mußte, an der er arbeitete. Hörte man ihn über Fußball reden, hätte man ihn für ein Genie halten können. Hörte man seinen Vorarbeiter über ihn reden, hätte man ihn für geistig behindert halten können.

Der Grund, weshalb unsere Erinnerung solchen Variationen unterworfen ist und warum mein Patient in Sachen Fußball ein so blendendes und beruflich ein so schlechtes Gedächtnis hatte, ist darin zu sehen, daß unsere Erinnerung ein Tendenzbetrieb ist: Emotionen, Geisteshaltungen, Vorgefaßtes beeinflussen sie. Sie beeinflussen die Art, wie wir auf bestimmte Geschehnisse reagieren, und sie beeinflussen die Art, wie diese Geschehnisse uns im Gedächtnis bleiben. Mein Patient hatte sich die Fußballspiele seiner Mannschaft gemerkt, weil er sich stark für Fußball im allgemeinen und für den Erfolg seines Teams im besonderen interessierte. Wenn wir über ein bestimmtes Spiel sprachen, konnte er es stattfinden «sehen». Er konnte sich erinnern, ob er dabei froh oder traurig gewesen war. Für seinen Beruf indes interessierte er sich überhaupt nicht. Da gab es keine emotionalen Lesezeichen, die ihm halfen, sich zu erinnern, was der Vorarbeiter ihm gesagt hatte. Auf diese Weise wird die menschliche Erinnerung häufig beeinflußt, und das hat zur Folge, daß unsere Haltung gegenüber neuen Ereignissen und Vorfällen und Belastungen nicht (nur) durch «direkte» Erinnerungen an Früheres mitbestimmt wird, sondern auch durch solche, die von Assoziationen eingefärbt sind und entstellt durch den langen zeitlichen Abstand.

Ich trage kaum jemals Anzüge, aber neulich habe ich aus Spaß einen dreiteiligen Nadelstreifenanzug hervorgeholt, den ich seit Jahren nicht mehr getragen hatte. Ein Fernsehproduzent, mit dem ich arbeitete, hatte sich beklagt, ich erschiene immer zu salopp im Studio und müsse mehr «nach Arzt» aussehen. So beschloß ich, spaßeshalber, ganz fein zu kommen: in Nadelstreifen und mit blauweiß gepunkteter Fliege.

Zufällig handelte es sich um den Anzug, den ich seinerzeit bei meinen medizinischen Aufnahme- und Abschlußprüfungen getragen hatte. Nur zu Examina und ähnlich wichtigen Anlässen hatte ich ihn angehabt. Er paßte noch ganz gut, aber ich spürte trotzdem ein deutliches Unbehagen, sobald ich ihn anhatte. Allzu eng war er für mich mit früheren Ängsten und unangenehmen Situationen verknüpft. Nervosität überkam mich, ein flaues Gefühl im Magen, Herzklopfen. Objektiv stand mir nichts Gefährliches bevor, aber mein Körper reagierte (unter Einfluß meines Geistes) so, als ginge ich zu einer «stressigen» Prüfung.

Wenn Sie in Ihrem eigenen Erinnerungsschatz kramen, werden Sie feststellen, daß derlei ziemlich häufig vorkommt. Wenn man z.B. Möbel kaufen will, und der Verkäufer erinnert uns an einen unsympathischen Mitmenschen – etwa den streberischen Klassenprimus –, wird man mißtrauisch und kritisch sein und sich wahrscheinlich von ihm keine Möbel verkaufen lassen, auch wenn er mit Engelszungen redet und noch so gute Argumente parat hat.

Erinnert uns der Verkäufer dagegen an einen guten Freund, wird er uns gleich viel sympathischer sein, und wir werden, auch bei objektiv ungünstigerem Warenangebot, kaufwilliger. Es sei denn, der Verkäufer hat das Pech, beim Gespräch mit uns irgendeine unglückliche Erinnerung «anzutippen». Fragt er uns beispielsweise nach unserem Urlaub und wir sind gerade aus total verregneten Spanienferien zurückgekommen, in denen wir auch noch unter ansteckenden Krankheiten, Taschendieben und miserabler Hotelküche zu leiden hatten, werden wir unsere gute Laune zum Teil verlieren und unbewußt anfangen, ihn unsympathisch zu finden.

Während der Arbeit an diesem Buch verbrachte ich viel Zeit damit, auf der Suche nach einem neuen Haus in Devon und Cornwall herumzufahren, und obiges Phänomen ist mir dabei oft aufgefallen. Betrat ich ein Haus und kamen mir die Bewohner nett und freundlich entgegen, war ich von dem Haus positiv beeindruckt, auch wenn der Holzwurm darinsaß und die Wände Stockflecken zeigten. Waren die Bewohner kalt und unfreundlich oder erinnerten sie mich an Menschen, die mir früher Unrecht getan oder mich geärgert hatten, konnte mich das Haus nicht reizen.

Auch auf einfache Dinge wie Lächeln und Stirnrunzeln reagieren wir, einfach weil unser Bewußtsein (und unsere Erinnerung) uns sagt: Lächeln ist ein gutes, Stirnrunzeln ein böses Omen. Dazu eine wahre Anekdote.

Durch Forschungsergebnisse angeregt, die zeigen, daß unser Verhalten beeinflußt werden kann vom Verhalten anderer Menschen und von unserer Interpretation dieses Verhaltens (die bestimmt wird durch unsere Verknüpfungen zwischen Erinnerungen und aktueller Realität), beschloß eine Gruppe amerikanischer Psychologiestudenten, ihrem Professor einen Streich zu spielen.

Der Professor hatte die Angewohnheit, bei der Vorlesung immer hin und her zu wandern. Die Studenten nahmen sich vor, sich unterschiedlich zu verhalten, je nach Raumecke, in der sich der Professor befand. Befand er sich in der linken Ecke des Hörsaals, lächelten sie ihn an und hörten mit allen Zeichen der Aufmerksamkeit zu. Befand er sich in der rechten Ecke, benahmen sie sich unaufmerksam und unruhig. Binnen kurzem gab der Professor sein Umherwandern auf und blieb in der einen Ecke stehen. Dreimal darf man raten, in welcher.

Die bisher zur Sprache gebrachten geistigen Mechanismen, Kräfte und Zusammenhänge sind erklärbar und einsehbar. Darüber hinaus aber gibt es viele Aspekte des menschlichen Geistes, die sich der Erklärung entziehen: Begabungen und Stärken, in die wir erst schemenhaft Einblick gewonnen haben. Kennen Sie das Phänomen: Sie sind auf einer Party, zwanzig Leute murmeln durcheinander, undeutliches Stimmengewirr, aber sobald Ihr Name fällt, spitzen Sie automatisch die Ohren? Aus dem Rede-Brei haben Sie Ihren Namen selektiv herausgefiltert, ohne bewußt hingehört zu haben.

Forschungsergebnisse aus den letzten Jahren legen den Schluß nahe, daß der Mensch viel schärfer hört, als wir es uns bisher vorstellen konnten. In einem faszinierenden Experiment wurden den Versuchsteilnehmern per Tonband Zahlen vorgelesen. Jedesmal wenn die Zahl «fünf» fiel, wurde den Versuchsteilnehmern ein Lufthauch auf die Augenlider geblasen. Dadurch bildete sich ein Reflex aus. Immer wenn die Zahl fünf genannt wurde, zwinkerten die Teilnehmer mit den Lidern.

Simpel. Aber dann kam das Frappierende. Man merkte nämlich, daß auch bei heruntergedrehter Lautstärke (so daß die Stimme auf dem Band nicht mehr hörbar war) die Teilnehmer jedesmal blinzelten, wenn die Zahl fünf erwähnt wurde. Was sie bewußt nicht mehr hatten hören können, hatten sie unbewußt gehört.

Außersinnliche Wahrnehmung – daß sie mehr ist als ein Hirngespinst von Science-fiction-Autoren, bestätigen heute viele Wissenschaftler. Zahlreiche verbürgte Berichte sprechen dafür.

Man kann solche Phänomene (noch) nicht erklären, aber ihre Existenz wird von vielen Wissenschaftlern nicht mehr abgestritten. Zwar gibt es noch keine sicheren Antworten, doch scheint man nun zu gewissen Erklärungen zu gelangen. Am Maudsley-Hospital in London zum Beispiel studierten Doktor Peter Fenwick und seine Kollegen die Krankengeschichte von Medien und stellten dabei fest, daß solche Menschen signifikant häufig Kopfverletzungen, Bewußtseinsverlust durch Schlageinwirkung, Blackouts und schwere Krankheiten erlitten hatten. Danach scheint ein Zusammenhang zu bestehen zwischen Bewußtseinsverlust und später auftretenden medialen Fähigkeiten (Telepathie, Hellsehen).

Gute Wissenschaftler neigen dazu, alle neuen Ideen und halbbestätigten Theorien mit einer gesunden Mischung aus Skepsis und Vorsicht zu begrüßen. Ich glaube aber, daß es heute überzeugende Indizien zur Untermauerung der Theorie gibt, daß ein sechster Sinn existiert und daß Dinge wie Außersinnliche Wahrnehmung (ESP), Telepathie und Vorahnungen ebenso real sind wie Sehen und Hören. Die Kapazität der Sinnesorgane, die wir kennen, liegt weit höher als noch vor wenigen Jahren vermutet. Und die Kapazität der Sinnesorgane, die wir noch nicht kennen, ist so riesig, daß es im jetzigen Stadium nicht sinnvoll ist, bereits irgendwelche Grenzen abzustecken.

Es läßt sich anhand der vorliegenden Indizien nicht mehr leugnen, daß der Mensch die Fähigkeit hat, Botschaften auf geistigem Wege zu senden und zu empfangen und auf Materie allein durch die Kraft seines Geistes einzuwirken. Auch wenn dies unbequeme Wahrheiten für die etablierte Wissenschaft sind und wir nicht wissen, wie diese Mechanismen funktionieren: Ihr Vorhandensein kann nicht mehr bezweifelt werden.

Bislang kam überwiegend nur die «zerstörerische» Wirkung der Geisteskräfte zur Sprache. Sie können aber auch mächtig ins Positive, Konstruktive, Heilende wirken; dafür gibt es außerordentlich viele Anhaltspunkte. Die Kräfte, welche das Entstehen von Krankheiten stimulieren, können auch eingesetzt werden, um die Selbstheilungsprozesse des Körpers zu stimulieren und den Menschen vor allen möglichen Krankheiten und Störungen zu schützen. Dieselben Kräfte, die furchtbar verheeren können, lassen sich zur Krankheitsverhütung und zur Bekämpfung bereits vorhandener Leiden einsetzen.

Aus meinem Studium erinnere ich mich an einen Physiologiedozenten, der sich einen Metallstachel in den Bizeps zu rammen pflegte, um uns die Entstehung von elektrischen Strömen (Muskelelektrizität) bei Muskelkontraktionen vorzuführen. Er tat dies regelmäßig als Bestandteil seiner Vorlesung, und er blutete nie und schien nie Schmerz zu leiden. Der Stachel war so lang wie eine Nähnadel, und der Dozent stieß ihn sich ohne viel Federlesens in den Arm, ohne zu zucken und ohne zu zögern.

Diese Erinnerung beeindruckte mich lange Jahre, ohne daß ich genau begriffen hätte, wie der Dozent das machte. Kürzlich nun traf ich einen anderen Arzt, diesmal einen Amerikaner, der als Student Ähnliches erlebt hatte. Auch sein Dozent stieß sich einen Metalldorn, nähnadellang, in den Bizeps, ohne einen Tropfen Blut zu verlieren und ohne daß es ihm sichtbar wehtat.

Dieser Student – couragierter und wohl auch neugieriger als ich damals – hatte den Dozenten gefragt, wie er dieses Kunststück fertigbringe.

Erklärung: Der Dozent hatte sich jedesmal, wenn er das Experiment vollführte, geistig in eine ferne Ecke des Hörsaals versetzt, damit er beim Einstich keinen Schmerz spürte. Und er hatte Anweisungen hinterlassen, daß seine Körperabwehr sich um jede etwaige Infektion des Muskels «kümmern sollte» und daß die beim Einstich beschädigten Blutgefäße sich sofort ohne Blutverlust schließen sollten.

Es war kein exzentrischer Zirkusartist, der da sprach. Ein ganz normaler Physiologiedozent sprach zu einem Studenten. Eine Anekdote, gewiß, und doch veranschaulicht sie das Ausmaß, in welchem der Geist auf die Infektions- und Krankheitsanfälligkeit des Körpers Einfluß nehmen kann. Beide Dozenten waren ihrer Zeit voraus. Noch vor wenigen Jahren hätte die Mehrheit der medizinischen Akademiker es kaum glaublich gefunden, daß der Geist den Körper derart eisern unter Kontrolle haben kann.

In den letzten Jahren ist eine Reihe wissenschaftlicher Abhandlungen publiziert worden, die zeigen, daß es diese Kontrolle in sehr starkem Ausmaß tatsächlich gibt. Beispielsweise kann die Vorstellungskraft (Imagination) tief und dauerhaft das Vermögen des Körpers beeinflussen, simple physische Fertigkeiten zu erlernen.

Experiment aus Australien, 1983: Versuchsgruppe war eine große Zahl von Menschen, die absolut nichts gemeinsam hatten, außer der

Tatsache, daß sie noch nie Basketball gespielt hatten. Einen Tag lang warfen die Freiwilligen nun Basketbälle durch einen Ring, dann wurden sie in drei Gruppen geteilt. Die erste Gruppe durfte einen Monat lang nicht Basketball spielen, nicht einmal an Basketball denken. Die zweite Gruppe mußte jeden Tag trainieren. Und die dritte Gruppe sollte jeden Tag zehn Minuten damit verbringen, sich vorzustellen, sie spiele Basketball.

Am Ende des einmonatigen Experiments waren die Mitglieder der ersten Gruppe im Basketball nicht besser, als sie es am Anfang gewesen waren. Bei den anderen beiden Gruppen war ein Fortschritt eingetreten, und zwar fast in ähnlichem Maß. Die Gruppe, die trainiert hatte, hatte sich um 24 % verbessert, die Gruppe, die sich das Training nur eingebildet hatte, um 23 %.

Noch eindrucksvoller ist die Arbeit von Doktor Carl Simonton und seiner Frau in Amerika. Seit einer Reihe von Jahren leiten sie Patienten zur Krebsbekämpfung «durch Imagination» an. Grundgedanke: Wenn die Einbildungskraft negativ wirken kann, vermag sie auch positiv zu wirken. Kann der Mensch sich durch «negatives Denken» krebskrank machen, müßte es auch möglich sein, sich durch «positives Denken» vor Krebs zu schützen und ihn vielleicht sogar zu heilen. Wenn sich Menschen durch Melancholie und Elend krebskrank machen können, können sie sich durch frohe, heitere Haltung vielleicht zur Besserung verhelfen. In den ersten Jahren ihrer Experimente fanden die Simontons: Im Schnitt lebten ihre Patienten ein Jahr länger als Patienten, die man nicht zu derartiger Selbsthilfe durch positive Gedankenkräfte aufgefordert hatte.

Ähnlich beeindruckende Erfolgsmeldungen laufen auch aus anderen Teilen der Welt ein. In wachsender Zahl erkennen Ärzte und Heilkundige aller Art, daß Geisteskraft den Körper schützen, Gesundheitsstörungen abwehren und Krankheiten besiegen kann.

So ist die Selbsthilfe aus dem Geist eine Kraft, deren Tragweite sich noch kaum abschätzen läßt; eine Kraft, die nach meiner Überzeugung jedem Patienten in jeder Lage helfen kann. Wir brauchen unseren Krankheiten nicht mehr als Zuschauer gegenüberzustehen.

Ich hoffe, Ihnen jetzt vor Augen geführt zu haben, welche Macht der Geist über den Körper ausübt. Wenn Sie lernen, Ihre geistigen Kräfte voll einzusetzen, werden Sie sowohl körperlich als auch seelisch stärker werden; Sie werden glücklicher, gesünder und weit weniger krankheitsanfällig als vorher sein. Das Konzept der geistigen Selbsthilfe ist eine Ehe zwischen traditionellen Philosophien und modernen Technologien und bietet eine sichere, echte Lösung für spezifische Härten und Bedrohungen des Lebens im zwanzigsten Jahrhundert.

Auf einfachster Ebene kann das Konzept Ihnen helfen, vielerlei Alltagswehwehchen – an denen wir alle leiden – zu lindern. Wenn Sie wissen, daß Ihre Verdauungsstörungen durch Ärger verursacht werden, dann ist es sinnvoller, etwas gegen den Ärger zu tun (bzw. gegen die Art, wie Sie auf Dinge, die Sie ärgern, reagieren), als bloß weiter die Verdauungsstörung zu behandeln. Die alte, interventionistische Methode hieß, massenhaft Antazida in den übersäuerten Magen zu schütten. Das ist ungefähr so sinnvoll, wie eine Zimmerwand, durch die Nässe dringt, immer wieder neu zu tapezieren.

So komplex ist die Geist-Körper-Kopplung, daß man gar nicht unter Streß stehen muß, um Streßsymptome zu bekommen; man braucht sich nur einzubilden, daß man unter Streß steht. Man braucht nicht wirklich arbeitslos zu sein, um körperliche Leiden zu entwikkeln; schon die Sorge, man könnte arbeitslos werden, reicht. Man braucht nicht wirklich einen leeren Geldbeutel zu haben; schon die Sorge, der Geldbeutel könnte eines Tages leer bleiben, genügt. Man braucht sich nicht tatsächlich zu verspannen, um Kopfschmerzen zu bekommen; schon die Angst, sich zu verspannen, kann sie hervorrufen. Man braucht nicht schwanger zu sein, damit eine Periode ausbleibt; die Einbildung, man sei schwanger, reicht. Wer «echt» glaubt, daß er Probleme hat, bei dem reagiert der Körper auch «echt». Er wird physische Symptome einer echten Krankheit entwickeln. Ein völlig imaginäres Problem kann dazu führen, daß potentiell tödliche körperliche Veränderungen eintreten.

Dies stellt die «höhere» Ebene dar, auf der unser Konzept operieren kann. Angst und Sorge können uns krank machen, Imagination kann uns krank machen. Aber wir können uns auch fit halten und im Krankheitsfall Besserungen herbeiführen, wenn wir die Kraft der Imagination dazu ausnutzen, die Selbstheilungsmechanismen des Körpers zu unterstützen.

Die krankheitshemmende Kraft der Imagination ist in ihrer Wirkungsweise noch weitgehend unerforscht. Daß sie überhaupt existiert, fällt vielen noch schwer zu glauben. Die meisten Menschen können sich gut vorstellen, daß negative Gedanken und Vorstellungen destruktiv auf den Körper einwirken, nicht aber, daß sie ebenso stark auch konstruktiv wirken können.

Wenn Sie noch skeptisch sind – überlesen und überdenken Sie noch einmal einiges, was auf den letzten Seiten geschrieben stand. Denn, wohlgemerkt, eines der Probleme, auf die wir bei der Auseinandersetzung mit dem Thema «Kraft des Geistes» stets stoßen, besteht darin, daß diese neuen Theorien und Lebensprinzipien nahezu allem widersprechen, was uns von klein auf beigebracht wurde. Diese

Wahrheiten einfach zu ignorieren, weil sie nicht ins bisher als wahr Erkannte passen, wäre freilich töricht.

Im letzten halben Jahrhundert haben wir alle gelernt, eine wachsende Zahl von Dingen zu akzeptieren, die nicht unmittelbar einsehbar sind (elektrisches Licht, Telefon, Rundfunk, Fernsehen, Mondflüge). Als Laien akzeptieren wir diese Dinge als Sachverhalt, auch wenn wir sie nicht immer ganz «durchschauen». Warum sollten wir da skeptisch bleiben, was die unsichtbaren Kräfte unseres Geistes betrifft? Warum sollten wir blind bleiben für die Ironie, daß unsere Geisteskräfte uns zwar krank, aber auch gesünder machen können?

In den letzten Jahren griff ein wahrer Körper- und Fitneßkult um sich. Tausende Menschen treiben regelmäßig Ausgleichssport, um fit zu werden und Krankheiten besser abwehren zu können. Ich glaube aber, daß man durch mentales Training – richtiges Einsetzenlernen seiner geistigen Kapazitäten – mehr für seine Gesundheit tun kann als durch körperliches Training. Durch geistig-seelische Belastungen werden weit mehr Krankheiten erzeugt als durch physisches Untrainiertsein. Durch Ausnutzen der natürlichen Geisteskräfte kann man diese Belastungen bewältigen und gesund bleiben. Man kann lernen, die allermeisten gesundheitlichen Beeinträchtigungen, die uns zustoßen, zu behandeln, ohne auf interventionistische Hilfe zurückgreifen zu müssen. Und man kann für den Fall, daß man doch auf solche Hilfe zurückgreifen muß, seine Überlebenschancen steigern.

Gesundheitliche Selbsthilfe mit geistigen Mitteln ist ein sehr wirksames Konzept zur primären Gesundheitsversorgung. Lernen Sie, die verborgenen Heilkräfte Ihres Geistes zu nutzen, und Sie können lernen, auf Ihre Gesundheit entscheidenden Einfluß zu nehmen.

5

Mit Hilfe des Geistes den Körper heilen: Beherrschung negativer Kräfte

Trauer

Traurigkeit, Niedergeschlagenheit ist die gängige Reaktion auf Druck und Streß, ist Antwort auf Probleme, die uns persönlich tief treffen. Und die natürliche Art, dieser Emotion Ausdruck zu geben, ist das Weinen. Wenn wir klein sind und uns unglücklich fühlen, weinen wir aus einem natürlichen Trieb heraus und signalisieren so den Mitmenschen und der Umwelt, daß wir Sympathie und Zuwendung brauchen. Werden wir älter, merken wir, daß wir durch Tränen Trost, Liebe, Zuwendung bekommen, all die Dinge, die uns helfen, mit unserer Traurigkeit zu leben und sie zu überwinden.

Das Tränenvergießen ist nicht nur ein Ventil für Gefühle; es hat auch körperlich konkrete Funktionen. Forscher, Trauerspezialisten, die jüngst eine Tagung der American Psychological Association in Washington besuchten, stellten fest, daß aus seelischen Gründen vergossene Tränen nicht nur Streß abbauen, sondern auch schädliche chemische Abfälle aus dem Körper ausschwemmen.

Bei Untersuchungen an Männern und Frauen hat W.H. Frey vom St Paul-Ramsey Medical Centre gefunden, daß aus seelischen Gründen vergossene Tränen einen höheren Proteingehalt haben als Tränen, die wegen mechanischer Augenreizungen vergossen werden. Weinen ist gute und nützliche «Trauerarbeit».

Weil es jedoch nach außen hin so deutlich sichtbar ist, betrachten es viele Menschen als Zeichen von Schwäche und seelischer Haltlosigkeit. Jungen lernen, daß man in der Öffentlichkeit nicht weinen darf, daß man seine Gefühle in sich verschließen muß. Politiker haben schon ihre Karriere ruiniert, indem sie im falschen Moment nasse Augen bekamen. Wissenschaftliche Erkenntnisse zeigen: Wer nicht weint, weil er Weinen als peinlich empfindet, unterdrückt am Ende nicht nur seine Tränen, sondern auch seine Emotionen.

Der Schaden wird auf dreierlei Weise angerichtet. Erstens unterbleibt die Ausscheidung chemischer Abfälle; zweitens bleibt die dringend benötigte Liebe und Zuwendung aus, und drittens stellt sich die Erleichterung nicht ein, die auf das Weinen folgt. Nach dem Weinen fühlt man sich ruhig und ausgeruht und steht den auslösenden Problemen, Sorgen und Ängsten viel gelassener gegenüber.

Resümee: Weinen ist ein hervorragendes Mittel gegen Kummer und Traurigkeit. Wer seinen natürlichen Weintrieb unterdrückt, vergrößert damit die Möglichkeit, eine Streßkrankheit zu bekommen. Wenn Sie sich angewöhnt haben, aufsteigende Tränen mit Gewalt zurückzudrängen, sollten Sie versuchen, diese Gewohnheit zu durchbrechen. Lassen Sie sich das nächstemal bewußt gehen, verlieren Sie die Beherrschung. Weinen ist keine Schande. Und wenn Sie jemandem nahestehen, der nie weint: Suchen Sie ihm klarzumachen, daß Weinen weder unnatürlich noch unmännlich ist.

Ärger, Wut, Zorn

Dies sind die üblichen Reaktionen auf alles, was körperlichen oder seelischen Schmerz erzeugt. Wut gehört zu den elementarsten menschlichen Gefühlen. Sie entzündet sich an eigenen Fehlern und Schwächen, an Frustrationen, an Ungerechtigkeiten, die wir sehen; an aggressiven Zeitgenossen, Tücken des Objekts, allen möglichen Widrigkeiten.

Was immer die Ursache ist – Wut kann schaden. Körperlich, seelisch, sozial, wirtschaftlich. Der Wütende hebt die Stimme und reagiert gereizt; sein Gesicht läuft rot an, er wird unruhig und zappelig und schwitzt (Wut ist meist auch von Angst begleitet). Aufgestaute Wut erzeugt hohen Blutdruck und sämtliche sonstigen Symptome streßinduzierter Krankheit. Durch Magenübersäuerung können Geschwüre entstehen; chronischer Ärger kann zu Schlaflosigkeit führen.

Zügellose Wut gilt als Krankmacher. Sie kann den Blutdruck in die Höhe treiben, im Extremfall Infarkte und Schlaganfälle auslösen. John Hunter, Chirurg aus dem 18. Jahrhundert, sagte zutreffend voraus, sein Leben stehe auf dem Spiel, wenn ihn jemand «in Rage versetze». Er starb auf einer Ärztekonferenz.

Heute wissen wir, daß Wut meist nicht so direkt tötet. Die vorliegenden wissenschaftlichen Indizien zeigen: Wer seine Wut unterdrückt, bekommt mit höherer Wahrscheinlichkeit Krebs als jemand, der sie auf natürliche und emotionale Weise auslebt. Ein Beispiel von vielen: Eine Studie am Institut für Psychiatrie in London zeigte, daß Frauen, die ihren Ärger unterdrücken, brustkrebsgefährdeter sind als Frauen, die ihre Empörung «herauslassen».

Wut kann, wie gesagt, töten. Für den Umgang mit der Negativkraft Wut empfiehlt es sich, die folgenden vier Maximen zu beachten.

1. Akzeptieren Sie, daß es ganz normal ist, von Zeit zu Zeit in Wut zu geraten. Es ist eine gesunde und natürliche Reaktion auf streßreiche Umstände. Sauer werden ist keine Sünde; es kann aber Sünde sein, sich von der Wut bis zur Besinnungslosigkeit beherrschen zu lassen.

Denken Sie daran: Es ist gefährlich, die Wut zu unterdrücken und ihr Vorhandensein nicht einzugestehen.

2. Lernen Sie erkennen, wann Sie sich auf eine Konfrontation zubewegen, und meiden Sie streßreiche Situationen. Drängen Sie Mitmenschen nicht in eine Position, aus der es ohne schweren Gesichtsverlust kein Entrinnen gibt. Entscheiden Sie so früh wie möglich, ob sich die Aufregung lohnt oder nicht. Wenn Sie eine sorgfältige Problemauswahl treffen, wird Ihr Zorn gerechtfertigt sein und wahrscheinlich Wirkung zeigen, und Sie werden weit weniger leiden.

3. Wenn Sie in Zorn geraten und den Zorn für berechtigt halten: Unterdrücken Sie ihn nicht – heraus damit.

Sheldon Tobin, Professor an der Universität Chicago, fand bei Untersuchungen in einem Pflegeheim, daß die Aufmüpfigen, Unbequemen, Fordernden die besten Lebenschancen hatten; schlechtere Chancen hatten statistisch gesehen die Passiven, Sanften, nie Klagenden, alles Akzeptierenden. Sie starben früher.

Wenn Ihr Arzt Ihnen etwas sagt, das Ihnen mißfällt, sollten Sie Ihr Mißfallen nicht stumm hinunterschlucken. Sagt er Ihnen, Sie hätten nur noch drei Monate zu leben, lassen Sie ihn seine Arroganz spüren. Lassen Sie Ihre Wut heraus und schmettern Sie die Anmaßung einer solchen Prognose zurück. (Sich offen über den Arzt zu ärgern, festigt paradoxerweise oft die Beziehung zu ihm. Und wenn nicht: Ist das denn so schlimm? Wenn er Ihre Reaktion nicht versteht und nicht darauf eingeht, haben Sie an ihm nicht viel verloren.)

Einige Experten vertraten früher die Meinung, man solle bis zehn zählen, ehe man in der Wut etwas tue oder sage. Ich halte diese Technik heute eher für kontraproduktiv. Sie verhindert nicht die innere Schadwirkung der Wut; sie dämpft nur die äußeren Konsequenzen und führt letztlich zu größeren Problemen. Schlucken Sie die Wut einerseits nicht stumm herunter und lassen Sie sie andererseits auch nicht in unkontrollierter Raserei explodieren. Reagieren Sie sie vielmehr durch konkrete, starke Klagen oder Proteste ab und geben Sie dem Zorn und Frust in möglichst positiver Weise Ausdruck.

Seien Sie kein stummer Dulder, aber auch kein rasender Rambo!

4. Wenn aufgestaute Wut in Ihnen brodelt und Sie sie irgendwie physisch abreagieren wollen, folgen Sie so weit wie möglich Ihren natürlichen Instinkten. Damit meine ich nicht, daß Sie herumlaufen und Kinnhaken austeilen sollen; energiezehrende sportliche Aktivität reicht schon. Squash oder Tennis eignet sich gut. Oder: Das Gesicht eines Menschen, über den Sie sich ärgern, auf einen Punchingball malen – und ihn dann saftig verprügeln.

Weitere Methoden: Holzhacken im Garten; Teppichklopfen mit aller Kraft; ein Beet umgraben; alte Teller und Tassen genüßlich zerschmeißen; Radfahren im scharfen Tempo; «Wutmusik» auf dem Klavier. Welche Technik Sie auch wählen, es ist auf jeden Fall viel gesünder, Aggressionen abzureagieren, als sie sich anstauen zu lassen.

Krankheitssymptome

Als ich vor rund fünfzehn Jahren als niedergelassener Arzt zu praktizieren anfing, gehörte zu meinen ersten Patienten ein sechsjähriger Junge namens William, der an periodischen schweren Leibschmerzen litt. Nach Angabe seiner Mutter dauerten die Schmerzen nie länger als ein paar Stunden, waren aber immer sehr heftig. Ich untersuchte William, konnte jedoch nichts feststellen; daher bat ich seine Mutter, mich beim nächsten Auftreten der Schmerzen anzurufen.

Am nächsten Sonntag abend kam der Anruf, gegen neun. Rascher Hausbesuch, Untersuchung: Wieder kein Befund, aber Williams Schmerzen waren so schlimm, daß ich die Einweisung ins Krankenhaus für geraten hielt.

Montag vormittag ging ich nach meiner Sprechstunde ins Krankenhaus, um nach meinem kleinen Patienten zu sehen. Fast erwartete ich, ihn mit herausgenommenem Blinddarm vorzufinden. Zu meinem Erstaunen war er schon wieder entlassen worden.

«Er hatte diese Schmerzen bereits mehrfach», erklärte der Stationsarzt, «und immer am Sonntagabend. Das kam mir seltsam vor, und ich fragte seine Mutter, wie lange die Schmerzen üblicherweise anhielten. Sie sagte, immer bis in den Montagvormittag hinein.»

Und das, meinte der Kollege, habe ihn auf die Spur gebracht.

«Alle vier Wochen müssen unser Freund und seine Kameraden nämlich in der Schule eine Rechtschreib-Prüfung ablegen. Und er hat etwas gegen Prüfungen, wie die meisten von uns ...»

Langsam dämmerte es mir.

William hatte seine Bauchschmerzen «eingesetzt», um dem Rechtschreib-Test zu entgehen. Er spielte nicht vorsätzlich krank, aber er wußte: Wenn du Zeichen von Bauchschmerzen zeigst, kriegst du nicht nur extra Liebe und Zuwendung von deiner Mutter, sondern kannst auch zu Hause bleiben und die Prüfung schwänzen.

«Was tun?» fragten die Eltern in der Sprechstunde, als ich sie unterrichtet hatte. «Wenn er nächsten Monat wieder Schmerzen hat, sollen wir ihn trotzdem in die Schule schicken?»

Nein, meinte ich, denn die Schmerzen seien zweifellos nicht fingiert. «Wir müssen vielmehr verhindern, daß er sich wegen der Prüfung allzuviele Sorgen macht. Reden Sie mit ihm, machen Sie ihm klar, daß die Benotung keine Rolle spielt, solange er sein Bestes tut. Bitten Sie den Lehrer, die Bedeutung der Arbeit herunterzuspielen, und suchen Sie allmählich sein Selbstvertrauen aufzubauen. Geben Sie ihm zu Hause ein paar Prüfungsaufgaben, damit er sich daran gewöhnt. Bitten Sie den Lehrer auch, bekanntzugeben, daß alle, die bei der Prüfung fehlen, sie später nachholen müssen.»

Das taten die Eltern. Und ich freue mich, sagen zu können: Es hat geklappt. Williams Verstand begriff, daß er dem Druck der Prüfung nicht mehr durch Erzeugen körperlicher Symptome ausweichen konnte und daß die Arbeit nur begrenzte Bedeutung hatte. William hatte eine Krankheit eingesetzt, um einem Lebensproblem aus dem Wege zu gehen, und zweifellos hätten die Symptome uns noch lange Rätsel aufgegeben, wäre dem Klinikarzt nicht die Koppelung zwischen den Bauchschmerzen und dem Rechtschreibtest aufgefallen.

In den folgenden Jahren gingen bei mir viele Patienten ein und aus, die echte körperliche Leiden unbewußt als Mittel gegen Lebensprobleme einsetzten. Ein junger Rechtsanwalt bekam Migräne, um einen besonders unsympathischen Mandanten nicht empfangen zu müssen. Eine ältere Dame setzte ihre Arthritis ein, um nicht mit ihrer Schwester verreisen zu müssen. Eine junge Ehefrau verhinderte durch Menstruationsbeschwerden, mit ihrem Mann, den sie nicht mehr liebte, schlafen zu müssen.

All diese Patienten hatten sich Symptome «zugelegt», die ihnen gestatteten, sich einer mißliebigen oder verhaßten Sache zu entziehen. Und in jedem Fall war es unmöglich, die Krankheit zu behandeln, ohne daß man vorher feststellte, welchen Nutzen der Patient daraus zog, und Wege fand, wie er mit der Sorge, des Pudels Kern, auf andere Weise fertig werden konnte.

Wäre der Arzt nicht auf den Zusammenhang zwischen Williams Schreibprüfung und seinen Bauchschmerzen aufmerksam geworden, hätte der Kleine zweifellos seinen Blinddarm verloren und hätte massive Chemotherapie erdulden müssen. Seine Schmerzen aber wären geblieben – weil das Auslöseproblem geblieben war. Und hätte ich nicht gemerkt, daß der junge Anwalt immer dann Kopfschmerzen bekam, wenn ein Termin mit ärgerlichen Mandanten drohte, hätte er weiter an Migräne gelitten und keine noch so gute Therapie hätte angeschlagen.

Bis zu einem gewissen Grad gebrauchen wir alle solche Vorwände, um uns vor Unangenehmem zu drücken. Ein, zwei körperliche Symptome geben uns ein handfestes Alibi, wenn wir verlegen, verängstigt, nervös oder verschämt sind. Mit einem Schnupfen läßt sich die leidige Dinnerparty schwänzen, mit leichten Muskelschmerzen das gefürchtete Tennisspiel und mit Kopfschmerzen – ein klassischer Vorwand! – die unerwünschte Liebesstunde.

Manche dieser unbewußten Verbindungen zwischen Geist und Körper sind in die Sprache eingegangen: «Das geht mir an die Nieren», «Der macht mich krank», «Ich hab' die Nase voll», «Er hat kalte Füße gekriegt», «Ihr ist etwas über die Leber gekrochen» usw.

Wenn Sie Symptome oder eine Krankheit in der beschriebenen Weise als Alibi benutzen, werden Sie sich dessen in den allermeisten Fällen nicht bewußt sein. Trotzdem: Wenn der Zusammenhang da ist, wird er sich unschwer finden lassen. Und die dazu notwendige Detektivarbeit ist mehr als der Mühe wert, denn das «Vorschieben» von Krankheitssymptomen stiftet auf die Dauer mehr Schaden als Nutzen. Die zugrundeliegende Angst wird nicht verschwunden sein. Sie werden immer noch auf ungesunde Weise auf Streß reagieren. Und Sie werden einen Zustand herbeigeführt oder verschlimmert haben, der Ihrer Gesundheit und Ihrer Fähigkeit, das Leben zu genießen, abträglich ist.

Wenn Sie den Verdacht haben, daß Sie Symptome als Mittel zum Zweck einsetzen, um sich vor unangenehmen oder bedrohlichen Lebenssituationen zu schützen, müssen Sie sich ehrlich fragen: Welchen Gewinn ziehe ich aus der Krankheit, was bedeutet sie mir? Dann müssen Sie lernen, Ihre Probleme auf positivere, konstruktivere Weise anzugehen. Fragen Sie sich: Wovor habe ich denn derartige Angst, daß ich mich hinter einer Krankheit verschanzen muß, um nicht damit konfrontiert zu werden? Und suchen Sie dann nach anderen Lösungswegen.

Wenn zum Beispiel immer vor dem Elternsprechtag Ihre Rückenschmerzen schlimmer werden, ist die Frage angebracht, was denn am Elternsprechtag so bedrohlich, so problematisch ist. Dem auf den Grund zu gehen, wäre die Therapie der Wahl.

Werden Ihre Kopfschmerzen immer dann besonders quälend, wenn der Abteilungsleiter Sie zu sprechen wünscht, fragen Sie sich, was an diesen Besprechungen denn so belastend für Sie ist. Wovor haben Sie Angst? Was ist das Schlimmste, das Ihnen der Abteilungsleiter antun kann? Ist Ihr Job den ganzen Streß und Ärger wert?

Schmerzt Ihre Kolitis immer dann besonders, wenn Sie beruflich bestimmte Aufgaben zu erledigen haben, ist es ratsam, entweder einen Weg zur Vermeidung dieser Aufgaben zu suchen oder zu ergründen, was an den Aufgaben so besonders unakzeptabel ist.

Bekommt Ihr Kind immer am dritten Dienstag im Monat seltsame Bauchschmerzen, recherchieren Sie, was der Dienstag denn so Bedrohliches birgt. Welchen Gewinn zieht das Kind aus der Krankheit, was bedeutet sie ihm?

Leidet Ihr(e) Partner(in) jedesmal, wenn Sie sexuelle Avancen machen, unter Kopfschmerzen, sollten Sie sich fragen, was an Ihrer Zweierbeziehung nicht stimmt – und nicht, was Sie gegen die Kopfschmerzen tun können. Wenn Geist oder Gemüt sich des Körpers «bedienen», läßt sich das körperliche Leiden nur durch Ergründen der geistig-seelischen Ursache beheben.

Ein Wort nebenbei an Eltern: Vermeiden Sie es, ein schmerzleidendes Kind allzusehr zu umsorgen und zu bemitleiden. Erziehen Sie es nicht dazu, Schmerz mit Liebe und Zuwendung zu verbinden. Oft machen Eltern um jedes Kinder-Wehwehchen ungeheuer viel Aufhebens. Resultat: Schmerz und Unannehmlichkeiten verbinden sich für das Kind mit Trost und Streicheleinheiten. Das kann langfristig höchst problematisch werden.

Langeweile

Nichtstun – eine für manchen vielleicht überraschende Erkenntnis – kann genauso stressen wie Tun; neben dem Aktivitäts-Streß gibt es den nicht minder schädlichen Inaktivitäts-Streß.

Die darunter leidenden Menschen lassen sich grob in vier Gruppen einteilen. Zur ersten gehören Menschen, deren tägliche Arbeit gleichförmig, uninteressant und anspruchslos ist. Zu dieser Millionen umfassenden Gruppe zählen beispielsweise Berufstätige, die in der Fabrik teure, hochkomplizierte Maschinen zu überwachen haben, die sie nicht «durchschauen». Es gibt heute automatische Fertigungsanlagen, die einen endlosen Strom schablonenhaft gleichmäßiger Produkte ausstoßen, in einer Perfektion, wie sie durch Handarbeit niemals zu erreichen ist. Im Büro stehen Computer und Textverarbeitungssysteme, die schneller und fehlerfreier als jeder Mensch Briefe schreiben, Silben trennen, Buch führen. In vielen Bereichen der Berufswelt hat sich die Maschine von einer dienenden zu einer herrschenden Funktion aufgeschwungen. Dem Menschen bleibt dabei kaum noch Gelegenheit zu kreativem Tun und zur Wahrung seines Stolzes.

Die Machtübernahme der Maschine am Arbeitsplatz hat zu einer zweiten großen Ursache von Langeweile geführt – zu Arbeitslosigkeit. Mit bemerkenswert kurzsichtiger politischer Zustimmung installieren Firmen immer mehr Automaten und entlassen immer mehr Mitarbeiter. Arbeitslosigkeit schadet indes in vielfacher Weise, und wohl am gefährlichsten durch tödliche Langeweile.

Die dritte Gruppe von Inaktivitäts-Gestreßten setzt sich aus Rentnern und Frührentnern zusammen, die am Lebensabend nichts mehr zu tun haben. Nach jahrzehntelanger Arbeit erscheint dem plötzlich Ruhiggestellten die Muße oft als sinnlos und langweilig.

Die vierte Gruppe schließlich umfaßt die zahllosen Frauen, deren Arbeit sie ans Haus bindet. Durch Rollen- und «Sachzwänge» an Herd und Waschmaschine gefesselt, kann die moderne Hausfrau enorm an Langeweile leiden. Berufliche Befriedigung findet sich kaum, wenn man die Tage damit zubringt, Milchdosen zu öffnen und verlorene Socken zu suchen, nur um hinterher festzustellen, daß niemand die Mühe zu würdigen und zu schätzen weiß.

Zahllose Berichte sind veröffentlicht worden, die zeigen, daß Arbeitslose und Menschen, deren Arbeit stumpfsinnig und monoton ist, an den üblichen Streßkrankheiten leiden. Weit über dem Durchschnitt liegt bei ihnen das Risiko, Magengeschwüre, Herzleiden, Asthma und Hautkrankheiten zu bekommen. Doch die Politiker und Journalisten unterschätzen die «Gewalt» der Langeweile immer noch. Sie verstehen nicht, daß Langeweile einen Großteil der Streßkrankheiten in unserer Gesellschaft hervorruft. Und sie sehen nicht, daß es oft Langeweile ist, die den Menschen zu Drogen oder Alkohol treibt. Die heimlich trinkende Hausfrau, der Schüler, der anfängt, Leim zu schnüffeln, der Rentner, der zuviel Tranquilizer schluckt, der Fußballrabauke, der Putz macht – sie alle haben eines gemeinsam: Ihr Leben ist trostlos, trist, fade, ohne Hoffnung. Aus dem Alltagsfrust scheint es keinen Ausweg zu geben, und deshalb gibt es für diese Menschen auch keine Zukunft.

Unter solchen Umständen ist es nicht überraschend, daß es auf den Fußballplätzen viel Gewalt und auf den Straßen viel Drogenkonsum gibt. Man muß sich eher wundern, daß es nicht noch viel mehr davon gibt.

Wer an Langeweile oder ihren bösen Folgen leidet, muß mehr positive Spannung in sein Leben bringen. Diese Spannung kann ein Stimulus bieten, der Leib und Seele aktiv und gesund hält.

Kleine Geschichte von Thomas, Philip und Chris: Alle drei waren Patienten in einem Krankenhaus, auf einer Station, wo die Oberschwester den Ruf eines Drachens genoß. Die Schwestern benahmen sich wie Gefängniswärter. Die Männer hatten kleinere Operationen hinter sich, die man als Routine bezeichnen kann, genasen aber nur sehr langsam. Sie langweilten sich bis zur Bewußtlosigkeit. Aus dem Bett aufstehen durften sie jeweils nur höchstens zehn Minuten. Miteinander sprechen durften sie nur im Flüsterton. Kartenspielen und ähnliches war strikt verboten.

Dort, im Krankenhaus, lägen sie wohl heute noch und rekonvaleszierten, hätten sie nicht beschlossen, aufzumucken und ein bißchen Spannung ins Leben zu bringen. Sie planten einen Ausbruch und bereiteten ihn mehrere Tage vor. Nahe beim Krankenhaus lag eine Kneipe, wohin der Ausflug gehen sollte. Von Verwandten ließen sie Ausgehkleidung einschmuggeln und versteckten sie unter den Matratzen. Sorgfältig übten sie das Anfertigen menschenähnlicher Klumpen aus Kissen und Decken. Auf dem Klo entdeckten sie ein unverschlossenes Fenster, durch das man auf die Straße gelangen konnte. Sogar einen Abstecher in eine andere Station planten sie ein.

Alles klappte. Sie schafften es, zwanzig Minuten Krankenhausurlaub zu nehmen, im Pub einen halben Liter Bier zu trinken und wieder ins Bett zurückzuschlüpfen, ohne daß es jemand merkte. Die positive Spannung, die das akkurat geplante Unternehmen gebracht hatte, wirkte Wunder, für sie selbst und für die ganze Station. Achtundvierzig Stunden später wurden die drei entlassen und durften heim.

Wenn Sie glauben, daß Teilbereiche Ihres Lebens unsagbar langweilig sind und daß Sie zu dieser Langeweile ein Gegengewicht schaffen und folglich mehr Farbe und Spannung in Ihr Leben bringen sollten, verzweifeln Sie nicht. An Möglichkeiten ist kein Mangel.

- Legen Sie sich eine schöne, lohnende Freizeitbeschäftigung, ein Hobby zu. Eines, in dem Sie es zu etwas bringen können, eines, auf das Sie stolz sein können. Wenn Sie arbeitslos sind, könnten Sie vielleicht in Erwägung ziehen, sich mit einer handwerklichen Tätigkeit oder einer Dienstleistung in bescheidenem Rahmen selbständig zu machen. Dafür gibt es auch Starthilfen.
- Wenn Sie an einer Maschine arbeiten, deren Konstruktion Sie nicht verstehen und die öfter defekt wird: Tun Sie Ihr Bestes, um die Bauteile kennenzulernen und sich einfache Reparaturfähigkeiten anzueignen. Bitten Sie um Bedienungsanleitungen und lesen Sie sie. Fordern Sie beim Hersteller zusätzliche Informationen an und erkundigen Sie sich nach Details, die nicht in der Bedienungsanleitung enthalten sind.

Verbringen Sie Ihre Tage mit einer Maschine, die Sie nicht genau kennen, wird die Maschine zum Herrn und Meister und ruiniert Ihr Leben. Wissen Sie dagegen, wie sie konstruiert ist, wie sie funktioniert und wie Sie mithelfen können, sie in gutem Betriebszustand zu erhalten, kann sie zu Ihrem Diener werden.

- Wenn Sie neue geistige Anregungen brauchen und das Bedürfnis nach neuen Freundschaften spüren, besuchen Sie Abendkurse, Volkshochschulkurse etc. Suchen Sie sich nicht einfach ein Thema aus, das interessant klingt, sondern eines, das Sie wirklich «anmacht» und an dem Sie Freude haben werden. Hat es obendrein praktischen Nutzen – um so besser.
- Lernen Sie, potentiell langweiligen Situationen mit größtmöglichem Geschick und Takt aus dem Wege zu gehen.

Einer meiner Freunde, der beim Fernsehen arbeitet, benutzt zum Vermeiden langweiliger Konferenzen folgende Technik. Er sagt, er fühle sich mit Informationen überladen, stimmt zu, das Thema sei wichtig, gibt an, darüber erst einmal in Ruhe nachdenken zu müssen, und entschwindet ins «stille Kämmerlein». Er sagt dies mit Charme und Ernsthaftigkeit, und ich habe noch nie erlebt, daß es nicht klappte.

- Planen Sie Ihr Leben so vorsichtig, wie Sie wollen, und so umsichtig, wie Sie können. Aber seien Sie gelegentlich auch risikofreudig. Wenn Sie aus Angst vor den Folgen nie Risiken eingehen, wird Ihr Leben langweilig sein. Am attraktivsten finden wir oft diejenigen Menschen, die Mut zum Risiko haben, beispielsweise waghalsige Sportler. Sie erleben häufig Niederlagen, aber ihre Grundeinstellung zum Leben bewirkt, daß sie für ihre Umwelt nie langweilig werden und sich auch selbst nie langweilen.

Wenn Sie ein Risiko eingehen und damit Schiffbruch erleiden – nun, dann haben Sie's wenigstens versucht. Wer nie Risiken auf sich nimmt, weiß nie, was er hätte leisten können. Und stirbt wahrscheinlich an Langeweile. Ein trauriger Abgang.

- Wenn Sie etwas unendlich Langweiliges und unsäglich Stumpfsinniges tun (müssen), entfliehen Sie in einen selbstgeschaffenen Tagtraum. Denken Sie an eine Situation, die Ihnen gefallen würde, an Menschen, mit denen Sie gern zusammen wären, an Orte, die Sie gern besuchen würden. Würzen Sie diesen Tagtraum nach Belieben mit exotischen (oder erotischen) Zutaten. Diese Art Tagtraum unterscheidet sich stark von derjenigen, die zum Entspannen nötig ist. Zur Entspannung muß man sich in eine ruhige, besänftigende, gewissermaßen die Wogen glättende Situation versetzen. Der Kampf gegen Langeweile erfordert das Gegenteil: eine spannende, erregende Phantasievorstellung.

Phantasieren Sie über Erfolg; über das, was Sie tun würden, wenn Sie eine Million im Lotto gewännen; wie es wäre, wenn Sie eine Motorjacht in Monaco besäßen; über eine Expedition in den Himalaya. Lassen Sie sich von den uns umgebenden Bilderwelten anregen, von Reiseprospekten bis zu Werbeplakaten.

Beziehungsstreß

Unser Verhältnis zu anderen Menschen hat ungeheuren Einfluß auf unser Leben im allgemeinen und auf unsere Gesundheit im besonderen. Wenn enge Beziehungen kriseln oder in die Brüche gehen, reagieren wir oft schlecht auf Belastungen, die sonst als relativ unbedeutend angesehen werden können. Streit mit Familienmitgliedern, mit Arbeitskollegen, mit Freunden kann ein breites Spektrum an Gefühlsreaktionen hervorrufen. Um gesund zu bleiben, ist es wichtig zu erkennen, welche Faktoren Einfluß darauf haben, wie wir mit anderen Menschen auskommen.

Das erste, das man sich vor Augen führen muß: Unsere Reaktionen bleiben nicht konstant. Je nach Mitmensch, dem wir gegenüberstehen, verhalten wir uns ganz verschieden. Der Ehepartnerin oder dem Ehepartner gegenüber verhalten wir uns anders als gegenüber Berufskollegen; Nachbarn, Ärzten, Freunden gegenüber anders als gegenüber den eigenen Eltern und Kindern usw.

Ein geschiedener leitender Angestellter in mittlerem Alter kann gleichzeitig Bitterkeit gegenüber seiner Ex-Frau zeigen, Liebedienerei gegenüber dem Aufsichtsratsvorsitzenden, Begehrlichkeit gegenüber der jungen blonden Sekretärin, Respekt gegenüber den Eltern, eine tyrannische Haltung gegenüber den Mitarbeitern, herrisches Vatergehabe gegenüber den Kindern. Umgekehrt können seine Eltern stolz auf ihn sein, kann die Sekretärin seine unerwünschten Avancen innerlich (oder auch äußerlich) verfluchen, die Ex-Frau ihm die Freiheit neiden, empfinden die Kinder Angst vor ihm, verachtet ihn der Aufsichtsratsvorsitzende, während die Mitarbeiter ihn einfach unsympathisch finden.

Wie konstant wir uns auch selber sehen: die Umwelt sieht uns immer in ganz unterschiedlicher Weise. Der Leiter unserer Bankfiliale sieht uns mit anderen Augen als unser Nachbar. Der Freund, mit dem wir in Urlaub fahren, bekommt eine andere Seite von uns zu sehen als unsere Arbeitskollegen.

Unsere Lebensrolle variiert nach unseren eigenen Überzeugungen und Wünschen, nach den Haltungen und Bedürfnissen anderer und nach der Art, wie ihre und unsere Bedürfnisse sich vereinen und befriedigen lassen. Das Individuum, das überall das gleiche Bild hinterläßt, gibt es nicht. Beschrieben unsere Eltern unsere Tugenden, würden unsere beruflichen Gegner uns nicht wiedererkennen. Beschrieben uns unsere Kinder, würde unser Arbeitgeber wahrscheinlich nicht wissen, von wem sie reden.

Trotzdem neigen wir zu vorschnellen Schlüssen über andere Menschen und über die Art, wie sie uns sehen. Wir gehen von Voraussetzungen aus, die schädlich und zerstörerisch sein können. Und wir denken bemerkenswert wenig über unsere Beziehung zu anderen Menschen nach. Da nimmt es kaum wunder, daß unsere Beziehungen zu anderen oft zerbrechen, mit schweren seelischen Folgekosten. Und es nimmt kaum wunder, daß sich unsere engen Beziehungen häufig nicht durch Herzenswärme gegenüber den andern auszeichnen, sondern Streß und Terror für sie bedeuten und dadurch auch körperliche Krankheit auslösen.

Der Fragebogen auf Seite 133/34 soll Ihnen die Stärken und Schwächen Ihrer persönlichen Beziehungen abschätzen helfen. Wenn Sie die Basis zu verstehen suchen, auf der Ihre Beziehungen fußen, haben Sie gute Chancen, Beziehungsfrust zu mindern und Beziehungsfreude zu mehren.

Davon abgesehen, gibt es grundsätzlich einige Regeln, an die es sich in allen zwischenmenschlichen Beziehungen zu denken lohnt.

- Unser Bild von Menschen, die wir nicht kennen, sollte möglichst nie von fremden (Vor-)Urteilen beeinflußt werden. Akzeptiert man (Vor-)Urteile anderer, begeht man oft Fehler. Bedenken Sie, daß jede Beziehung das Ergebnis einer Interaktion zwischen zwei ganz eigenständigen «Welten» (zwei Menschen mit eigenen Bedürfnissen, eigenen Ambitionen und Ansprüchen) ist. Wenn man Urteile aus zweiter Hand akzeptiert, akzeptiert man auch Bedürfnisse, Ambitionen und Ansprüche aus zweiter Hand.
- Wenn Sie einen Menschen neu kennenlernen, sollten Ihre alten Voreingenommenheiten und persönlichen Erfahrungen nicht allzuviel Einfluß auf die Beziehung nehmen. Wenn Sie z. B. Menschen danach beurteilen, wie sie sich kleiden, werden Sie sich ausschließlich mit Menschen anfreunden, deren sozialer und kultureller Background dem Ihren ähnelt. Siehe auch Seite 65 f. über den Einfluß alter Assoziationen auf Beziehungen.
- Denken Sie immer daran, daß auch Menschen, die uns nahestehen, oft Gefühle, Ambitionen und Ängste haben, die erheblich von den unsrigen abweichen. Folglich kann auch ihre Haltung bestimmten Ereignissen gegenüber beträchtlich von der unsrigen abweichen.

Wenn Sie erwarten, daß andere Menschen auf wechselnde Umstände genauso reagieren wie Sie selbst, werden Sie unweigerlich enttäuscht werden. Versuchen Sie, die Menschen, die Ihnen nahestehen – die Menschen, die für Sie und Ihre Gesundheit wichtig sind –, so genau wie möglich kennenzulernen. Suchen Sie ihre Ängste und Bedürfnisse zu verstehen. Wenn Sie das tun, werden Ihre persönlichen Beziehungen gestärkt.

Schuldgefühle

Schuld: eine Emotion so häufig wie Liebe, so schädlich wie Haß. Schuldgefühle lassen sich schwer definieren; sie haben mit «Gewissen» zu tun. Wenn wir etwas Falsches getan haben – oder etwas, das wir hätten tun sollen, unterlassen haben –, fühlen wir uns schuldig. Wir foltern uns mit Vorwürfen, stellen uns auf die Anklagebank und sprechen den Schuldspruch. Schuld ist eine der stärksten und schädlichsten menschlichen Emotionen. Und ironischerweise eine Emotion, der Liebe und Mitgefühl zugrunde liegt.

Schuldgefühle rühren von so mannigfachen Quellen her, daß es unmöglich ist, sie alle aufzuführen. Für einen Großteil der Schuldgefühle lassen sich jedoch zwei Kategorien aufstellen. Die erste: Schuldgefühle, die aus unseren persönlichen Beziehungen zu anderen Menschen herrühren. Schuldgefühle dieser Art können grobschlächtig und bewußt eingeflößt werden (Mutter zur Tochter: «Das würdest du nicht tun, wenn du mich liebtest»), aber auch subtiler, schleichender, unbewußter (Frau zum Mann: «Geh nur ins Kino, kümmere dich nicht um mich, ich komm' schon zurecht»).

Andere Schuldgefühle erwachsen aus Forderungen, Erwartungen und Lehren unserer sozialen Umwelt. Die meisten von uns haben ein «eingebautes» Rechts- und Unrechtsbewußtsein, und wenn wir dagegen verstoßen, plagt uns das Gewissen. Dieses Rechts- und Unrechtsbewußtsein ist nicht etwas mysteriös Ererbtes, sondern es bildet sich durch soziale und religiöse Normen; es wird anerzogen und angelernt. Einige dieser Kräfte sind gesund, logisch und simpel – etwa die Gewissensbisse beim Stehlen, denn Stehlen gilt allgemein als sozialschädlich. Andere Schuldgefühle jedoch sind nicht so einfach zu erklären, weil sie durch Vorurteile und Ängste entstehen, deren Quelle dunkler bleibt. So fühlen wir uns schuldig, wenn wir am Sonntagmorgen im Bett liegen, wenn wir zuviel Geld verdienen, wenn wir uns am Strand nackt sehen lassen oder wenn wir zuviel Vergnügen an irgend etwas haben. Diese Art Schuldgefühl wird durch Druck erzeugt, ausgeübt von Lehrern, Kirchenmännern, Politikern, Philosophen und sonstigen Autoritätsträgern.

Die wohl schädlichste Auswirkung dieses Drucks: Er macht uns klein, duckt uns, läßt uns unterlegen und minderwertig dastehen, raubt uns unser Selbstbewußtsein. Wir fühlen uns schuldig, weil wir Erwartungen der (näheren und weiteren) sozialen Umwelt nicht gerecht geworden sind. Wir fühlen uns daher unsicher und verlieren unser Selbstvertrauen.

Dies ist der psychische Mechanismus, mit dessen Hilfe das Schuldgefühl so immensen seelischen und körperlichen Schaden anrichtet. Weil wir es unseren Eltern (und anderen, die Erwartungen auf uns richten) nicht recht gemacht haben, schämen wir uns und verlieren die Selbstachtung. Resultat: Wir schinden uns grausamer, als je ein Sklaventreiber seine Sklaven geschunden hat.

Dieser von innen heraus kommende Druck ist die destruktivste Art von Streß. Man kann ihm nicht entkommen, und die Konsequenzen können weitreichend sein. Je größer unser Mangel an Selbstvertrauen ist, desto größer wird unser Risiko, herzkrank zu werden, Magengeschwüre, Asthma, Darm-, Haut- und sonstige mit Streß in Verbindung stehende Leiden zu bekommen.

Der Workaholic beispielsweise, der zwanghaft Arbeitssüchtige, der sich nicht entspannen kann, obwohl er mehr Geld verdient, als er je brauchen wird, fährt fort, immer härter zu arbeiten. Seine Arbeitswut kann davon angestachelt sein, daß es ihm an Selbstvertrauen mangelt; daß er sich noch immer fürchtet, als Versager dazustehen; daß er unbedingt Menschen imponieren will, nach deren Bewunderung er giert, oder daß er sich immer wieder unzulänglich vorkommt, ganz egal, was er tut und wieviel er leistet. All diese Gefühle können beispielsweise etwas damit zu tun haben, daß es ihm nicht gelungen ist, von den Eltern gelobt zu werden. Sein Zwölffingerdarmgeschwür, sein Bluthochdruck und sein kränkelndes Herz sind dann Folgeerscheinungen des Schuldgefühls: Ich bin ihren Erwartungen nicht gerecht geworden.

Wird Ihre Gesundheit durch mangelndes Selbstvertrauen gefährdet, können Sie durch Selbsthilfe aus dem Geist Abhilfe schaffen. Verbannen Sie Haß, ewiges Bedauern, Angst und drückendes Schuldgefühl aus Ihrem Bewußtsein und erfüllen Sie es vielmehr mit positiven Gefühlen und hoffnungsvollen Gedanken. Lernen Sie, sich als Erfolg zu sehen.

So hingesagt, klingt das alles ein bißchen platt, aber es ist tatsächlich ein sehr gutes Rezept zur körperlichen Gesunderhaltung durch eine gewisse geistige und seelische Hygiene. Vorgeschlagen seien dazu zehn konkrete Schritte.

1. Wenn es Ihnen an Selbstvertrauen und Selbstsicherheit mangelt, dann kennen Sie Ihre Schwächen sehr genau, aber nicht Ihre Stärken. Wahrscheinlich sind Sie recht schüchtern und zurückhaltend (auch wenn es anderen manchmal gar nicht auffallen mag) und sind eigenen Fähigkeiten gegenüber kleingläubig.

Um diesen Ängsten entgegenzuwirken, setzen Sie sich hin, nehmen Papier und Schreibzeug zur Hand und notieren alles Positive, das Sie über sich sagen können, alle «guten Punkte» oder Aktivposten. Stellen Sie sich vor, Sie schrieben Ihren eigenen Nachruf und wollten sich «nur Gutes» nachsagen. Sie werden staunen, was da für Tugenden zusammenkommen. Schüchterne Menschen, die nicht viel Selbstvertrauen haben, sind meistens ehrlich, generös, rücksichtsvoll, fleißig. Wahrscheinlich sind Sie auch pünktlich, umsichtig, moralisch, freundlich, einigermaßen ehrgeizig und überdurchschnittlich kreativ.

Oder schreiben Sie für sich eine Werbeannonce. Stellen Sie sich vor, Sie seien Werbetexter und müßten sich selbst an potentielle Kunden «verkaufen». Verfassen Sie einen richtigen Werbetext mit allen Schikanen, der Ihre Stärken und Vorzüge hervorhebt und der ruhig ein bißchen marktschreierisch klingen darf. Denken Sie an alle Ihre Vorzüge, körperliche wie geistige. Lesen Sie danach die fertige Annonce häufig durch, damit Sie Ihr eigenes Bild von sich aufbauen können.

2. Lernen Sie, die Dinge im richtigen Verhältnis zu sehen. Vielleicht glauben Sie, Ihre Eltern enttäuscht zu haben, weil Sie nicht Millionär geworden sind, aber würden Sie wegen eines solch absurden «Versagens» irgendeinen anderen kritisieren? Mit ziemlicher Sicherheit werden Sie feststellen, daß Sie von sich selbst zuviel erwarten und sich allzustark unter Druck setzen. Der Abschnitt über Prioritäten (Seite 105 bis 109) untersucht, wie wir unsere Probleme ins richtige Verhältnis stellen können.

3. Stärkend auf das Selbstvertrauen wirkt es, wenn man eigene Fehler als Vorzüge sehen lernt. Schüchternheit beispielsweise hat ja auch ihre guten Seiten. Der Schüchterne hat meistens eine feine Antenne für die Bedürfnisse anderer Menschen und ein gutes Gespür für die Probleme beim Aufbau von Beziehungen. Schüchterne sind gründlicher, fleißiger – und haben mehr Liebe und selbstlose Zuwendung an Freunde und Nahestehende zu vergeben.

Eine weitere mögliche Schwäche: Zwanghaftigkeit. Dies heißt andererseits, daß Sie sehr auf Details achten, sehr verläßlich und umsichtig sind. Weitere mögliche Schwäche: Sind Sie überempfindlich gegenüber Kritik, kann auch das als Pluspunkt gewertet werden, zumal wenn Sie sich mit Menschen vergleichen, an denen jede Kritik abprallt. Solche Leute können recht rüde, gedankenlos und grob sein. In welchem Lager möchten Sie lieber stehen?

4. Mangel an Selbstvertrauen kann auch bedeuten, daß Sie sich oft Sorgen darüber machen, Ihnen könnten katastrophale Dinge zustoßen. Diese spezielle Angst läßt sich oft dadurch entschärfen, daß man sich fragt: «Welche schlimmstmögliche Konsequenz könnte eintreten? Ist das Schlimmstmögliche wirklich so schlimm?» Wenn man es kennt, kann man sich darauf einstellen.

Bei meinen Examina in der Schule und auf der Universität pflegte ich mir – wie meine Kommilitonen auch – heftige Sorgen zu machen: Was passiert, wenn du durchfällst? Bei konkretem Durchdenken der Folgen entschärften sie sich jedoch erheblich. Es hätte nur bedeutet, ein Semester zu wiederholen oder eine Stelle zu suchen. Ich hätte immer noch meine Gesundheit gehabt und jede Menge Gelegenheit, das Leben zu genießen, ja es vielleicht mehr zu genießen als vorher. Als ich meine Examenssorgen solchermaßen abgeschwächt und die Angst vor dem Unbekannten verloren hatte (die stärkste Angst der Welt), fand ich die Prüfungen weit weniger bedrohlich und problematisch.

Analog kann man die an diesem Beispiel vorgeführte Technik in vielen Lebenslagen anwenden.

5. Versuchen Sie, nicht jede Zurückweisung als persönliche Beleidigung aufzufassen. Wenn die Filmproduzenten das von Ihnen verfaßte Drehbuch allesamt zurückgehen lassen, kann das durchaus auch heißen, daß sie mit anderen Projekten beschäftigt sind oder nicht genug Intelligenz haben, um einen sicheren Hit zu erkennen; sie lehnen das Drehbuch nicht ab, weil sie Sie oder Ihre Arbeit hassen.

6. Wenn Sie sich das nächstemal niedergeschlagen fühlen, erstellen Sie eine Liste Ihrer Lebensschätze. Damit meine ich keine Liste Ihrer Bankguthaben und keine Vermögensaufstellung, sondern eine Liste der Dinge und Menschen in Ihrem Leben, die Ihnen wichtig sind: Ihr Lebenspartner, Ihre Kinder, Ihre Unbescholtenheit, Ihre Freunde, Ihre Gesundheit, Ihre Heimat, Ihre Interessen, Ihre Bildung, Ihre Leistungen, und so weiter.

7. Machen Sie eine Liste von all den Dingen, von denen Sie glauben, daß Sie sie «schlecht können». Ordnen Sie dann die Liste dem Schweregrad nach. An die Spitze kommt das, was Sie am schlechtesten beherrschen, dann das Zweitschlechteste usw. Fangen Sie nun ganz unten an und arbeiten Sie sich nach oben vor. Tun Sie, was Sie können, um eine Schwäche nach der anderen auszumerzen.

Wir alle bekommen im Leben Etiketten aufgeklebt, die oft ganz unfair sind. Haben Sie zum Beispiel einmal ein Bücherregal gezimmert und die Fugen wollten nicht zusammenpassen, hatten Sie das Etikett «Schlechter Handwerker» weg ... Beim zweitenmal hätte es wahrscheinlich schon viel besser geklappt. Drückten Sie sich als Kind davor, ein riesiges Unkrautbeet zu jäten, hatten Sie vielleicht das Etikett «Unbegabt zum Gärtnern» weg. Aber möglicherweise wären Sie ja im Gärtnern heute ganz gut. Und möglicherweise würde es Ihnen riesig Spaß machen.

Etiketten werden oft aufgrund eines einzigen isolierten Vorfalls verteilt, einer einzigen Bemerkung oder Fehlinterpretation. Hat man das Etikett einmal, erwartet man auch selber immer wieder, sich entsprechend unbegabt zu verhalten. Wegen eines Urteils, das andere über einen sprachen, fühlt man sich hilflos und inkompetent.

8. Vergessen Sie nicht, daß es viele Menschen gibt, die an Ihren Schwächen ein Interesse haben. Hersteller und Werbeleute wollen, daß Sie sich für unfähig halten, damit sie Ihnen Produkte verkaufen können, die Ihr Selbstvertrauen stärken. Berufskollegen und Rivalen

wollen, daß Sie sich für unfähig halten, damit ihr eigener Nimbus steigt. Und gelegentlich wollen auch Freunde und Verwandte, daß Sie sich für unfähig halten, damit sie Ihnen Beistand anbieten und sich edel, hilfreich und gut vorkommen können.

9. Schämen Sie sich Ihrer Fehler nicht. Jeder macht hin und wieder Fehler. Haben Sie keine Angst, zuzugeben, daß Sie unrecht hatten. Niemand kann immer recht haben. Übernehmen Sie für einen Mißgriff die Verantwortung, stellen Sie sich den allfälligen Konsequenzen und suchen Sie aus dem Fehler zu lernen. Mitmenschen, die es schwierig finden, Ihre Entschuldigung anzunehmen, leiden wahrscheinlich selbst unter schwachem Selbstvertrauen. Der Fehler des anderen fällt ihnen besonders kraß auf, weil er sie an die eigene Fehlbarkeit erinnert.

10. Akzeptieren Sie die eigenen Grenzen, Mängel und Schwächen. Genauer: Werden Sie sich klar, was davon akzeptabel ist und was nicht mehr. Rufen Sie sich ins Gedächtnis, daß jedermann, auch der ganz überlegen Wirkende, seine Grenzen hat. Wenn Sie Ihre eigenen Grenzen genau kennen, gibt Ihnen das immer einen Vorteil.

6

Mit Hilfe des Geistes den Körper heilen: Beherrschung positiver Kräfte

Lachen

Die Geschichte des Mannes, der sich gesundlachte, ist ebenso eindrucksvoll wie lehrreich. Norman Cousins hieß er. Das ihn verkrüppelnde Entzündungsleiden sei unheilbar, bescheinigten ihm die Ärzte voller Bedauern. Man könne ihm nur Linderung verschaffen, sonst nichts. Verzweifelt über die Prognose zog Norman aus seinem tristen Krankenhauszimmer in ein Hotel um. Dort suchte er sich bewußt aufzuheitern: Er sah sich seine Lieblings-Filmkomödien an und las heitere Bücher.

Nicht nur, daß ihm dort, von der Örtlichkeit her, entschieden wohler war – mit Hilfe der Ärzte, die ihn nach wie vor behandelten, gelang es ihm auch, handfeste Beweise dafür zu liefern, daß sein Lachen und seine gute Laune eine nützliche, positive Wirkung auf seine gesamte körperliche Verfassung ausübten. Laborbefunde zeigten einen sichtbaren Rückgang der entzündlichen Veränderungen, an denen er litt. Norman Cousins hatte sich gesund – oder gesünder – gelacht.

Die genauen Mechanismen dieser speziellen Art der Beeinflussung des Körpers durch Humor und Lachen liegen noch weitgehend im Dunkeln. Lachen wirkt, wie man vermutet, atmungsverbessernd und blutdrucksenkend; vielleicht erhöht es auch die Zufuhr bestimmter heilender Hormone. Das Zwerchfell wird entspannt, Kreislauf und Lunge werden trainiert (Erhöhung des Sauerstoffgehalts im Blut).

Doktor Paul Ekman von der Universität von Kalifornien behauptet, schon der bloße Akt des Verziehens der Gesichtsmuskulatur zu einem Lächeln könne eine echte beruhigende Wirkung auf Nervensystem, Herzfrequenz und Atmung haben. Wenn Sie also das nächstemal in gedrückter Stimmung sind: Setzen Sie mal ganz bewußt ein Lächeln auf. Sie werden es schwierig finden, ganz so traurig zu bleiben. Wenn Sie dann noch versuchen, auch mit den Augen zu lächeln, wird der aufhellende Effekt noch stärker werden.

Humor hilft auch dadurch, daß er die Aufmerksamkeit des Kranken ablenkt. Der nach Leibeskräften über einen Film oder ein Buch Lachende vergißt, daß er Schmerzen hat. Als ich noch als Krankenhausarzt arbeitete, führten wir für die jüngeren Patienten immer eine Weihnachspantomime auf. Und am Tag dieser Aufführung reduzierte sich die Menge der Schmerzmittel, die wir ausgeben mußten, immer ganz erheblich. Lachen ist nicht nur eine angenehme Erfahrung; es ist ein positives Naturphänomen, das auf den Körper segensreich wirkt und womöglich die beste Medizin überhaupt darstellt.

Es gibt einiges, das Sie tun können, um mehr Lachen in Ihr Leben zu bringen. Verbringen Sie erstens soviel Zeit wie möglich in Gesellschaft glücklicher und vergnügter Menschen. Wenn Sie dauernd mit Leuten zusammen sind, die nur lange Gesichter machen und auf die Schattenseiten des Daseins fixiert sind, wird das auf Sie abfärben. Depression ist ansteckend. Besonders dumm ist mir immer schon vorgekommen, daß in der Psychiatrie die Depressiven alle auf einer Station zusammengelegt werden. Darum noch einmal: Verbringen Sie soviel Zeit wie möglich mit Menschen, die lachen, und genießen Sie das Leben voll und ganz. Sie werden von der Gesellschaft heiterer Leute profitieren. Lebensmuntere Freunde sind für Ihre Gesundheit wahrscheinlich besser als alle Tabletten, die der Arzt Ihnen verschreiben kann.

Zweitens: Versuchen Sie, sich selbst nicht allzu ernst zu nehmen. Viele Menschen mit verantwortungsvollen Berufen glauben, sie müßten ständig eine ernste Miene aufsetzen. Heben Sie sich den Ernst für Situationen auf, wo es wirklich darauf ankommt; ansonsten vergeben Sie sich nichts, wenn Sie hin und wieder einmal lachen.

Einer meiner Patienten, Vorarbeiter in einer Fabrik, litt bei der Schichtarbeit immer unter schrecklichen Kopfschmerzen – hauptsächlich deshalb, weil er sich und seine Aufgaben viel zu ernst nahm. In den Ferien, abseits von Beruf und Pflicht, hatte er nie Kopfweh. Ich überredete ihn, seine Rolle im Leben nicht so «tierisch ernst» zu nehmen und sich auch im Beruf ein bißchen Lockerheit zu gestatten, worauf sich seine Kopfschmerzen erheblich linderten. Was ihn noch mehr überraschte, war der Umstand, daß ihn seine Untergebenen wie zuvor respektierten. Mehr noch: Sie fanden ihn jetzt viel sympathischer.

Drittens: Heitere Filme, heitere Bücher können ein wahres Lebenselixier sein, können einen aufrichten und ein paar Stunden echte Entspannung verschaffen. Eine kleine Handbibliothek seiner Lieblingsautoren sollte man stets parat haben. Auf meinem Schreibtisch liegen neben meinen Arbeitsunterlagen immer ein halbes Dutzend leichte Romane und Cartoon-Bücher. Wenn ich mal ein bißchen in desolater Stimmung bin, weiß ich, daß ich stets etwas bei mir habe, das mich aufheitert. Schon das bloße Bewußtsein, daß es da ist, genügt.

Für Buch-Muffel: Natürlich können auch Zeitschriften, Comics und dergleichen für Lachen sorgen. Ich kenne einen leitenden Bank-

Manager, der in seiner Aktentasche stets einen Kinder-Comic hat. Nach besonders stressigen Tagen pflegt er ihn während der Heimfahrt im Zug zu lesen. Früher hat er ihn dabei immer hinter der *Times* versteckt. Heute liest er ihn ganz offen, ohne sich zu genieren.

Nicht immer können wir uns aus lähmender Depression durch das Lesen heiterer Bücher, das Anschauen komischer Filme herausreißen. Wenn's wirklich schlimm kommt, brauchen wir oft den Beistand und das Verständnis von Freunden und Verwandten. Leider wird bei Krankenbesuchen nur sehr wenig positive Ermutigung durch Lachen gegeben. Der durchschnittliche Besucher taucht am Krankenbett auf, eine Tüte Weintrauben in den Händen (die der Kranke ohnehin nicht mag), sitzt dann eine halbe Stunde da und gibt traurige Anekdoten und grämlichen Klatsch zum Besten. Kaum überraschend, daß nach seinem Weggang der Kranke trübsinniger und depressiver ist als vorher.

Brächte der Besucher statt dessen aufmunternden Lesestoff und eine halbe Stunde gute Laune mit, hinterließe er einen viel glücklicheren, seelisch aufgehellten Patienten. Lächeln ist ebenso ansteckend wie Gähnen, und schon das leiseste Grinsen, das schwächste Lachen kann einen Heileffekt haben.

Daß man Patienten so weit wie möglich «bei Laune» halten sollte, ist mittlerweile eine gesicherte Erkenntnis, die in Krankenhäusern viel mehr Berücksichtigung finden sollte. Experten in aller Welt behaupten sogar, daß der Arzt, der seine Patienten heiter stimmt und ihnen zum Lachen verhilft, mehr für sie tut als jener, der ihnen nur Übergewicht, Rauchen und falsche Ernährung verbietet. Ob das nun übertrieben ist oder nicht: Mir scheint, daß man der Heilkraft des Lächelns prinzipiell mehr Aufmerksamkeit schenken müßte. Krankenhäuser sollten bewußt wärmer, freundlicher gestaltet werden, und das Personal sollte wissen, wie wichtig es ist, die Patienten froh und gutgelaunt zu halten.

Lebenssinn

Aus unserem Chemieunterricht in der Schule ist mir nicht viel in Erinnerung geblieben, aber eine Anekdote habe ich behalten, die der Chemielehrer erzählte. Sie handelte von einem Forscher, der es sich zur Lebensaufgabe gemacht hatte, den Gefrierpunkt von Gasen zu bestimmen. Als dieses Lebenswerk abgeschlossen, der Gefrierpunkt sämtlicher Gase bestimmt war, glaubten seine Frau und seine Kollegen, er wäre nun überglücklich. Weit gefehlt. Der Wissenschaftler verfiel in tiefe Depressionen, und wenige Monate nach seiner letzten entscheidenden Entdeckung war er tot. Nach Erfüllung seiner Lebensaufgabe gab es für ihn nichts mehr, wofür es sich zu leben lohnte.

Ich habe von Menschen gehört, die pensioniert wurden, nach Hause gingen, die Arbeitsstiefel ins Regal stellten, sich ins Bett legten und nie mehr aufwachten. Ich hörte von Forschungsreisenden, die nach der Rückkehr von lebensgefährlichen Expeditionen in tiefe Mutlosigkeit sackten. Von Bergsteigern, die nach Bezwingung eines Gipfels, der ihnen jahrzehntelang getrotzt hatte, das heulende Elend packte. Von Sportlern, die nach Erringung von Trophäen, die sie seit ihrer Kindheit begehrt hatten, ruhelos und schwermütig umherwanderten.

Simple Wahrheit: Wir brauchen Lebenssinn, Lebensziele. Etwas, auf das wir hoffen, für das wir kämpfen, auf das wir uns freuen können. Ohne Sinngebung und Ziel ist unser Leben leer und ohne Lohn. Mit Lebenssinn und -hoffnung läßt sich das schwärzeste Jammertal durchwandern, das bedrückendste Problem durchstehen. Sinn und Ziel vor Augen, vermögen wir auch allerschlimmste Lebenskrisen zu überstehen.

Beginnen Sie, Sinn in Ihr Leben zu bringen, indem Sie eine Liste all jener Ziele und Ambitionen zusammenstellen, die Sie als Jugendlicher hatten. Versuchen Sie, sich in die Zeit zurückzuversetzen und sich zu erinnern, welche Hoffnungen und Sehnsüchte damals Ihre Phantasie bewegten. Vielleicht träumten Sie davon, Schauspieler, Musiker, Politiker, Künstler zu werden. Setzen Sie alle noch erinnerlichen Ambitionen auf die Liste – langfristige und kurzfristige, vernünftige wie auch ganz verrückte.

Gehen Sie dann die Liste unter dem Gesichtspunkt durch, welche dieser Träume und Ambitionen Sie heute noch beflügeln. Vergessen Sie mal die graue sachliche Schwere des Alltags und beleben und erleben Sie Ihre Jugendhoffnungen und -sehnsüchte neu. Denken Sie an die Talente, die Sie hatten, an die Energie, die Ihrem Leben Sinn gab.

Es ist gut möglich, daß Sie dabei feststellen: Einige der alten Träume sind noch machbar! Zum Olympiateilnehmer bringen Sie es wohl kaum mehr, aber Sie sind noch nicht zu alt, um ein Buch oder ein Theaterstück zu schreiben. Der Traum, Astronaut zu werden, mag jetzt ein bißchen weit hergeholt anmuten, aber die geplante Reise um die Welt braucht kein Luftschloß zu bleiben. Dadurch, daß Sie Ihre Hoffnungen und Ambitionen verdrängt und vergessen haben, haben Sie sich von vornherein die Chance verbaut, sie zu realisieren. Wenn Sie einen Traum als unmöglich abtun, beeinflußt diese negative Haltung Ihre Annäherung daran – und sie beeinflußt auch die Haltung anderer, die Ihnen vielleicht hätten helfen können. Beseitigen Sie diese überflüssigen Restriktionen, und Ihr Unbewußtes wird Ihnen zu Hilfe eilen. Haben Sie sich beispielsweise entschlossen, Malen zu lernen (und es gibt eigentlich nichts, das dem entgegensteht), werden Sie plötzlich alle möglichen Hinweise, Tips und Möglichkeiten entdekken, die Ihnen sonst entgangen wären.

Wenn jemand einen wohlbekannten Schauspieler erwähnt, von dem Sie noch nie gehört haben, ist es wahrscheinlich, daß Sie in den nächsten Tagen überall den Namen des Schauspielers sehen. Ihr geschärftes Bewußtsein macht sie auf Dinge aufmerksam, die Sie vorher übersehen haben. Ähnlich ist es mit verschütteten Ambitionen, wenn man sie auftauchen läßt: Sie geben uns eine spezielle Antenne für einschlägige Informationen. Wenn Sie den alten Wunsch, Malen zu lernen, wieder aufgreifen, dann sehen Sie plötzlich in der Zeitung Annoncen über Malkurse, finden in einer Illustrierten Ratschläge über die Anschaffung von Palette, Pinsel und Farben, hören Leute über Kunstausstellungen für Anfänger reden. Ohne etwas anderes zu tun, als Ihre Ambition zu erkennen (und damit: Sinn in Ihr Leben zu bringen), haben Sie schon kräftig die Chancen erhöht, diese Ambition wahr zu machen.

Hauptvorteil wird sein, daß Ihr Leben eine frische Ziel- und Sinnrichtung bekommt. Ohne Ambitionen, Hoffnungen, ohne «Streben und Trachten» ist unser Leben leer und steril. Mit ihnen schenkt man sich neue Kraft zur Bewältigung des Alltagsfrusts und all der Belastungen, die das Leben mit sich bringt.

Egal wie alt Sie sind, welchen Beruf, welche persönliche Verantwortung Sie haben: Lebenssinn und Lebensziele brauchen Sie wie das liebe Brot. Sie müssen sich fordern, Sie müssen Risiken eingehen, und Sie müssen wissen, daß – was immer Sie tatsächlich erreichen – Sie sich zumindest jede Chance gegeben haben, die frühen Ambitionen und Träume zu realisieren.

Optimismus

Während meines letzten Jahres auf der Uni schien fast jeder, den ich kannte, auf einen Nervenzusammenbruch zuzusteuern. Zehn Semester Studium, Streß, und nun die Examensangst. Auf diesen Druck reagierten zwei meiner Kommilitonen auf äußerst unterschiedliche Art.

Jack war äußerst pessimistisch. Er hatte fleißig und gewissenhaft gearbeitet und wußte nahezu alles, was er wissen mußte. Er war einer der besten Studenten meines Jahrgangs und hatte exzellente Examensaussichten. Trotzdem war er überzeugt, daß er durchfallen würde. Den ganzen Tag hockte er über Lehrbüchern, verzweifelt büffelnd.

Christopher dagegen war überaus optimistisch. Er hatte nur sehr nachlässig studiert und war schon bei mehreren Vorprüfungen durchgefallen. Der Dekan hatte ihn bereits mehrfach verwarnt. Dennoch behielt er seine locker-fröhliche Grundhaltung bei und war überzeugt, daß er durchkommen würde. Für den Fall, daß er es nicht schaffte, ließ er sich keine grauen Haare wachsen.

Als die Prüfungsresultate ausgehängt wurden, zeigte sich, daß Jack bestanden hatte (wenn auch nicht mit so guten Noten, wie wir erwartet hatten) und Christopher durchgefallen war. Man hätte denken sollen, Jack sei nun überglücklich fortgeeilt, um seinen Erfolg zu begießen. Aber er war nicht überglücklich, und er begoß nichts. Statt dessen sorgte er sich, kaum war die eine Hürde überklettert, um die nächste: Wie kriege ich eine gute Stelle am Krankenhaus? Jedem, der es hören wollte, erzählte er, wie wichtig es sei, genau den richtigen Job am richtigen Hospital in der richtigen Gegend zu ergattern, und er wisse genau, bekomme er den richtigen Posten nicht, verpfusche er sich die gesamte Karriere.

Christopher nahm seinen Reinfall sehr gelassen, mit achselzuckendem Na-wenn-schon. Er freute sich auf ein weiteres Semester unbeschwerten Studentenlebens. «Es werden friedliche sechs Monate sein», versicherte er uns, «und ich komme noch ein halbes Jahr um die Einkommenssteuer herum.»

Jack, der Schwarzseher par excellence, hielt immer den Blick aufs Schlimmstmögliche gerichtet und war stets auf Katastrophen gefaßt. Im Gegensatz dazu war Christopher der unverbesserliche Optimist, der sich eigentlich nie gestattete, sich wegen irgend etwas existentiell zu ängstigen.

Nach dem Studium verlor ich sie beide aus den Augen. Rein aus Neugier setzte ich mich neulich wieder mit ihnen in Verbindung. Jack arbeitet als hochangesehener Facharzt an einem Krankenhaus in einem sehr angenehmen Teil des Landes. Aber als ich mit ihm sprach, bekam ich wieder nur Klagelieder zu hören. Er sorgte sich wegen seiner unzureichenden Rentenversicherung, wegen der Tochter, die vor Schulprüfungen stand (er war überzeugt, sie würde durchfallen und ihr Leben ruinieren), wegen seines erhöhten Blutdrucks und der Tatsache, daß er seit einiger Zeit an irritierenden, unklaren Brustschmerzen litt.

Christopher arbeitet als Allgemeinarzt in einer ziemlich überlaufenen Großstadtpraxis und wirkt so optimistisch und sorglos wie je. Mehrmals in der Woche spielt er Golf, und mit seinem kleinen Wohnwagen fährt er jeden Sommer samt Familie ein paar Wochen nach Frankreich. Im übrigen erfreut er sich fast perfekter Gesundheit.

Diese beiden Ärzte scheinen mir sehr genau den simplen Unterschied zwischen Optimisten und Pessimisten zu verkörpern. Jack macht sich ständig Sorgen. Die guten Dinge im Leben kann er nie genießen, weil er wegen der Dinge, die schiefgehen könnten, stets ängstlich besorgt ist. In mehrfacher Hinsicht ist seine Gesundheit schon ernsthaft angeknackst, und verträte ich eine Versicherungsgesellschaft, würde ich es mir zweimal überlegen, ehe ich ihm eine Lebensversicherungspolice verkaufte. Christopher wiederum kennt überhaupt keine Sorgen. Was das Leben ihm auch an Knebeln zwischen die Beine wirft: Er wird immer lächeln, immer die Sonnenseite sehen. Wahrscheinlich wird er ewig leben.

Solche Extreme in reiner Form gibt es selten. Dennoch sind die meisten Menschen einer der beiden Kategorien zuzurechnen. Und schaut man sich um, wird man feststellen, daß die mit vorwiegend pessimistischen Tendenzen im Durchschnitt gesundheitlich schlechter dran sind als die mit optimistischen Erwartungen.

Wenn Sie von Natur aus ein Pessimist sind, dann wird es kaum möglich sein, Sie in einen eingefleischten Optimisten zu verwandeln. Aber dies ist möglich: den düsteren Pessimismus durch etwas Optimismus aufzuhellen. Versuchen Sie vor allem, den Tag mit einer frohen, bejahenden Geisteshaltung zu beginnen. Wenn Sie gleich morgens beim Aufstehen an die schrecklichen Bürden denken, die es erneut zu tragen gilt, an die furchtbaren Leute, mit denen Sie sich werden herumschlagen müssen, dann kann der gleichsam normale Streß in der Tat zur Katastrophe werden.

Geht früh am Vormittag etwas schief, macht Ihre Haltung die Dinge nur noch schlimmer. Ihr Tief wird sich verstärken, und Ihr Versuch, der Situation Herr zu werden, wird das Desaster wahrscheinlich nur vergrößern. Ihre finstere Miene, Ihr Basiliskenblick wird die Menschen Ihrer Umgebung in Ihre Depression hineinziehen, und es wäre weiter nicht erstaunlich, wenn sie entsprechend reagierten. Am Abend werden Sie dann endgültig in verbissene Verzweiflung versunken sein. Ihr Pessimismus schlägt auf Sie zurück und vermehrt Ihre Angst und Ihr Elend. Diese Ballung von Depression, Konfusion, Angst, Ärger und Frust wird am Ende echte körperliche Krankheitssymptome erzeugen.

Denken Sie beim Aufstehen lieber an all das Gute, das Ihr Leben lebenswert macht. Haben Sie nicht gesunde Hände und Füße, gesunde Augen? Haben Sie nicht einen Partner, der für Sie da ist? Kinder, die Sie lieben und die Sie brauchen? Und sind da nicht Dinge in naher Zukunft, auf die Sie sich freuen können – Urlaub, Wochenend-Trip, Konzertbesuch? Gewiß haben Sie auch ein gutes Buch zur Hand, auf dessen Lektüre Sie gespannt sind. Außerdem wird abends der Fernsehfilm ausgestrahlt, den Sie schon lange gern sehen wollten. Und denken Sie auch an das Fußballspiel, das für Ihre Mannschaft so wichtig ist, an die geplante Begegnung mit Freunden!

Suchen Sie Vergnügen zu finden an den kleinen Dingen im Leben: dem sauberen Hemd, der ersten Tasse Kaffee oder Tee am Morgen, den Vögeln im Garten, dem Duft des Regens. Teilen Sie die anstehende Tagesarbeit in angenehme Portionen auf und stellen Sie sich die schwierigste als Herausforderung für Ihre gute Laune vor – als Hürde, die es mit Schwung und Enthusiasmus zu nehmen gilt.

Jede zu erledigende Arbeit kann aus unterschiedlichen Blickwinkeln gesehen werden. Der Maurer kann denken: «Jetzt muß ich stundenlang einen Stein an den anderen reihen und werde mich tödlich langweilen.» Aber auch: «Mit jedem Stein verdiene ich Geld für mich und meine Familie, damit wir so gemütlich und glücklich wie möglich zusammenleben können.» Oder: «Ich helfe hier ein Haus bauen, das irgendeine junge Familie begeistert in ein Heim verwandeln wird.»

Versuchen Sie zu allem, was Sie tun, und gegenüber jedem, dem Sie begegnen, eine positive Haltung zu gewinnen. Zwar werden dabei Enttäuschungen nicht ausbleiben, aber Sie werden insgesamt viel mehr von Ihrem Leben haben als durch übervorsichtig-negative Haltung.

Wenn Sie einen neuen Wagen kaufen, einen neuen Ferienort entdecken oder von einem neuen Filmstar hören, werden Sie sehr wahrscheinlich in den nächsten Tagen und Wochen überall den Namen Ihrer Automarke, Ihres Ferienorts und Ihres Filmstars hören und sehen. Ihr Interesse und Ihre Erinnerung schärfen das Bewußtsein und lenken ihre Aufmerksamkeit in eine bestimmte Richtung.

Durch ähnliche mentale Mechanismen bestimmen Ihre Interessen und Ihre Erinnerungen auch Ihre Haltung zu anderen Dingen im Leben. Wenn Sie ein Buchregal zu zimmern versuchen und es mißlingt, werden die Eindrücke und Erinnerungen an Ihre Schreinerskünste negativ sein. Begehen Sie bei einer geschäftlichen Verhandlung einen Fehler, werden Sie künftig in ähnlichen Situationen vorsichtiger sein. Scheiterte eine Zweierbeziehung, werden Sie an dieses Scheitern denken, wenn Sie neue Beziehungen zu knüpfen suchen. Ihre Erfahrungen und Erinnerungen werden Ihre Reaktionen und Ihr Vorgehen bei neuen Begegnungen beeinflussen.

Wenn Dinge schieflaufen – was in keinem Menschenleben ausbleibt –, sollten Sie versuchen, aus den Pannen so viel wie möglich zu lernen und sie dann zu vergessen. Ziehen Sie aus jedem Erlebnis möglichst nützliche Lehren und betrachten Sie einen Mißerfolg nicht als Strafe. Wenn Sie über Fehlschläge nachbrüten, werden sie wahrscheinlich wiederkehren und in Ihrer Erinnerung übertriebene, monströse Proportionen annehmen. Pessimisten halten ihre Mißerfolge für unverzeihlich, für eine ewige Schande, obwohl es sich in Wirklichkeit um kostbare Lernerfahrungen handelt, ohne die sich niemand verändern, verbessern und weiterentwickeln könnte.

Ich will damit nicht sagen, Fehlschläge seien willkommen. Nur: Wer Fehlschläge fürchtet – wie es viele Pessimisten tun –, der heckt auch nie neue Projekte aus. Schwingen Sie sich zum Herrn über Ihre Fehlschläge auf, indem Sie sie mitteilen und nicht verstecken; indem Sie sie als Lernerfahrung nutzen und sich von ihnen nicht in ihrer Handlungsfreiheit beschränken lassen.

Selbstbehauptung

Sechs Wochen vor Weihnachten kam Anne Franklin zu mir in die Sprechstunde. Ich kann mich noch lebhaft daran erinnern. Bisher war sie nur hin und wieder bei mir gewesen, um sich ein neues Rezept für Anti-Baby-Pillen abzuholen oder wenn eines ihrer Kinder mal krank war. Aber diesmal handelte es sich nicht um die Kinder. Und nicht um Anti-Baby-Pillen.

«Ich bin völlig kaputt, Herr Doktor», klagte sie. «Könnten Sie mir irgendein Beruhigungsmittel verschreiben?»

Der übliche Weihnachtsstreß, dachte ich. In der Zeit vor dem Fest gibt es ja so viel zu erledigen, besonders wenn kleine Kinder im Haus sind, daß Spannungen nicht ausbleiben. Mrs. Franklins Klage war mir daher verständlich, auch wenn Weihnachten noch ein paar Wochen entfernt lag. Ich bat sie, mir von ihren Sorgen zu erzählen.

Zu meiner Überraschung fing sie an zu weinen. Schluchzend gestand sie, daß sie sich vor dem Weihnachtsbesuch Ihrer Eltern fürchtete, ja mittlerweile eine panische Angst davor hatte.

«Es ist nicht das Kochen und die Hausarbeit», erklärte sie rasch. «Nur, sie behandeln mich immer wie eine Idiotin. Ich fühle mich völlig hintangestellt und ärgere mich schwarz. Aber ich kann's ihnen nicht sagen und muß es herunterschlucken.»

Es endete immer damit, daß sie die ganzen Weihnachtstage praktisch pausenlos Kopfschmerzen hatte. «Und letztes Jahr auch noch Kolikschmerzen», sagte sie. «Ich bin sicher, das liegt nur daran, daß ich mich darüber ärgere, daß ich sie in mein Haus kommen und mich von ihnen so schurigeln lasse.»

«Was passiert denn genau?»

«Nun, wir schauen uns Weihnachten immer gern ein paar Fernsehsendungen an», sagte Mrs. Franklin. «Meine Mutter aber hält Fernsehen am Weihnachtsfest für unsittlich, also müssen wir uns unterhalten. Das wäre auch nicht so schlimm, wenn's wirklich ein gemütlicher Plausch wäre, aber es endet immer damit, daß mein Vater herumstöhnt, Victor – das ist mein Mann – verdiene zu wenig Geld und habe einen schlechten Beruf.»

«Da haben Sie ja einiges auszustehen.»

«Ja, und am zweiten Weihnachtstag besteht mein Vater immer auf einem fünf Meilen langen Spaziergang. Frühmorgens scheucht er uns alle aus dem Bett, an einem der wenigen Tage, wo Victor und ich mal morgens ein bißchen länger liegenbleiben könnten.»

«Sagten Sie denn nie, Sie möchten gern liegenbleiben, während die anderen spazierengehen?» fragte ich.

«Letztes Jahr habe ich es gesagt», erwiderte sie, «und es kostete mich meinen ganzen Mut. Aber mein Vater lachte nur darüber und meinte, ich sollte nicht so einen Unsinn reden, der Gang würde uns guttun, und so weiter.»

«Und Sie gaben nach?»

«Ich streite mich nicht gern, deshalb gab ich nach. Hinterher war ich dann richtig sauer auf mich. Fast vierzehn Tage war ich krank, als sie endlich wieder nach Hause gefahren waren.»

«Sie würden, wenn ich Sie recht verstehe, also das Fest ganz gerne mal ohne Ihre Eltern verbringen?»

«Oh, das wäre herrlich», seufzte Mrs. Franklin.

«Sagten Sie Ihren Eltern, Sie und Ihr Mann möchten hin und wieder ein stilles Weihnachsfest verbringen?»

«Vor ein paar Jahren ließ ich es mal durchblicken, aber meine Mutter regte sich schrecklich darüber auf. Sie sagte, das sei egoistisch von mir, sie fernhalten zu wollen, gerade an Weihnachten, dem Familienfest. Wenn sie nicht zu uns kämen, müßten sie zu Hause bleiben, und da sie nur zu zweit seien, könnten sie nicht mal einen Truthahn auf den Tisch bringen. Sie redete mir schwere Gewissensbisse ein, und ich war dann auch ganz still.»

Ich erklärte Mrs. Franklin, es habe wenig Sinn, sie mittels Beruhigungspillen über Weihnachten in einen Zombie zu verwandeln.

«Weihnachten ist erst in sechs Wochen», sagte ich, «und Sie sind jetzt schon in einem schrecklichen Zustand. Wie wird's dann erst am Heiligabend sein? Sie können von Glück reden, wenn Sie dann noch auf den Füßen stehen und nicht im Krankenhaus liegen. Oder in einer Zwangsjacke stecken.»

Mrs. Franklin nickte dumpf.

«Aber was kann ich denn machen?» fragte sie nach ein paar Sekunden Schweigen. «Ich kann ihnen doch nicht verbieten, zu kommen. Das wäre für mich schrecklich.»

«Weshalb schrecklich für Sie?»

«Ich hätte das Gefühl, sie grausam zu enttäuschen. Ich hätte das Gefühl, ich verhielte mich egoistisch.»

«Von außen gesehen scheint mir eher, daß Ihre Eltern sich egoistisch benehmen», sagte ich. «Sie sind es, die Ihr Weihnachten okkupieren und es ziemlich rücksichtslos so gestalten, wie sie wollen.»

Mrs. Franklin dachte einen Augenblick nach und nickte langsam. «Ja, es ist sehr rücksichtslos», stimmte sie zu.

«Wenn Sie eine gute Freundin hätten, deren Eltern sich so benähmen: Was würden Sie ihr raten?»

«Ich würde ihr vorschlagen, den Eltern nahezulegen, doch einmal etwas anderes zu tun.»

«Und Sie würden sie nicht für egoistisch oder rücksichtslos halten?»

«Nein», meinte Mrs. Franklin geradeheraus.

«Wenn Sie ein einigermaßen frohes Fest verleben und gesund bleiben wollen, müssen Sie genau diesem Rat folgen, den Sie der Freundin gegeben hätten», sagte ich ihr. «Sie haben schon zugegeben, daß eine Freundin, die so handelte, in Ihren Augen nicht rücksichtslos dastehen würde.»

«Vielleicht könnte ich vorschieben, eines der Kinder sei krank.»

«Wie würde Ihre Mutter reagieren?»

«Wahrscheinlich würde sie darauf bestehen zu kommen, damit für das Kind gut gesorgt wird», gab Mrs. Franklin zu.

«Genau», sagte ich. «Ausreden haben hier nicht viel Sinn. So leicht lassen sich Ihre Eltern nicht fernhalten. Die einzige Lösung ist, ganz ehrlich mit ihnen zu sein. Sie müssen ihnen erklären, daß Sie lange und eingehend darüber nachgedacht haben und zu dem Entschluß gekommen sind, daß Sie dieses Jahr das Fest allein verbringen wollen.»

«Aber was soll ich machen, wenn Mutter davon anfängt, daß sie dann am Fest ganz vereinsamt sind?»

«Erklären Sie ihr, daß es wahrscheinlich für sie und Ihren Vater mal ganz schön sein wird, Weihnachten ohne Kinderlärm, ohne Fernsehterror und ohne Streit ums morgendliche Aufstehen zu verleben. Und setzen Sie jetzt schon ein Datum für einen Besuch bei den Eltern nach Weihnachten fest.»

«Sie wird sehr beleidigt sein.»

«Darüber wird sie hinwegkommen», versprach ich. «Sie wird vielleicht eine Zeitlang schmollen, aber sie wird darüber hinwegkommen.»

So wie Mrs. Franklin geht es Tausenden: Sie leiden an der mangelnden Fähigkeit zur Selbstbehauptung. Sie werden herumgeschubst von

Eltern, Familie, Freunden, Verwandten, Vorgesetzten, Ärzten und fast jedem, mit dem sie in Kontakt kommen. Ein Leben am Gängelband. Sie finden sich Botengänge verrichten für Menschen, die durchaus ihre eigenen Botengänge tun könnten. Sie finden sich in Komitees sitzen und in langweiligen Ehrenämtern, die sonst niemand will. Sie finden sich als ewige Babysitter, während andere rauschende Feste feiern. Sie finden sich Dinner-Einladungen und Redeverpflichtungen annehmen, die sie lieber ablehnen würden.

Im Restaurant wird der Durchsetzungsschwache niemals daran denken, eine angebrannte Suppe zurückgehen zu lassen oder wegen einer überhöhten Rechnung zu reklamieren. Im Geschäft läßt er sich von eloquenten Verkäufern Dinge aufschwatzen, die er weder will noch braucht. An der Bushaltestelle sieht er sich von Zeitgenossen weggedrängt, die selbstsicherer und ellbogenstärker sind.

Am schlimmsten ist das im Krankenhaus. Der schüchtern-passive Patient wird ins Bett gesteckt, wird eingebunden in die riesige Krankenhaus-Maschinerie. Ausgesprochen oder unausgesprochen wird von ihm Gehorsam verlangt. Stumm befolgt er die Regeln und wagt es nicht, irgendwelche Fragen zu stellen.

Ärzte und Pflegepersonal haben es gern, wenn der Patient sich alles gefallen läßt. Das vereinfacht den Krankenhausbetrieb. Wenn alle Kranken schön brav sind und nicht zu viele Fragen stellen, haben Schwestern und Ärzte ein leichtes Leben. Aber es gibt statistische Beweise, aus denen hervorgeht, daß Schwerkranke, die sich alles gefallen lassen, eher sterben. Die sogenannten Musterpatienten, beliebt bei Ärzten und Krankenschwestern, sind diejenigen, die nicht überleben.

Wer überlebt, sind diejenigen, die für sich einstehen, die Aufklärungen verlangen, die sich nicht dominieren lassen, die sich Anweisungen, die man ihnen gibt, aufschreiben, die in ein gutes Bett nahe am Fenster oder am Fernsehapparat gelegt werden wollen, die nicht jeden bürokratischen Unsinn mitmachen, nur weil ihn alle anderen mitmachen, die für jede medizinische Maßnahme und Untersuchung eine Begründung wollen, kurz die sich nicht alles gefallen lassen. Sie verlangen, aus dem Bett zu dürfen. Sie verlangen, nach Hause zu dürfen. Bei Ärzten und Personal sind sie nicht sehr beliebt. Aber sie genesen schneller, und sie überleben.

Die Krankenhaussituation ist ein Sonderfall – gut. Aber auch außerhalb des Hospitals leidet der Durchsetzungsschwache auf vielfältige Weise. Neben körperlicher und geistig-seelischer Erschöpfung (resultierend daraus, daß er sich von Mitmenschen ausnutzen läßt) wird ihm viel Frust und versteckter Ärger zu schaffen machen. Diese Gefühle können stark und äußerst destruktiv sein; jedenfalls erzeugen sie ein breites Spektrum körperlicher und seelischer Probleme. Als jedermann geläufige Beispiele seien Kopfschmerzen und Magenleiden genannt.

Dabei ist es eigentlich gar nicht schwierig, zu mehr Selbstbehauptungsvermögen zu kommen und dadurch gesundheitlich zu profitieren. Das erste, woran es zu denken gilt: Es muß nicht ins Aggressive und Bösartige auschlagen. Man muß nur ein Bewußtsein für die eigenen Wünsche und Bedürfnisse entwickeln und bereit sein, eine gewisse Härte zu zeigen, wenn man von anderen unter Druck gesetzt wird.

Selbstverständlich werden Sie sich nicht immer durchsetzen können. Aber gesteigertes Selbstbehauptungsvermögen bringt Ihnen vielfachen Gewinn: gesundheitlichen Gewinn, Gewinn an Selbstachtung, Gewinn auch dadurch, daß Sie nicht mehr so viel Zeit auf Dinge verschwenden, die Sie eigentlich gar nicht tun wollen.

Erste Regel: So offen, so direkt, so ehrlich wie möglich sein. Wenn Sie etwas nicht wollen: Sagen Sie's. Wenn Sie statt dessen Erklärungen oder Entschuldigungen anbieten, werden Sie sich wahrscheinlich verrennen und geben Mitmenschen Gelegenheit, Sie in eine Ecke hineinzumanipulieren.

Wenn Sie zum Beispiel zu einem Treffen eingeladen werden und sich davor mit der Ausrede drücken, Sie hätten an dem Termin keine Zeit, dann sitzen Sie in der Falle, wenn das Treffen auf einen anderen Termin verlegt wird. Die Ausrede hatte ja zur Grundlage, daß nur der Termin selbst Sie stört. Wenn Sie einer Arbeit dadurch ausweichen wollen, daß Sie sagen, Sie seien dafür nicht besonders begabt («im Tapezieren war ich immer schlecht»), dann fordern Sie Lob und Schmeichelei heraus, so daß Sie dann die Arbeit, die Sie hatten ablehnen wollen, letztlich doch annehmen.

Hüten Sie sich davor, die Probleme anderer Menschen lösen zu wollen, wenn diese Sie entgegen Ihrem Willen in etwas hineinzuziehen suchen. Beispiel: Jemand ruft an und bittet Sie, auf einer Veranstaltung zu sprechen; Sie wollen nicht. Wenn Sie nun statt «Ich will nicht» zu sagen, andere mögliche Kandidaten vorschlagen, die dort sprechen könnten, stellen Sie sich selbst eine Falle. Wenn die Kandidaten nämlich aus irgendwelchen Gründen nicht in Frage kommen, wird man auf Sie zurückgreifen und Sie erst recht bedrängen, so daß Sie schließlich einwilligen.

Helfen können Sie sich auch dadurch, daß Sie sich in die Rolle eines äußeren Beobachters hineinversetzen. Viele Durchsetzungsschwache haben Angst, vor anderen «dumm dazustehen». Wenn Sie aus sich heraustreten und sich mit den Augen eines Mitmenschen betrachten, merken Sie oft, daß Ihr Verhalten gar nicht so schrecklich ist, wie Sie zuerst dachten. Würden Sie Ihre Busenfreundin wirklich geringer schätzen, wenn sie ihre nörgelnden Verwandten nicht mehr alle zwei Wochen einlädt? Würden Sie Ihren besten Freund verachten, weil er nicht mehr jeden Samstag Überstunden machen will? Würde Sie ein Kollege entsetzen, der im Restaurant ein mißlungenes Steak zurückgehen läßt oder einem muffelig-unhöflichen Kellner ein Trinkgeld verweigert?

Wenn Sie anfangen, mehr für sich selbst einzutreten, werden Sie bald merken, daß Sie weniger an Frust leiden. Ihr Umgang mit anderen Menschen wird unverkrampfter, gelassener werden. Und Ihre Mitmenschen werden Sie – was vielleicht am erstaunlichsten ist – mit Respekt und Rücksicht behandeln.

Liebe im Leben

Menschen jedweden Alters können von einer liebevollen Beziehung profitieren. Auch hierfür gibt es, so überflüssig es scheint, wissenschaftliche Beweise. Versicherungsgesellschaften in Amerika etwa stellten fest, daß ein Mann mit geringerer Wahrscheinlichkeit auf dem Weg zur Arbeit einen Autounfall erleiden wird, wenn ihn seine Frau morgens zum Abschied küßt. Im Schnitt wird er mit dem Kuß fünf Jahre länger leben als ohne.

Kleinkinder profitieren natürlich am meisten von einer engen Beziehung zur Mutter. Und sie leiden am meisten, wenn man ihnen diese Beziehung vorenthält. Nachgewiesen ist, daß Kinder, die eine enge Mutterbeziehung entbehren mußten, seelisch labiler werden und sich langsamer entwickeln als andere Kinder.

Es scheint sogar einen natürlichen Mechanismus zu geben, der dafür sorgt, daß Mutter und Kind einander in der ersten Zeit so oft wie möglich küssen. In den letzten drei Monaten der Schwangerschaft und in den ersten zwölf Monaten danach produzieren Mutterlippen sexuelle Attraktionsstoffe, die ihre Lippen «küßbarer» machen. Ähnliche Stoffe werden von Talgdrüsen an den Lippenrändern des Neugeborenen abgesondert. Resultat: gegenseitige Anziehung.

Wenn wir älter werden, verringert sich unser Bedürfnis nach Liebe und Nähe keineswegs. Kinder, die von den Eltern vernachlässigt werden, die als Heranwachsende keine normale Beziehung zu den Eltern genießen, «verhärten» seelisch und physisch. Auf körperliche Schmerzen reagieren sie langsamer, und sie sind ihrerseits weniger liebesfähig.

Auch im Erwachsenenalter bleiben Liebe, Sorge und Zuwendung Lebensnotwendigkeiten. Die Heilkraft des zärtlichen «Knuddelns» ist mittlerweile so zweifelsfrei erwiesen, daß 1985 einige Krankenhäuser in Lancashire ankündigten, in den Entbindungsstationen Doppelbetten aufstellen zu wollen, damit Ehemänner ihre Frauen in den Arm nehmen und trösten können. In anderen Krankenhäusern drücken Ärzte und Schwestern heute oft ein Auge zu, wenn Patienten die Besuchsstunden in private therapeutische Sitzungen umfunktionieren. Ohne solche körperlichen Zeichen der Zuneigung verdorren wir, werden seelisch labiler und anfälliger für Angst, Streß, Druck und Belastungen.

Hier folgen einige einfache Vorschläge, um mehr Liebe in Ihr Leben zu bringen.

- Versuchen Sie nicht, die Gefühle zu verbergen, die Sie gegenüber Nahestehenden hegen. Haben Sie keine Angst davor, jemandem zu sagen, daß Sie ihn (oder sie) lieben. Scheuen Sie sich nicht, jemanden zu küssen und in die Arme zu nehmen. Ebensowichtig ist es, nicht zurückzuweichen, wenn Ihr geliebtes Gegenüber ein Gleiches tut.
- Lassen Sie altmodische Vorurteile fallen, was das Zeigen von Emotionen in der Öffentlichkeit betrifft. Angehörige früherer Generationen hielten es oft für falsch, daß Liebespaare Händchen hielten, Mütter in der Öffentlichkeit den Kindern die Brust gaben, Pärchen auf der Straße Küsse tauschten.

Diese Vorurteile gründen sich auf nichts anderes als eine ungesunde Mischung religiös erzeugter Schuldgefühle und unnatürlicher Verklemmtheit. An Sex und Liebe ist nichts Unnatürliches. Noch vor wenigen Jahrzehnten galt Nacktheit weithin als Sünde, Sex als Pflicht, die man fortpflanzungshalber auf sich nahm. Diese Haltungen sind überholt, und es ist an der Zeit, daß auch die daraus resultierenden Vorurteile abgelegt werden. Lernen Sie akzeptieren, daß nichts Unanständiges dabei ist, wenn sich zwei Menschen küssen, umarmen oder Zärtlichkeiten miteinander tauschen. Solange Sie diese stirnrunzelnde Abneigung gegen öffentliches Bezeugen von Zuneigung nicht abgelegt haben, werden Sie es auch privat, im stillen Kämmerlein, immer wieder schwierig finden, Zuneigung zu geben und zu empfangen.

- Legen Sie die Hemmung ab, andere Menschen zu berühren und sich selbst von anderen berühren zu lassen. Zum Abbau von Hemmungen vor Hautkontakt sei ein einfaches Mittel empfohlen: die Massage.

Durch «Massagesalons» hat sie in letzter Zeit einen schlechten Ruf erworben. Aber im Ernst: Eine gründliche Massage kann außerordentlich entspannen und wohltun. Sie kann uns Gelegenheit geben, einander zu berühren. Und sie kann mit Sicherheit therapeutisch wirken.

Eine verblüffend beruhigende Wirkung kann zum Beispiel schon davon ausgehen, daß man den Unterarm eines anderen Menschen leicht mit dem Finger massiert. Als junger Krankenhausarzt habe ich diese Technik bei älteren Patienten und bei Säuglingen, die nicht einschlafen konnten, mit bemerkenswertem Erfolg angewandt. Gerade bei ganz Alten und ganz Jungen wirkte sie am besten – vielleicht, weil sie am wenigsten Berührungsängste haben.

Durch kräftige Massage – Durchkneten der Nackenmuskeln – lassen sich häufig Kopf- und Rückenschmerzen beseitigen. Keine dieser Techniken ist schwer zu erlernen: Man braucht nur zwei Hände, ein bißchen Übung und vielleicht etwas Massageöl. Niemand, der einen guten Freund hat, braucht(e) für Massage Geld auszugeben.

Wenn man jemanden massiert oder sich massieren läßt, sollte man daran denken, daß ein angenehm duftendes Öl helfen kann. Einmal setzt es die Reibung herab, zum anderen neigen wir alle dazu, auf gute therapeutische Gerüche positiv zu reagieren.

Geruchseinflüsse haben eine starke erinnerungsauslösende Kraft. Das erwies sich schon vor vielen Jahren bei einem Versuch mit tausend Frauen. Wenn von einer Menge gleichartiger Strumpfpaare jedes vierte Paar leicht parfümiert wurde, wählten 96% der Frauen diese Paare als «die besten» aus – obwohl keinerlei Materialunterschied zu den anderen Strümpfen bestand.

In jüngerer Zeit führten George Dodd und andere Forscher an der Warwick University in England Konditionierungsexperimente mit Menschen unter Streß durch. Die Versuchspersonen mußten streßreiche Aufgaben erledigen und wurden gleichzeitig einem unbekannten Duft ausgesetzt, so daß sie mit der Zeit den Duft mit der Aufgabe assoziierten. Rochen sie später allein den Duft, reagierten sie, als stünden sie unter Streß.

Diese simpel herzustellende Verknüpfung zwischen Gerüchen und Erlebnissen erklärt, weshalb der Geruch in Krankenhäusern sonst tapfere Menschen mit Furcht erfüllt und weshalb manche Parfüms Männer ins Schwitzen geraten lassen. Und sie erklärt, warum manche Menschen in Euphorie geraten, wenn sie frischgemähtes Gras riechen, während andere für den Geruch heißen Teers schwärmen. Der gleiche Zusammenhang macht jetzt auch verständlich, warum eine entspannende Massage mit wohlriechendem Öl besonders heilsam sein kann.

- Kinder reagieren auf Mangel an Zuneigung besonders empfindlich. Neugeborene sollten, so bald es nach der Geburt geht, auf den Bauch ihrer Mutter gelegt werden. Und in den ersten Lebensjahren müssen Kinder von ihren Bezugspersonen viel Körperkontakt bekommen. Heutzutage kommt es allzu leicht vor, daß Kinder den ganzen Tag im

Laufställchen oder im Kinderwagen verbringen müssen. Mit schlimmen Folgen. Eltern sollten versuchen, ihren Kleinkindern körperlich so nahe zu sein wie möglich.

Wendet das Kind einer Puppe oder einem Kuscheltier überstarke Aufmerksamkeit zu, so ist das ein Hilfeschrei nach mehr elterlicher Zuwendung und Liebe. Bei einem Kind, das sich ständig an seinen Teddybären klammert und mit ihm schmust, besteht Gefahr, daß es nicht genug Nestwärme von den Eltern bekommt.

Lebensprioritäten

Einer meiner Bekannten stieg vor Jahren «vom Punkt Null aus» in die Computerbranche ein. Er war kein Computerfachmann, sah aber überall, wo in Amüsierhallen und Kneipen Computerspiele aufgestellt waren, die Jugendlichen Schlange stehen. Er hörte sich um und erfuhr, daß einige Firmen planten, mit Heimcomputern auf den Markt zu gehen. Wenige Monate später hatte er einen Schnellkurs im Computerprogrammieren absolviert, sich von seiner Bank ein paar Tausend Pfund geliehen und eine kleine Firma aufgemacht, die Software herstellen und anbieten wollte, mit der junge Freaks zu Hause Computerspiele spielen konnten.

Die Firma blühte über Erwarten gut. Sechs Monate, nachdem er seine erste Kassette herausgebracht hatte, mußte er zwei Dutzend Mitarbeiter einstellen. Gesamtumsatz in den ersten zwölf Monaten: mehr als eine Viertelmillion Pfund. Natürlich war mein Freund über den Geschäftserfolg begeistert. Aber es fiel ihm ungeheuer schwer, an seine Mitarbeiter Autorität und Verantwortung zu delegieren. Er hatte einen Buchhalter angestellt, bestand indessen nach wie vor darauf, jeden Scheck zu unterzeichnen, jede Rechnung zu prüfen. Mehrere Programmierer arbeiteten für ihn, doch wollte er immer noch jede Einzelheit ihrer Arbeit selbst kontrollieren. Er hatte einen erfahrenen Produktionsleiter, beharrte aber darauf, selbst ein genaues Auge auf die Produktion zu haben.

Der Kleinkram seines Betriebes wurde ihm zur Besessenheit, und er verbrachte die meiste Zeit damit, Zahlenkolonnen nachzurechnen, Kassettenbeschriftungen zu überprüfen, neue Programme zu untersuchen. Morgens um halb acht erschien er, abends um zehn ging er. Samstage, Sonntage und Feiertage arbeitete er durch. Er bekam ein Magengeschwür, bekam Migräne. Alles opferte er dem Geschäft: Zeit, Kraft und Gesundheit.

Zwei Jahre nach der Firmengründung schien er auf dem besten Weg zum Millionär. Und ein Jahr danach war er bankrott. Beschäftigt mit den kleinen Alltagsproblemen der Firma, hatte er nicht bemerkt, daß der Markt sich veränderte. Er hatte weder die Zeit noch die Kraft zu sehen, daß er sein Produktionsprogramm auffächern mußte. Als die Nachfrage nach Spielprogrammen für Heimcomputer fast über Nacht versiegte, brach sein Geschäft zusammen. Ganz vom Kleinen in Beschlag genommen, hatte er fürs Große kein Auge mehr gehabt.

Mein Freund war nicht der einzige, dem es nicht (mehr) gelang, die Dinge in richtiger Perspektive zu sehen. US-Präsident Lyndon B. Johnson soll viel Zeit damit zugebracht haben, Uniformen für die Air Force zu entwerfen. Und Jimmy Carter soll immer höchstpersönlich den Spielplan für den Tennisplatz des Weißen Hauses ausgearbeitet haben, auch wenn andere, dringlichere Probleme anstanden.

Dieses Unvermögen, zwischen wichtigen Problemen (denen man sich ausgiebig widmen muß) und Bagatellen (die sich gefahrlos delegieren lassen) zu unterscheiden, führt nicht nur zu wirtschaftlichen und politischen Katastrophen, sondern kann auch gesundheitlich gefährlich werden. Kleine Belastungen und Ärgernisse, die einen in Anspruch nehmen, können nämlich nicht minder stressen als große.

Wenn Sie zwischen großen und kleinen Problemen nicht genügend differenzieren können, wenn Sie keine Lebensprioritäten setzen, werden Sie auf mehrfache Weise in Mitleidenschaft gezogen. Erstens wirken die Probleme dann allein schon durch ihre bedrückende Anzahl gesundheitsschädigend. Wenn Sie sich graue Haare wachsen lassen wegen eines Kratzers im Autolack und wegen des fehlenden Knopfs am Hemd, gerät dies mit Ihren wesentlicheren Lebensproblemen in einen Topf, und dieser wird unverhältnismäßig schwer. Wenn Sie sich nicht bewußt bemühen, die kleinen Probleme von den großen zu trennen, behandelt Ihr Inneres sie alle auf die gleiche Weise.

Zweitens: Während Sie sich mit dem Kleinkram herumschlagen, vergeht wertvolle Zeit, die sich für die Lösung größerer Probleme einsetzen ließe. Während mein Freund sich Gedanken machte, welche Farbe für die Verpackung seiner Kassetten zu wählen sei, wandelte sich der Markt. Während Sie sich wegen des fehlenden Hemdknopfs sorgen, verpassen Sie vielleicht die berufliche Chance Ihres Lebens. Und während Sie sich über die kleinen Probleme krank ärgern, werden die großen Schwierigkeiten immer größer, so daß die Probleme am Ende überhaupt nicht mehr zu bewältigen sind.

Und schließlich: Ihr fehlendes Setzen von Prioritäten bedeutet, daß Sie Nebensächlichkeiten zuviel Zeit und dem Eigentlichen im Leben zuwenig Zeit einräumen. Der Geschäftsmann, der jede wache Stunde dem Geldverdienen und der materiellen Versorgung seiner Familie widmet, könnte durchaus eines Morgens aufwachen und feststellen, daß er seine Frau eigentlich gar nicht recht kennt und daß seine Kinder als Fremde herangewachsen sind. Unterscheiden lernen zwischen Neben- und Hauptsachen im Leben: das ist ein wichtiger Teil der Gesunderhaltung und des Überlebens.

Lebensprioritäten setzen ist im Grunde gar nicht so schwierig. Es kostet allerdings ein bißchen Zeit. Nachstehend einige Vorschläge, die Ihnen helfen sollen.

- Vielleicht klingt's allzu simpel, aber im wesentlichen geht es darum, sorgfältig zu überlegen, was wirklich wichtig für Sie ist. Sie müssen genau bestimmen, was Sie mit Ihrem Leben tun wollen. Ist Ihre Familie für Sie wichtiger als der Beruf? Oder genießt der Beruf Vorrang vor allem? Hat Ihr Hobby für Sie mehr Bedeutung als der Beruf? Was würden Sie tun – und was nicht –, um Ihre Ambitionen zu verwirklichen? Welche Grenzen gibt es da? Sind Freizeit, Entspannung, Lebensgenuß für Sie wichtiger als Reichtum und Erfolg? Nehmen Sie auf Ihre Kinder mehr Rücksicht als auf alles andere? Ist ein schönes Eigenheim in bevorzugter Wohngegend Ihr Hauptziel?

Bestimmen müssen Sie auch, wie wichtig Ihnen Geld ist. Wie sehen Ihre materiellen Bedürfnisse aus? Inwieweit wird Ihr Leben von den materiellen Bedürfnissen anderer bestimmt? Wenn fremde Bedürfnisse Ihr Leben dominieren, müssen Sie entscheiden, wie wichtig diese Bedürfnisse und Menschen für Sie sind. Sind die Opfer, die Sie bringen müssen, tragbar? Inwieweit werden Ihre Bedürfnisse durch die Wünsche anderer beeinflußt? Stehen sie im Gegensatz zu den tatsächlichen Wünschen dieser Personen? Und wie können Sie Ihr Leben so einrichten, daß es Ihren Bedürfnissen entgegenkommt?

Denken Sie – neben Ideellem und Materiellem – auch an die sogenannten kleinen Freuden des Lebens. Oft neigen wir dazu, Häuser, Autos und andere materielle Besitztümer für das Wichtigste in unserem Leben zu halten. Daneben aber gibt es viele Freuden, die kein Geld kosten: Auf dem Rücken liegen und vorüberziehende Wolken beobachten; eine Katze auf dem Schoß sitzen haben; einen warmen Tag am Strand verbringen; im Regen spazierengehen; vor dem prasselnden Kamin sitzen – viele der allerschönsten Dinge im Leben bekommt man unentgeltlich oder fast unentgeltlich.

Man muß sich freilich bewußt bemühen, zeitliche Freiräume im Alltagstrubel zu schaffen. Ziehen Sie Bilanz: Für welche der Dinge, die in meinem Leben wichtig sind, brauche ich Geld? Für welche brauche ich Menschen? Zu wie vielen Dingen, an denen ich mich freuen könnte, komme ich wegen meines Lebensstils gar nicht? Werden Ihre Prioritäten in großem Maße von anderen Menschen bestimmt, dann kann es sein, daß Sie einen Großteil Ihrer Zeit auf das Streben nach Erfolgen verwenden, die Sie eigentlich gar nicht wollen oder brauchen, während Sie andererseits vieles verpassen, das Ihnen Freude machen könnte.

Denken Sie daran, auch die Gesundheit auf die Prioritätenliste zu setzen. Wie wichtig ist Ihnen Ihre Gesundheit? Schenken Sie ihr die gebührende Aufmerksamkeit?

- Machen Sie eine Liste aller Dinge in Ihrem Leben, die Sie stressen. Gehen Sie dann die Liste durch und suchen Sie zu entscheiden, was zur Entschärfung der größten Probleme getan werden kann. Vielleicht lassen sich einige Probleme an andere Menschen delegieren. Vielleicht können Sie sich durch gezieltes Handeln mancher Sorge entledigen. Vielleicht läßt sich Hilfe finden, vielleicht läßt sich manche Aufgabe mit anderen Leuten teilen.

Setzen Sie solcherart Prioritäten, sollten Sie in der Lage sein, sich auf die wesentlichen Probleme zu konzentrieren und die weniger wesentlichen zunächst einmal beiseitezuschieben, sie später zu lösen oder vielleicht ganz ungelöst zu lassen.

Denken Sie beim Durcharbeiten Ihrer Probleme daran: Nicht so sehr der Streß schafft die Schwierigkeiten, als vielmehr die Art, wie Sie auf Streß reagieren.

- Lernen Sie nein sagen, wenn Menschen Sie zu Dingen bewegen wollen, die zeitraubend für Sie werden oder Ihre persönliche Prioritätenliste durcheinanderbringen. Wenn Sie ständig Dinge tun, die Fremde von Ihnen verlangen, werden wahrscheinlich die wichtigen Menschen in Ihrem Leben zu kurz kommen. Zögern Sie nicht, Aufgaben zurückzuweisen, die für Sie oder die Ihnen Nahestehenden nicht von besonderer Bedeutung sind.

Denken Sie auch daran: Niemand ist unentbehrlich. Wenn Sie über einen Friedhof wandern, sind Sie umgeben von Leuten, die alle dachten: Die Welt geht unter, wenn ich nicht binnen fünf Minuten dies oder jenes erledige. Die Welt wird sich weiterdrehen, auch wenn Sie hin und wieder nein sagen.

- Wenn Sie vor einem Problem stehen, suchen Sie es im richtigen Rahmen zu sehen. Der verpatzte Golfschlag: Wird er wirklich Ihr Leben ruinieren? Der zerrissene Schnürsenkel: Wird er die ganze Woche verderben? Der verpaßte Zug: Wird er Sie wirklich in den finanziellen Ruin treiben? Die lecke Waschmaschine: Grund für eine tiefe Depression?
- Versuchen Sie, Ihr Leben ein bißchen zu planen und etwas System in Ihre Ambitionen, Ziele und Prioritäten zu bringen. Was wollen Sie in fünf, in zehn, in fünfzehn Jahren geschafft haben? Wie viele der

Dinge, über die Sie sich täglich ärgern, würden Ihnen noch im Kopf herumgehen, wenn Sie nur noch einen Tag zu Leben hätten? Wie bedeutend werden einige der heutigen großen Probleme in fünf Jahren aussehen – oder auch nur in sechs Monaten?

Entscheiden Sie dann, auf welchem Wege Sie Ihre Ziele am besten erreichen können, und gehen Sie die Probleme eins nach dem anderen an. Als Horatius seine römische Brücke gegen die anrückenden Etrusker verteidigte, nahm er sich die Gegner einzeln vor, einen nach dem anderen. Hätte er sich Gedanken über ihre Gesamtzahl gemacht, wäre er von vornherein unterlegen gewesen.

- Lassen Sie sich nicht verlocken, Zeit, Arbeit und Kraft und Produkte oder Ambitionen zu verschwenden, die letztlich nicht wichtig für Sie sind. Wenn Sie eine Villa kaufen, um Freunden, Nachbarn und Verwandten Ihre Wohlhabenheit vorzuführen, werden Sie nicht viel von dem Prachthaus haben, wenn Sie jedes Wochenende Abflüsse reinigen, Dachziegel erneuern, Zäune flicken und den verwilderten Garten in Ordnung bringen müssen. Wenn Sie sich ein italienisches Luxusauto anschaffen, um Fremde auf der Autobahn zu beeindrukken, verderben ruinöse Folgekosten bald den Spaß (Versicherungs- und Werkstattkosten). Wenn Sie sich einen Swimmingpool in den Garten setzen lassen und die meisten Sommerstunden damit verbringen, Blätter, Schnecken und lärmende Nachbarskinder herauszufischen, werden Sie sich wahrscheinlich wünschen, Sie wären auf Statussymbole weniger erpicht gewesen.

Gegen Streß dieser Art kann man sich durch klar abgestufte Prioritäten schützen.

- Stecken Sie sich niemals unrealistische Ziele, denn das führt nur zu Frust, zu Streß und Ängsten. Wenn Sie sich über Ihre Prioritäten klar sind und planen, Ihr Leben zu verändern, sollten Ihre Nahziele klein und erreichbar sein. So gewöhnen Sie sich an den Erfolg. Wollen Sie beispielsweise fünfundzwanzig Kilo abnehmen, dürfen Sie nie ein derart gigantisches Ziel direkt anvisieren. Teilen Sie Ihr Vorhaben in kleine Schritte auf. Nehmen Sie sich vor, in den ersten vier Wochen etwa fünf Kilo abzunehmen. Dann, wenn's geschafft ist, weitere fünf Kilo, und so fort.

8

7 Geistige Techniken zur Beeinflussung des körperlichen Befindens

Innerlich zur Ruhe kommen

Roger (Name selbstverständlich abgeändert) ist ein guter Freund von mir und arbeitet seit mehreren Jahren als Fernsehmoderator. Dieser Streßjob verursachte verschiedene Streßleiden, deren Bekämpfung ihn viel Kraft kostete. Zuerst kam ein Magengeschwür, dann folgte bald erhöhter Blutdruck. Schließlich machte ihm auch Arthritis in den Knien zu schaffen. Als Hilfsmittel gegen den täglichen Streß der Live-Sendungen nahm er Zigaretten und Beruhigungsmittel.

Alle diese Probleme fingen irgendwann an, seine beruflichen Fähigkeiten zu untergraben. Auf dem Bildschirm begann er nervös zu wirken; die Tranquilizer, die er brauchte, um einigermaßen ruhig zu bleiben, begannen seine Geistesgegenwart zu lähmen. Von Produzentenseite wurde ihm bereits gesagt, man denke an die Kündigung seines Vertrages, und ob er sich nicht lieber einen Job hinter den Kulissen suchen wolle, wenn es ihm vor der Kamera zu anstrengend sei.

Dieser Warnschuß war ein Segen für Roger, denn er bewirkte – neben zunächst erhöhtem Tranquilizerkonsum –, daß er sich erstmals Gedanken machte, was gegen seine Probleme zu tun sei.

Als ich Tagträumen als ernsthaftes Therapeutikum vorschlug, war Roger skeptisch. Das klang ihm zu abwegig, versponnen, war nicht praktikabel für ihn. Aber er war verzweifelt und wußte, daß er unbedingt etwas tun mußte, wenn er nicht den Job und den Verstand verlieren wollte. Also entschied er sich, es zu versuchen.

Wenn's in den Stunden vor einer Live-Sendung besonders hektisch wurde, lernte Roger, zehn Minuten zu verschwinden und in seine Garderobe zu gehen. Dort setzte er sich in einen bequemen Sessel, bei abgeschlossener Tür und mit Watte in den Ohren. Die Augen geschlossen, versetzte er sich innerlich an einen ruhigen Meeresstrand und «sonnte sich». Der Sessel stand so, daß er von der stärksten Lampe im Zimmer beschienen wurde; er konnte sich einbilden, das seien Sonnenstrahlen. Nach zehn Minuten Entspannung stand er erfrischt auf und war nun dem Streß der Sendevorbereitungen viel besser gewachsen.

Nach ein paar Wochen merkte er, daß er zu dieser Übung gar nicht mehr die Garderobe aufsuchen mußte. Er brauchte nur noch irgendwo eine Sitzgelegenheit zu finden und ein paar Momente die Augen zuzumachen. Sogar im Studio selbst konnte er sich nun entspannen, wobei die Hitze der Scheinwerfer seine Sonnen-Illusion unterstützte. Seine Einbildungskraft erledigte den Rest.

Inzwischen vermag Roger seinen Lebensstreß recht gut zu bewältigen, jedenfalls viel effektiver als vorher. Er hat keinen Bluthochdruck und keine Magenbeschwerden mehr und kann auf Tranquilizer ganz verzichten. Das Rauchen hat er nicht aufgegeben, aber immerhin eingeschränkt. Vor allem verbesserte seine neue Ruhe und Gelassenheit sein Auftreten vor der Kamera und festigte seine berufliche Stellung.

Dutzende weiterer einschlägiger Fallbeispiele könnte ich anführen, und das könnten auch viele andere, die heute in der Medizin arbeiten. Überzeugende wissenschaftliche Indizien zeigen: Wer Streß bewältigen lernt, indem er sich innerlich entspannt, profitiert auf vielfältige Weise. Er wird stärker, gesünder und weit weniger von Sorgen und Ängsten geplagt sein als derjenige, der den neuen Belastungen jedes Tages schutzlos ausgeliefert ist.

Unter normalen Umständen strömt eine fast endlose Flut von Informationen und Eindrücken in Ihr Gehirn. Diese Informationen führen zu – ebenfalls fast endlosen – Interpretationen, Beurteilungen und Schlüssen. Auch wenn Sie gar nicht bewußt nachdenken und sich nicht unter Druck setzen, sorgen Tausende von Sinnesreizen dafür, daß Sie sich den ständigen Veränderungen in Ihrer Umwelt anpassen.

Wenn Sie die Informationsflut vorübergehend eindämmen können, dämmen Sie damit auch die Flut geistiger Reaktionen ein. Sie werden ruhiger, entspannter, und Leib und Geist profitieren davon auf mehrfach positive Weise. Ganz besonders hoch wird der Gewinn bei Streßleiden wie Bluthochdruck, Kolitis, Asthma, Magenschmerzen, Ekzemen, Angstzuständen und Schlafbeschwerden. Insgesamt werden Sie sich kräftiger und gesünder fühlen und gegen Krankheiten und Störungen aller Art widerstandsfähiger sein.

Vielen Menschen fällt es schwer, die Informationsflut zu drosseln; sie fühlen sich nämlich sofort schuldig, wenn sie das Tempo drosseln und etwas gemächlicher verfahren. Es kommt uns wie Verrat an uns und unseren Mitmenschen vor, wenn wir einmal ein paar Minuten nur dasitzen und dem Tun und Treiben zuschauen. Wir sind zu denken gedrillt worden, daß wir nur dann Anerkennenswertes leisten oder auf Achtung Anspruch haben, wenn wir uns ständig vorwärtspeitschen.

Von Erwartungsdruck getrieben, leben wir in ewiger Hast, rasen von Krise zu Krise und versuchen in jeden Augenblick unseres Lebens so viel wie nur möglich hineinzustopfen. Ohne Tempolimit hetzen wir durchs Leben und machen uns durch diese Schinderei krank, wobei wir an dem, was wir tun, keine rechte Freude haben, weil wir es zu schnell tun. Über schöne Landstraßen fahren wir mit halsbrecherischer Geschwindigkeit, sehen nichts von der Welt und gewinnen trotz steter Hektik wenig.

Gewiß, auch Nichtstun ist nicht immer leicht. Setzt man sich in den Garten, stört einen wahrscheinlich des Nachbars Rasenmäher. Oder man sieht Unkraut, das gejätet werden muß. Oder ein Besucher platzt in das Idyll hinein. Aber es gibt auch Arten des Nichtstuns, bei denen man allein und in Frieden gelassen wird.

Beispielsweise könnten Sie ein Hobby wie Angeln aufnehmen, wo es viel stillzusitzen gilt. Eine exzellente Möglichkeit der geistigen Entspannung. Oder Sie könnten bei Sportarten zuschauen, wo eine «ruhige Kugel» geschoben wird. Beispielsweise in Parks. Dabei wird man normalerweise in Ruhe gelassen.

Ich persönlich kenne nichts Entspannenderes, als zuzuschauen, wie Meereswellen sanft gegen einen Kies- oder Sandstrand branden. Angesichts der See ist es fast unmöglich, gereizt, nervös oder angespannt zu bleiben. Man kann aber auch ein Café aufsuchen, wo man stundenlang unbehelligt sitzen und die Welt und die Menschen an sich vorüberziehen lassen kann. Pariser Bistros und Wiener Kaffeehäuser eigenen sich hervorragend zum Nichtstun.

Nehmen Sie mal den Telefonhörer von der Gabel und lassen Sie sich ein warmes Bad einlaufen. Duschen mag hygienischer und umweltfreundlicher sein, doch ist Baden weitaus entspannender. Genügend heißes Wasser muß da sein, damit man die Temperatur auf einem behaglichen Niveau halten kann. Und dann einfach zurücklehnen und die Wärme und die Ruhe genießen. Ein Erlebnis, das ein bißchen der Urerfahrung im Mutterschoß gleichkommt!

Oder legen Sie sich mal auf eine Wiese oder auf einen Friedhofrasen. (Etwas Friedlicheres als einen Fried-Hof gibt es kaum.) Und blikken Sie dann einfach den Wolken nach, die vorüberziehen. Wenn es regnet, suchen Sie sich eine ruhige Kirche und verbringen eine Viertelstunde in stiller Betrachtung. Dazu braucht man nicht einmal Mitglied einer Religionsgemeinschaft zu sein.

Schalten Sie als Notmaßnahme, wenn Sie voll unter Druck und Streß stehen, ein paar Tage ab. Verreisen Sie, aber unternehmen Sie keine Gewalttouren (sechs Länder in fünf Tagen etc.). Suchen Sie sich vielmehr einige Tage ein stilles Landhotel, wo Sie sich fürs Frühstück richtig Zeit nehmen und streßfrei dem Dolce far niente frönen können. Wenn das nicht geht, machen Sie einen erholsamen Kurzurlaub zu Hause. Kein Radio, kein Fernsehen (höchstens mal eine Musik-

oder Videokassette). Kein Telefon. Keine häuslichen Pflichtarbeiten. Sagen Sie allen potentiellen Besuchern, daß Sie übers Wochenende weg und unerreichbar sind. Legen Sie unterhaltsame Bücher und Zeitschriften bereit.

Solches Nichtstun, solch geistiges Rasten und freies Schweifenlassen der Seele wirkt Wunder für Sie. Vielleicht stellen Sie sogar fest, daß aufgestaute Ideen und Sorgen ans Licht drängen. Halten Sie ein Notizbuch bereit, um sie aufzuschreiben. Sollten Sie merken, daß dabei übermäßig und enervierend viele Nöte, Gedanken und Ängste hochkommen (Nöte, die Sie durch bloßes Aufschreiben nicht loswerden), müssen Sie den Zustrom potentiell schädlicher Gedanken in Ihr Gehirn stoppen. Sie müssen tagträumen lernen.

Die meisten Menschen tagträumen als Kind. Dann wird es ihnen aber von Lehrern und Eltern schnell abgewöhnt, weil es eine schlechte Angewohnheit sei. Das ist es gar nicht. Es ist im Gegenteil eine natürliche Technik, die einem auch inmitten chaotischen äußeren Trubels zu innerer Ruhe und tiefer Entspannung verhelfen kann. (Kaum ein Ort ist hektischer als ein Fernsehstudio, und doch hat mein Freund Roger gut tagräumen gelernt.) Mit dem Tagträumen erobern wir uns einen geistigen Abschaltmechanismus zurück, den zu betätigen wir verlernt haben.

Beim Tagträumen lassen Sie der Imagination bewußt die Oberhand über Ihr Denken und auch über Ihren Körper. Es ist keine allzu schwierige Kunst; wenn man sie einmal beherrscht, kann man sie nahezu überall anwenden – aber natürlich nicht beim Autofahren, beim Bedienen von Maschinen etc.!

Erster Schritt: Man muß lernen, wie man es praktiziert. Auch beim Tagträumen gilt, daß Üben den Meister macht.

Suchen Sie einen ruhigen Ort, wo Sie sich bequem hinlegen können. Ihr Schlafzimmer ist wahrscheinlich gut geeignet. Sorgen Sie dafür, daß Sie während fünfzehn bis zwanzig Minuten ungestört bleiben. Die Türe wird geschlossen und womöglich verriegelt, das Telefon außer Betrieb gesetzt, und zudem vergewissere man sich, daß sich weder Katzen, Kinder oder klingelnde Besucher plötzlich störend bemerkbar machen werden.

Legen Sie sich nun aufs Bett, so komfortabel wie möglich. Atmen Sie tief und ruhig durch und versuchen Sie, eine besonders friedliche und entspannende Szene aus Ihrer Erinnerung heraufzubeschwören. Andere Menschen sollten darin nicht vorkommen, da sonst der Tagtraum leicht zur Phantasievorstellung oder zum Alptraum ausartet.

Thematisch ist es ziemlich gleichgültig, welche Szene Sie für den Tagtraum wählen, sie muß nur bestimmte Charakteristiken haben.

Und Sie brauchen sich keineswegs auf einen einzigen Tagtraum zu beschränken. Sie können sich eine Bibliothek Ihrer eigenen, privaten Tagräume einrichten, können sich eine ganze Sammlung angenehm stimmender Erinnerungen anlegen, wobei einige vielleicht Filmen oder Büchern entnommen werden.

Um Ihnen Appetit zu machen und Ihnen eine gewisse Vorstellung zu geben, welche Art Tagtraum geeignet ist, hier zwei Kostproben.

Tagtraum eins

Sie liegen an einem warmen sonnigen Meeresstrand. Es ist ein Hochsommertag. Der Strand ist fast menschenleer, nur in der Ferne irgendwo sind ein paar Familien. Leise hört man das Rufen und Lachen spielender Kinder. Vor Ihnen rauschen sanft Wellen auf den Sand; hinter Ihnen raschelt Dünengras im Wind. Hoch am Himmel kreisen ein paar Möwen. Von ihnen und den fernen Kindern sind die einzigen Laute zu vernehmen, die aber die Ruhe und den Frieden des Nachmittags eher bestärken als stören.

Beherrschendes Gefühl: Wärme. Der Sand unter Ihnen ist warm, warm scheint die Sonne auf Ihre Haut. Sie haben sich mit Sonnenöl eingerieben und nehmen ganz deutlich den Geruch wahr. Würden Sie die Augen öffnen, sähen Sie Ihre Haut in der Sonne glänzen. Aber heller Sonnenschein liegt auf Ihren Augenlidern, und Sie wollen die Augen noch nicht aufmachen. Still und friedlich saugen Sie die Sonne auf und genießen die Nachmittagswärme. (Wenn Sie Schwierigkeiten haben, sich das vorzustellen, können Sie zu kleinen illusionistischen Hilfsmitteln greifen: zu einer Höhensonne, die Sonnenwärme simuliert, und zu einem Tonband mit Meeresrauschen.)

Tagtraum zwei

Sie liegen auf einer Wiese am Bachufer. Durch das glasklare Wasser des Bächleins sieht man die Kieselsteine am Grund. Leise gurgelnd und plätschernd rinnt das Wasser dahin. Hoch oben über Ihnen, im Geäst einer riesigen Eiche, hören Sie Vögel zwitschern. Hinter Ihnen dehnt sich ein Feld, wo sich summende Insekten tummeln. Vor Ihnen, auf der anderen Seite des Baches, liegt eine Weide, auf der ein paar Schafe grasen. Am Himmel kreisen Vögel, aber Sie können sie nicht sehen, denn die Sonne ist so grell, daß Sie nicht die Augen aufmachen wollen. Es ist eine warme, wohltuende Sommersonne, ein angenehmer Kontrast zum kühlen Gras der Wiese, auf der Sie liegen.

Wenn Sie Schwierigkeiten haben, sich eine solche Szene bildhaft vorzustellen, treiben Sie ein altes Foto oder die Postkarte eines Ortes auf, den Sie als besonders ruhig, friedlich und entspannend in Erinnerung haben. Tragen Sie das Foto bei sich und betrachten Sie es mit halbgeschlossenen Augen so oft wie möglich. Versetzen Sie sich wieder dorthin. Suchen Sie die begleitenden Empfindungen heraufzubeschwören: Klänge, Düfte, Temperatur usw. Versuchen Sie, sich so oft wie möglich in dieser entspannenden Situation zu sehen.

Bringen Sie in Zukunft aus dem Urlaub Postkarten oder eigene Fotos von Örtlichkeiten mit, die Sie als wohltuend friedlich empfanden. Lassen Sie sich dort fotografieren, sitzend oder liegend in einer schönen, entspannenden Umgebung. Tragen Sie diese Bilder dann bei sich.

Tagträumen hat gegenüber der von manchen Ärzten und vielen religiösen Gruppen favorisierten Meditation einen wichtigen Vorteil. Beim Meditieren muß man den Geist «leeren», muß Ängste und Sorgen durch einen klinisch sauberen, leeren Raum ersetzen (was nicht ganz einfach ist). Beim Tagträumen indessen werden Ängste und Sorgen nicht von einem Vakuum verdrängt, sondern von beruhigenden, schönen, traum-haften Erinnerungen, die an sich schon eine gute und positive Wirkung haben. Zweifellos stoppt Meditation eine Zeitlang schädliche Außenwelteinflüsse. Füllt man das Vakuum aber mit friedlichen, ruhigen Gedanken, so wehrt man nicht nur äußere Schadwirkungen eine Zeitlang ab, sondern tut viel mehr. Man baut seine inneren Kräfte auf. Beherrscht man erst einmal die Kunst des Tagträumens, kann man sie an nahezu jedem Ort, in nahezu jeder Situation anwenden. Wenn Sie zum Beispiel im Auto-Stau stehen und merken, wie Ihr Pulsschlag steigt und die Muskeln sich verkrampfen, dann lehnen Sie sich einfach zurück und erschlaffen in bequemer Haltung. Schließen Sie die Augen und zaubern Sie die Strandszene oder einen ähnlichen Traum vors innere Auge. Ersetzen Sie die realen Ärger-, Angst- und Frustgefühle durch die entspannenden Gefühle und Erinnerungen einer für Sie wohltuenden Szene.

Die Technik können Sie beispielsweise auch anwenden, wenn Sie inmitten einer hektischen Bürostunde von Menschen bedrängt werden, die alle etwas von Ihnen wollen. Entschuldigen Sie sich ein paar Minuten, gehen Sie weg (notfalls auf die Toilette) und ruhen Sie sich mittels eines Tagtraums kurz, aber gründlich aus. Einige wenige Minuten Entspannung, und Sie werden wieder viel besser und gründlicher arbeiten können.

Die Erfolge dieser Technik sind nachweisbar: Messen Sie einmal vor und nach einer Tagtraum-Sitzung Ihren Puls. Nach zehn, fünfzehn Minuten Tagträumen wird der Puls fast immer beträchtlich ruhiger.

Machen Sie dies aber möglichst nicht zu einem Standard-Test, sonst wird die Entspannung selber wieder zu leistungsbezogen. Die Technik nützt Ihnen nichts, wenn Sie «mit Gewalt» den Puls senken wollen und ängstlich-verkrampft die natürlichen Schwankungen der Herzfrequenz beobachten.

Am Schluß ein warnendes Wort. Wenn Sie sich in entspanntem Zustand befinden, stehen Sie nicht allzu plötzlich auf. Bei effizienter Entspannung sinkt nämlich der Blutdruck beträchtlich, und beim Aufstehen kann es dann zu Schwindelanfällen kommen. Strecken Sie statt dessen ein, zwei Minuten lang vorsichtig Arme und Beine. Dann erheben Sie sich – falls Sie liegen – langsam in sitzende Position. Warten Sie einige Sekunden, damit der Körper sich anpassen kann, und stehen Sie danach auf.

Körperliche Entspannung

Es gibt geistige und seelische Regungen, die sich ganz offensichtlich auf den Körper auswirken. Bei Wut rötet sich die Haut. Bei Angst wird sie bleich, Schweiß bricht aus. Der Puls geht schneller, die Muskeln spannen sich. Vielleicht beschleunigt sich auch die Atmung und wird – bei Asthmatikern – rasselnd und pfeifend.

All diese Veränderungen können sich auf die Dauer sehr schädlich auswirken. Verspannte Muskeln zum Beispiel erzeugen Kopf- und Rückenschmerzen und Halssteifigkeit. Bei Streß- und Verspannungsleiden dieser Art kann zwar professionelle Hilfe etwas nützen (Arzt, Masseur), doch ist dies meist nur eine kurzfristige Lösung. Viel sinnvoller ist es, zu lernen, wie man die Symptome selbst behandelt – frei nach dem alten chinesischen Sprichwort: Gibt man einem Menschen einen Fisch, ernährt man ihn einen Tag lang; lehrt man ihn das Fischen, ernährt man ihn ein Leben lang.

Wenn der professionelle Heilkundige die verkrampften Muskeln des Patienten entspannen hilft, bietet er eine Augenblickslösung. Lernt der Patient aber, die Muskeln selber zu entspannen – und in Streßsituationen entspannt zu halten –, hat er Zugang zu einer Dauerlösung, die sich immer wieder anwenden läßt.

Körperliche Entspannung hat positive Rückwirkungen auf Geist und Seele und ist gar nicht so schwer zu lernen. Wählen Sie eine der folgenden Techniken.

1. Langsam und tief atmen. Bei Ärger und Angst ist die Atmung beschleunigt. Durch bewußt langsameres, tieferes Atmen läßt sich beruhigend auf das Innere einwirken. Wenn Sie z. B. Lampenfieber haben, weil Sie eine öffentliche Rede halten müssen, sollten Sie vorher

langsam, tief und ruhig Atem schöpfen. Das Lampenfieber wird sich dann mit Sicherheit zumindest in Grenzen halten.

2. So leise wie möglich sprechen. Wut und andere Emotionen führen dazu, daß der Mensch brüllen möchte. Manchmal muß die Wut heraus. Wenn das aber nicht geht, flüstern Sie – Sie werden es schwierig finden, wütend zu bleiben.

3. Muskeln entspannen lernen. Bei Ärger und Aufregung (ver)spannen sich die Muskeln. Diese Spannung wird dann Symptome erzeugen (Muskelschmerzen, Kopfweh). Dem läßt sich durch bewußte Entspannung entgegenwirken.

Das nächstemal, wenn Sie so «sauer» sind, daß die Muskeln gespannt, die Fäuste geballt sind, legen Sie sich einmal hin und lockern und entspannen bewußt Ihre Muskeln. Wahrscheinlich werden Sie feststellen, daß der Ärger dann verraucht. Es ist ziemlich schwierig, wütend zu bleiben, wenn man völlig entspannt ist.

Zur Muskellockerung spannen Sie zunächst die Muskeln der linken Hand so fest wie möglich. Machen Sie eine Faust, als wollten Sie jemandem einen Kinnhaken versetzen. Nach einiger Zeit werden die Knöchel weiß, und die Hand schmerzt. Jetzt öffnen Sie die Faust und spüren, wie sich die Muskeln entspannen. Diese Technik wenden Sie nun beim ganzen Körper an, Muskelgruppe für Muskelgruppe: Hart anspannen, festhalten, lockerlassen. Binnen einer Viertelstunde sollten Sie alle Muskeln des Körpers entspannt haben.

4. Auch körperliche Schwerarbeit kann höchst entspannend sein. Natürlich nichts übertreiben: Wenn die Muskeln zu schmerzen anfangen, müssen Sie aufhören. Aber Holzhacken oder den Garten umgraben kann sehr therapeutisch wirken. Seelische Nöte lassen sich manchmal durch schlichtes physisches Sich-Verausgaben lindern. Wenn Sie zum Holzhacken nicht kräftig genug sind oder keinen Garten zum Umgraben haben, schlage ich einen Spaziergang in flottem Marschtempo vor: ein ausgezeichneter Weg, Muskelspannungen loszuwerden.

5. Muskelschmerzen und -verkrampfungen lösen sich oft durch einfaches Massieren, und der wohltuend entkrampfende Effekt, den die Massage auf die Muskeln hat, wird auch beruhigend auf das Gemüt wirken. (Eng und wechselseitig ist die Beziehung zwischen Geist und Körper: Die gestreßten Geisteskräfte können verspannte Muskeln erzeugen, und umgekehrt sorgt Muskellockerung auch für geistige Lockerung und Entkrampfung.) Füße, Beine, Arme und vielleicht auch Nackenmuskeln kann man selbst massieren, für Kreuz und Rücken ist ein fremdes Paar Hände geeigneter. Denken Sie auch an die positiv unterstützende Wirkung von Massageölen (siehe Seite 103/104).

Die Kraft der Imagination

Zwischen Imagination (Einbildungs- oder Vorstellungskraft) und Realität besteht ein engerer Zusammenhang, als Sie glauben. Schon Shakespeare schrieb in «Hamlet»: «An sich ist nichts gut oder böse; das Denken macht es erst dazu.» Und in jüngerer Zeit postulierte der Philosoph und Psychologe William James, seiner Meinung nach könne der Mensch durch Änderung seiner inneren Haltung die äußeren Aspekte seines Lebens ändern und damit sein Schicksal bestimmend mitgestalten.

Erst in den letzten Jahren haben diese eher theoretischen Aussagen angefangen, sich praktisch auszuzahlen. Während die Mehrheit der Ärzte in aller Welt immer noch überwiegend mit Stahl und Strahl, mit Giften und medizinischer Hochtechnologie gegen Krankheiten vorgeht (und dabei vergißt, daß das Schlachtfeld, der menschliche Körper, von den eingesetzten Waffen oft ebenso stark geschädigt wird wie die Krankheit), experimentiert eine kleine, aber hartnäckige Forschergilde schon seit geraumer Zeit mit Techniken, die die Imagination einbeziehen. Es ist eine Waffe, die zugleich einfach und hochkomplex ist, alltäglich und ans Wunderbare grenzend, bemerkenswert leicht einzusetzen und doch viel stärker als alle anderen Mittel.

Wohlbekannt ist die destruktive Kraft der Imagination. Wer glaubt, daß er Krebs bekommt, bekommt mit einiger Wahrscheinlichkeit auch Krebs. Die Mutter, die glaubt, daß sie ihr Kind verlieren wird, erhöht dadurch die Wahrscheinlichkeit, daß sie es tatsächlich verliert. Der Mann, der erwartet, daß er einen Infarkt bekommt, erleidet wahrscheinlich einen. Die Frau, die glaubt, daß sie sterben wird, stirbt wahrscheinlich.

Diese Macht der Imagination über den Körper ist es, mit der Wudu-Priester und Medizinmänner arbeiten. Sie ist es, die hinter der Fähigkeit des «Medizinmannes im weißen Kittel» steht, den Patienten von seiner Unfehlbarkeit zu überzeugen. Sie ist es, die den Placebo-Effekt erklärt und die Gabe des unausgebildeten Heilers, Schmerz und Krankheit lediglich mit Hilfe seiner Hände zu besiegen.

Bisher wurde die Kraft der Imagination fast ausschließlich zur Unterstützung der unnatürlichen Künste des Interventionisten eingesetzt. Kassenarzt und Krankenhausarzt arbeiten mit der Einbildungskraft des Patienten, wenn sie ihm sagen, diese oder jene Tablette werde seine Symptome vertreiben. Homöopathen, Hypnotherapeuten, Akupunkteure, Kräuterdoktoren: sie alle arbeiten mit der Imagination, um ihre eigenen begrenzten Fähigkeiten zu steigern und zu ergänzen. Suggeriert der Profi dem Patienten, seine Schmerzen würden sich nun legen, so löst die Imagination des Kranken die Ausschüttung natürlicher schmerzlindernder Hormone (Endorphine) aus. Geht es dem Kranken dann besser, nimmt der Arzt das Verdienst in Anspruch.

Immer klarer wurde nun freilich in jüngster Zeit, daß der Patient den Profi gar nicht unbedingt braucht, um die Kraft der Imagination nutzbringend einzusetzen. Er muß nur an diese Kraft glauben. Zu ihrer Nutzung braucht er lediglich ein paar einfache kreative «Tricks» zu lernen, aber die Grundvoraussetzung ist und bleibt der Glaube, der Berge versetzt.

Wer einen Drahtseilakt vollführen will, muß sich das von vornherein zutrauen und glauben, daß er es schaffen wird, sonst wird er abstürzen, ganz gleich, wie groß sein technisches Geschick als Seiltänzer sein mag. Ähnliches Zutrauen und ähnlichen Glauben an die eigenen Fähigkeiten braucht man auch, wenn man die Imagination einsetzen will, um Krankheiten zu bekämpfen. Um den Glauben an Ihre Imagination aufzubauen, empfehle ich Ihnen zunächst die auf Seite 114–116 beschriebenen Tagtraum-Übungen. Sie brauchen auf die Übungen nicht viel Zeit zu verwenden – fünf bis zehn Minuten genügen –, aber machen Sie sie, so oft Sie können. Zu diesen allgemeinen Übungen können noch speziellere treten.

Dafür ein Beispiel: Schneiden Sie eine Zitrone auf und saugen Sie etwas Saft heraus. Konzentrieren Sie sich, so stark es geht, auf den typischen zitronensauren Geschmack und suchen Sie sich all Ihrer Reaktionen bewußt zu werden. Achten Sie darauf, wie sich der Mund mit Speichel füllt, wie die Nase sich rümpft, wie Sie vor der Zitrone fast zurückweichen. Ein paar Stunden später bilden Sie sich dann ein, Sie saugten wieder an der Zitrone. Beschwören Sie mit Hilfe der Imagination den bitteren Geschmack herauf, und Sie werden merken, daß sich der Mund wieder mit Speichel füllt und die Nase sich wieder rümpft.

Diese einfache Übung können Sie wiederholen, so oft Sie wollen. Sie wird Ihr Zutrauen stärken, daß Sie dank Ihrer Imagination Szenen wieder heraufbeschwören können. Jedesmal wenn Ihnen der Mund wäßrig wird, haben Sie den Beweis dafür, daß die Einbildungskraft eben nicht nur Einbildung ist.

Im Krankheitsfall gibt es nun ein paar einfache Methoden, mit denen Sie Ihre Imagination als positive Kraft zur Selbsthilfe einspannen können.

● Stellen Sie sich als jemand vor, dem es immer besser geht; suchen Sie sich als Gesunden zu sehen, der all das tut, was Sie normalerweise tun. Wenn sich die Anfangssymptome einer Erkältung melden und Sie vor Ihrem geistigen Auge sehen, wie Sie im Bett liegen mit Fieber und Triefnase, fünf Tage krankfeiernd – dann werden Sie wahrscheinlich mit Fieber ins Bett müssen und fünf Tage mit der Arbeit aussetzen müssen.

Wenn Sie sich dagegen vor Ihrem geistigen Auge als Genesenden sehen, der sich nach ein paar Stunden leichten Verschnupftseins wieder erholt hat, werden die Symptome verschwinden und Sie nicht ernstlich erkranken. Natürlich kann ich nicht versprechen, daß Sie sich solcherart durch Visualisierung immer gesunderhalten können – schwerere Probleme werden Hilfe von außen erfordern –, aber kleine Wehwehchen wie Husten, Erkältungen und diverse Zipperlein lassen sich mit der beschriebenen Methode häufig zum Verschwinden bringen. Und auch dann, wenn die Imagination die Krankheit aus eigener Kraft nicht zu besiegen vermag, ist es viel besser, wenn sie auf Ihrer Seite kämpft und nicht umgekehrt die Krankheit verschlimmert. Auf jeden Fall wird sie zumindest die Krankheitsdauer abkürzen helfen.

- Stellen Sie sich die Krankheit nie als stark oder übermächtig vor. Stellen Sie sich den Körper immer stärker vor als jede angreifende Kraft. Betrachten Sie bei Infektionen die Erreger als böse, aber schwache, heimatlose, verängstigt umherirrende Wesen. Wenn Sie Krebs haben, stellen Sie sich den Krebs als unsicheren Wanderer vor, als Eindringling, der ums Überleben kämpft. Wenn Sie sich den Krebs oder Krankheitserreger solcherart als «Wesen» ausmalen, malen Sie ihn sich als schwach und klapperdürr, als hustend und hautkrank aus.
- Versuchen Sie, wenn Sie Schmerzen haben oder an einer bestimmten Krankheit leiden, aus Ihrem Körper herauszutreten. Versetzen Sie sich in eine ferne Zimmerecke und lassen Sie sich dort nieder, um Ihren Körper heilen zu helfen. Stellen Sie sich vor, daß Sie sich von vorn, von der Seite, von hinten und von oben sehen. Lassen Sie den Schmerz bzw. die Krankheit hinter sich. Lassen Sie nun vor Ihr geistiges Auge ein hochqualifiziertes Ärzteteam treten, das an Ihrem Körper arbeitet und die Krankheit und den Schmerz ausrottet. Stellen Sie sich die Krankheit als einen Haufen Unrat vor, der zusammengekehrt und weggeschafft werden muß. Stellen Sie sich vor, daß der Schmerz im Körper durch elektrische Kabel übertragen wird und daß die Ärzte diese Kabel durchschneiden. Treten Sie erst dann wieder in Ihren Körper zurück, wenn Sie sicher sind, daß die Ärzte das im Augenblick Menschenmögliche für Sie getan haben.
- Wenn Sie mit Medikamenten behandelt werden, stellen Sie sich vor, daß in jeder Tablette eine Miniatur-Elitetruppe haust. In Ihrem Körper wird die Truppe wie bei einer militärischen Landung freigesetzt, findet ihren Weg in die Blutbahn und kämpft dort gegen die Krankheit, die Sie affiziert. Stellen Sie sich die weißen Blutkörperchen ebenfalls als kämpfende Armee vor. Weitere Visualisierungs-

möglichkeiten für die Kämpfer: Cowboys, Kavalleristen, Astronauten, Kreuzritter. Welches Bild Sie wählen, ist eigentlich gleichgültig; Hauptsache, Sie setzen Ihre Imagination auf möglichst kräftige, kämpferische, positive Weise ein und wählen ein Bild, das für Sie glaubhaft ist.

Zugegeben, dies alles hört sich ein bißchen einfach an. Aber wohl nur deshalb, weil wir dazu erzogen worden sind, die Medizin für allmächtig und unseren Körper grundsätzlich für schwach und gebrechlich zu halten. Als Kinder werden wir für das Phantasieren und Tagträumen ausgescholten. Als Erwachsene werden wir dazu gedrängt, an die Profis zu glauben. Dabei zeigt die heutige Situation, daß die Profis insgesamt nur wenige Antworten anzubieten haben, während unserem Körper viele Kräfte eigen sind, die wir bisher stets unterschätzten. Die innere Einstellung kann den Körper krank machen. Aber sie kann ihn auch gesund erhalten – und wieder gesund werden lassen.

Die heilende Berührung

Zwischen normalem Heilen und dem Geistheilen, das in letzter Zeit wieder Furore macht, liegt ein erheblicher Unterschied, denn manche Geistheiler rufen eine übernatürliche Instanz, irgendeinen Gott oder ein religiöses Wesen an, das die Heilung bewirken soll.

Dies wird von vielen modernen Geistheilern abgelehnt. Heilen muß nichts mit Mystik zu tun haben, braucht keinerlei religiöse Beiklänge aufzuweisen. In den letzten Jahren ist das Heilen durch Berührung zu einer blühenden alternativmedizinischen Spezialität geworden, aller religiösen Assoziationen durchaus entkleidet. Allein in Großbritannien vertritt die «Confederation of Healing Organizations» nicht weniger als neun verschiedene Gruppen und siebentausend einzelne Heiler. Am überraschendsten ist vielleicht die Tatsache, daß die praktizierenden Heiler mehrheitlich nicht glauben, daß an ihrer Tätigkeit irgend etwas Außergewöhnliches ist. «Heilen», sagt einer von ihnen, «ist keine spezielle Gabe; es ist nur so, daß die vollberuflichen Heiler viel üben und daher eben ganz gut werden.»

Geistheiler stießen und stoßen noch immer auf breite Skepsis. Dennoch gibt es mittlerweile recht viele wissenschaftliche Indizien, die – drücken wir's vorsichtig aus – für einen bestimmten Nutzeffekt sprechen. Bei einem Experiment in den fünfziger Jahren anästhesierte Bernard Grad, ein Biochemiker an der McGill University in Montreal, eine Anzahl Mäuse, machte kleine Einschnitte in ihre Haut und teilte sie in zwei Gruppen. Gruppe eins wurde überhaupt nicht behandelt, also der Spontanheilung überlassen. Gruppe zwei wurde von einem professionellen Heiler behandelt. Und die Mäuse in Gruppe zwei genasen tatsächlich schneller als die anderen.

Noch überzeugender (da Menschen einbezogen wurden) waren kontrollierte klinische Versuche von Dolores Krieger, einer Professorin an der New York University, die zu den bekanntesten Heilerinnen der Welt zählt. Bei diesen Versuchen zeigte sich, daß durch «Healing» hervorgerufene Blutveränderungen im Labor gemessen werden können. Viele Ärzte gaben daraufhin ihre Skepsis auf, denn bessere Beweise gibt es wohl gar nicht.

Forschungsprogramme laufen heute zur Untersuchung von Heiler-Effekten bei Krankheiten wie beispielsweise primär chronischer Polyarthritis (rheumatoider Arthritis), bei denen sich Besserungen des Leidens konkret nachweisen lassen. Genaue Resultate liegen noch nicht vor. Klar scheint mittlerweile aber, daß Heiler bessere Ergebnisse erzielen, wenn der Kranke weiß, daß er behandelt wird, und wenn er positiven Genesungswillen aufweist. Dies läßt vermuten, daß die Geistheilung überwiegend dadurch zustande kommt, daß die körpereigenen Heilkräfte des Patienten aktiviert werden.

Damit übereinstimmend sagen viele Heiler, daß zwar der Besuch bei einem professionellen Heiler etwas bewirken könne, daß aber die meisten Menschen die Heiltechniken auch selber anwenden könnten. Grundsätzlich scheint jeder zum Heiler befähigt. Zusätzlichen Vorteil bringt der Besuch beim berufsmäßigen Heiler nur insofern, als der Patient von der Persönlichkeit und dem Enthusiasmus des Heilers mitgerissen wird. Wenn Sie sich selbst als Geistheiler betätigen wollen, müssen Sie Ihre Hände auf den Körper des Kranken legen oder dicht darüber. Und dann projizieren Sie einfach ein Gefühl des Wohlbefindens und der Gesundheit von Ihrem Körper in den seinen.

Dazu ein kleines Experiment, das Sie zur Erprobung Ihrer Heilkraft versuchen können. Legen Sie Ihre Hände – wie in Bethaltung gerade ausgestreckt – vor sich in der Luft eng aneinander, so eng wie möglich, ohne daß sie sich jedoch tatsächlich berühren. Der Luftspalt dazwischen soll so klein wie möglich sein. Nun die Hände fünf Zentimeter auseinanderbewegen und einige Sekunden in dieser Stellung lassen. Dann wieder zusammenführen, ganz eng, so daß sie sich fast berühren. Einige Sekunden so lassen, dann zehn Zentimeter auseinanderbewegen. Wieder einige Sekunden so lassen.

Nach Rückkehr der Hände in die Ausgangsstellung sollen die Hände nun fünfzehn Zentimeter auseinandergenommen werden. Tun Sie dies alles so langsam wie möglich und verharren Sie immer mehrere Sekunden in jeder Position. Am Schluß die Hände fünfundzwanzig bis dreißig Zentimeter auseinandernehmen und sie dann in Fünf-Zentimeter-Schritten ruckweise wieder zusammenführen. Es ist möglich, daß Sie nun eine seltsame Art von Widerstand spüren, als würde Luft zwischen den Händen zusammengepreßt, aber wahrscheinlich werden Sie auch einen Wechsel der Hauttemperatur der Hände feststellen. Bei manchen Menschen werden die Hände wärmer oder kribbeln ein bißchen, bei den meisten werden sie sich etwas kühler anfühlen.

Intuition

Vor ein bis zwei Jahrzehnten wäre es schwierig gewesen, einen seriösen Wissenschaftler aufzutreiben, der zugegeben hätte, er glaube an Telepathie oder außersinnliche Wahrnehmung. Heute wäre es ebenso schwierig, einen seriösen Wissenschaftler zu finden, der kategorisch erklärte, er glaube nicht an Parapsychologie. In Amerika greift das FBI zur Lösung von Kriminalfällen auf spiritistische Medien zurück, und das Pentagon investierte Millionensummen in parapsychologische Forschungen. Überall auf der Welt suchen intelligente und nicht unbedingt für Scharlatanerie anfällige Leute persönlichen und professionellen Rat bei Menschen, die über Kräfte dieser Art verfügen.

Wenn man alle übertriebenen Sensationsgeschichten, alle Enten der Regenbogenpresse, alle unglaublichen und hinterher als falsch entlarvten Storys beiseite läßt, besteht trotzdem kaum ein Zweifel, daß die meisten von uns über Begabungen verfügen, die nur allzu selten genutzt werden. Und es besteht auch kaum ein Zweifel, daß wir mit vielen Alltagsproblemen weitaus leichter und streßfreier, mit weitaus weniger Aufwand fertig würden, wenn wir diese Begabungen besser nutzten.

Wenn Sie Ihre intuitiven Fähigkeiten konstruktiver einsetzen wollen, lesen Sie die folgenden Abschnitte.

1. Neigen Sie dazu, bei kleinen Entscheidungen endlos zu zaudern – Was ziehe ich an? Was esse ich heute abend? etc. –, setzen Sie sich für solche Entscheidungen ein Zehn-Sekunden-Limit. Sie werden feststellen, daß dies eine außerordentlich befreiende Übung ist. Nehmen Sie sich einfach vor, Ihrer ersten Eingebung zu folgen. War Ihr erster Einfall: Ich ziehe das rote Kleid an, dann ziehen Sie es an. Verschwenden Sie keine Energie darauf, stundenlang darüber nachzubrüten und den gesamten Inhalt Ihres Kleiderschranks durchzuprobieren. Und war Ihr erster Gedanke: Ich bestelle das Steak, dann bestellen Sie es. Schwanken Sie nicht eine halbe Stunde unentschlossen zwischen Steak und Schweinebraten. Wahrscheinlich war Ihre erste, instinktive Lösung die beste. Bei kleinen Entscheidungen dieser Art haben Sie ja nicht viel zu verlieren. Je länger und quälender Sie den Entscheidungsprozeß werden lassen, desto höher der Preis, den Sie für die Mißachtung Ihres intuitiven Gefühls zahlen.

2. Gibt es ein schwieriges Problem zu lösen und Sie quälen sich schon Stunden damit herum, hören Sie damit auf und tun Sie etwas völlig anderes. Gehen Sie spazieren oder nehmen Sie ein warmes, entspannendes Bad. Oder legen Sie sich mit einem spannenden Buch auf die Couch. Mit großer Wahrscheinlichkeit ist anzunehmen, daß Ihnen nach einer etwa einstündigen Pause spontan die beste Lösung einfällt. Ihr Unbewußtes wird in der Zwischenzeit an dem Problem weitergearbeitet und eine Lösung für Sie gefunden haben.

3. Gilt es, ein heikles Problem zu lösen, schreiben Sie sich spontan eine Reihe von Antworten auf. Kritzeln Sie sie so rasch wie möglich aufs Papier. Tun Sie das zehn, fünfzehn Minuten lang und schauen Sie sich dann das Geschriebene an. Vieles wird Ihnen immer noch verrückt und unsinnig erscheinen. Das können Sie gleich aussondern. Andere Antworten aber werden nützlich sein. Und eine wird sehr wahrscheinlich ins Auge springen als die Lösung, die Sie suchen.

4. Wenn Sie Ihre prognostischen Kräfte schärfen wollen, versuchen Sie einmal vorherzusagen, welche Meldungen morgen auf der Titelseite der Zeitung stehen werden. Oder welches Titelbild Ihr Nachrichtenmagazin nächste Woche haben wird. Oder versuchen Sie das Resultat von Sportwettkämpfen oder Wahlen vorauszusagen. Versuchen Sie sich einen bestimmten Menschen als Sieger vorzustellen. Werfen Sie gleichsam von außen einen Blick auf sich selbst, wie Sie dastehen, mit einer Zeitung in der Hand, deren Schlagzeile klar sichtbar ist. Merken Sie sich, daß sich mit bildhaften Vorstellungen leichter spielen läßt als mit anderen Vorstellungen. Wenn Sie Übungen dieser Art durchführen, versuchen Sie bitte, sich wirklich ein *Bild* zu machen, etwas zu sehen, statt nur kalt analytisch darüber nachzudenken. Wenn Sie diese Technik regelmäßig anwenden, trainieren Sie Ihren Geist, Informationen zu sichten und Sofort-Antworten zu geben – Ihr intuitiver Sinn wird sich verbessern.

8
Wie man sich selber kennenlernt

Die Fragelisten auf den folgenden Seiten sollen Ihnen Entscheidungshilfe geben. Wie kann ich aus meinen Stärken das Beste machen? Wie kann ich meine Schwächen am besten überwinden? Welche geistigen Techniken der gesundheitlichen Selbsthilfe eignen sich für mich, wie sezte ich sie wirksam ein?

Lachen Sie genug in Ihrem Leben?
Bitte mit «Ja» oder «Nein» antworten.

1 Finden Sie es schwierig, über sich selbst zu lachen?
2 Werden Sie ungehalten, wenn Sie an einer wichtigen Konferenz teilnehmen und jemand einen Witz oder eine komische Geschichte erzählt?
3 Wären Sie tief beleidigt, wenn Ihnen ein dummer Schnitzer unterliefe und die Leute über Sie lachten?
4 Sehen Sie lieber ernste Dokumentarfilme als leichte Komödien?
5 Glauben Sie, daß Ihre Stellung oder Ihr Status es verlangt, daß Sie in der Öffentlichkeit immer ernst auftreten?
6 Halten Sie Witzzeichnungen und Comics für Kinderei, eines Erwachsenen unwürdig?
7 Glauben Sie, daß man Sex und Humor auseinanderhalten sollte?
8 Wäre es Ihnen peinlich, in einem Krankenhaus oder in einer Kirche laut zu lachen?
9 Halten Sie Streiche immer für kindisch?
10 Halten Sie Menschen, die viel lachen, für unreif?

Auswertung: Bei bis zu viermal «Ja» spielt Humor eine angemessene Rolle in Ihrem Leben. Bei fünf und mehr «Ja» gibt es wahrscheinlich zu wenig Lachen in Ihrem Leben. Lachen kann Schutz bieten und heilsam sein.

Hat Ihr Leben Ziel und Sinn?
Bitte mit «Ja» oder «Nein» antworten.

1 Haben Sie je das Gefühl, daß in Ihrem Leben etwas fehlt?
2 Langweilen Sie sich viel?

3 Haben Sie unerfüllte Ambitionen?
4 Wünschen Sie sich, Sie hätten mehr Verantwortung?
5 Glauben Sie manchmal, daß Sie Ihr Leben verschwenden?
6 Verwirklichen Sie das, wovon Sie geträumt haben, als Sie achtzehn waren?
7 Freuen Sie sich auf die Zukunft?
8 Wünschen Sie sich, Sie würden mehr gefordert?
9 Haben Sie Talente und Begabungen, die nicht genügend zum Tragen kommen?
10 Sind Sie auf Ihre Errungenschaften stolz?

Auswertung:

1	Ja	1 Punkt;	Nein	0 Punkte
2	Ja	1 Punkt;	Nein	0 Punkte
3	Ja	0 Punkte;	Nein	1 Punkt
4	Ja	1 Punkt;	Nein	0 Punkte
5	Ja	1 Punkt;	Nein	0 Punkte
6	Ja	0 Punkte;	Nein	1 Punkt
7	Ja	0 Punkte;	Nein	1 Punkt
8	Ja	1 Punkt;	Nein	0 Punkte
9	Ja	1 Punkt;	Nein	0 Punkte
10	Ja	0 Punkte;	Nein	1 Punkt

Bei 7-10 Punkten mangelt es Ihrem Leben deutlich an Sinn und Ziel. Unerfüllte Wünsche, unbefriedigte Ambitionen haben zu Frust und Langeweile geführt; beides können schädigende, zerstörerische Kräfte sein, die körperliche und geistig-seelische Leiden nach sich ziehen. Bei 4-6 Punkten ist ihr Leben nicht mehr so gefährlich arm an Befriedigung. Dennoch riskieren Sie durch Langeweile und Frust Krankheit und Schaden. Ihr Leben braucht mehr Sinn. 0-3 Punkte: Ihr Leben ist reich an Sinn, Sie werden es schaffen oder geschafft haben, zumindest einige Ihrer Ambitionen zu befriedigen. Jedenfalls haben Sie es versucht.

Sind Sie eher Optimist oder Pessimist?
Zehn Ja/Nein-Fragen, um festzustellen, ob Sie Optimist, Pessimist oder eine gesunde Mischung aus beidem sind.

1 Wetten Sie zuweilen?
2 Träumen Sie gelegentlich davon, was Sie tun würden, wenn Sie plötzlich zu einer großen Geldsumme kämen?

3 Tragen Sie immer eine Sicherheitsnadel bei sich, falls mal etwas reißt?

4 Erwarten Sie, wenn es spät nachts an der Tür klopft, schlechte Nachrichten oder Unannehmlichkeiten?

5 Sie bekommen ein nettes kleines Liebesbriefchen, wissen aber nicht von wem. Würden Sie eher einen Scherz aus dem Freundeskreis als die Botschaft eines unbekannten Verehrers vermuten?

6 Würden Sie je verreisen, ohne vorher Hotelzimmer zu reservieren?

7 Sind Sie über die Pflichtversicherungen hinaus versichert?

8 Nehmen Sie, wenn Sie aus dem Haus gehen, immer Schirm oder Regenkleidung mit?

9 Wenn Ihr Arzt Sie an einen anderen Arzt zur Kontrolluntersuchung überwiese: Gingen Sie automatisch davon aus, daß Sie schwerkrank sind?

10 Würden Sie, wenn Sie eine wichtige Verabredung hätten, früher hinfahren als nötig?

Auswertung:

1	Ja	1 Punkt;	Nein	0 Punkte
2	Ja	1 Punkt;	Nein	0 Punkte
3	Ja	0 Punkte;	Nein	1 Punkt
4	Ja	0 Punkte;	Nein	1 Punkt
5	Ja	0 Punkte;	Nein	1 Punkt
6	Ja	1 Punkt;	Nein	0 Punkte
7	Ja	0 Punkte;	Nein	1 Punkt
8	Ja	0 Punkte;	Nein	1 Punkt
9	Ja	0 Punkte;	Nein	1 Punkt
10	Ja	0 Punkte;	Nein	1 Punkt

7-10 Punkte: Sie sind ein Optimist, wie er im Buche steht. Ihre Lebenseinstellung dürfte gewährleisten, daß Ihre Gesundheit nicht von Ihrer Haltung gegenüber kleinen Problemen und Nöten beeinträchtigt wird. (Allerdings sollten Sie auch nicht allzu sorglos werden, sonst könnten Sie eines Tages in Teufels Küche kommen.) 0-4 Punkte: Sie sind ein Pessimist, wie er im Buche steht. Ihre Lebenseinstellung beeinträchtigt wahrscheinlich Ihre Gesundheit; Sie sollten versuchen, Ihre pessimistischen Gefühle zu modifizieren. 4-6 Punkte: Ein recht gutes Gleichgewicht ist gegeben, aber zweifellos könnten Sie noch mehr für Ihre Gesundheit tun, wenn Sie lernten, Ihre «Hochs» und «Tiefs» mit etwas mehr Optimismus zu durchschreiten.

Sind Sie so kühl, daß Ihre Gesundheit darunter leidet?
Ja/Nein-Fragen

1 Berühren Sie einen Menschen, den Sie lieben, wenigstens einmal am Tag?
2 Haben Sie körperliche Zeichen der Zuneigung gern?
3 Sagen Sie geliebten Menschen regelmäßig, was Sie ihnen gegenüber empfinden?
4 Haben Sie es gern, wenn Sie von Menschen, die Sie lieben, umarmt und geküßt werden?
5 Schlafen Sie ungern allein?
6 Hatten Sie jemals ein Haustier, das Sie sehr gern mochten?
7 Lassen Sie sich gern massieren?
8 Würden Sie in der Öffentlichkeit mit jemandem Händchen halten, den Sie lieben?
9 Glauben Sie, daß Frauen ermutigt werden sollten, Säuglingen in der Öffentlichkeit die Brust zu geben?
10 Werden Sie manchmal trübsinnig, wenn Sie Babys sehen?

Auswertung: Bei weniger als 5 Ja-Antworten sind Sie ein recht kühler Mensch und sollten sich um mehr Selbsterlaubnis zur Liebe – im weitesten Sinn – bemühen. Wichtiger noch: Sie sollten sich erlauben, ohne Schuldgefühl und ohne Peinlichkeit Ihre Zuneigung zu zeigen. Bei 5 und mehr Ja-Antworten sind Sie liebevoll und liebesfähig; dieser Bereich ist für Sie kaum problematisch. Je mehr Ja-Antworten, desto besser.

Haben Sie Ihre Lebensprioritäten richtig festgelegt?

Hier gibt es keine Punktauswertung. Die Fragen sollen Sie vielmehr zu einer kritischen Bestandsaufnahme darüber bringen, ob Sie in Ihrem Leben hinreichend zwischen Vor- und Nachrangigem, Wichtigem und Trivialem unterscheiden.

1 Wissen Sie, welche Dinge in Ihrem Leben wichtig sind?
2 Räumen Sie diesen Dingen auch tatsächlich Vorrang ein?
3 Fällt es Ihnen leicht, Verantwortung für kleinere Probleme an andere abzutreten?
4 Verschwenden Sie je Zeit darauf, sich über kleine Problemchen Sorgen zu machen?
5 Wie weit würden Sie gehen, um Ihre Lebensprioritäten zu verteidigen oder zu fördern?
6 Welche Dinge in Ihrem Leben machen Sie am glücklichsten?

7 Welche Dinge in Ihrem Leben machen Sie am unglücklichsten?
8 Wieviel Zeit widmen Sie den Dingen, die Sie glücklich machen?
9 Wieviel Zeit widmen Sie den Dingen, die Sie unglücklich machen?
10 Welche Menschen tragen am meisten zu Ihrem Glück bei?
11 Welche Menschen tragen am meisten zu Ihrem Unglück bei?
12 Wieviel Zeit verbringen Sie mit den Menschen, die Ihnen am meisten bedeuten?
13 Wieviel Zeit verbringen Sie mit Menschen, die Sie eigentlich nicht mögen?
14 Wieviel Zeit verbringen Sie mit Tätigkeiten, die Ihnen Spaß machen?
15 Wie wichtig ist Geld für Sie?
16 Wieviel Zeit verbringen Sie damit, Geld zu verdienen?
17 Wie wichtig ist Ihnen Ihr Beruf?
18 Wieviel Zeit verbringen Sie damit, sich wegen Ihrer Arbeit Sorgen zu machen?
19 Wie wichtig sind Ihre materiellen Besitztümer für Sie?
20 Wieviel Zeit verwenden Sie darauf, Geld für materiellen Besitz zu verdienen?
21 Welchen Stellenwert haben Ihre Hobbys?
22 Wieviel Zeit widmen Sie Ihren Hobbys?
23 Welches ist Ihr größter Ehrgeiz?
24 Wie könnten Sie Ihre Lebensqualität am besten heben?
25 Welche Lebensprioritäten haben die Menschen, die Ihnen nahestehen?

Möchten Sie Ihren Willen zur Selbstbehauptung stärken?

Bitte nur mit Ja/Nein antworten. Am Schluß die Ja zusammenzählen.

1 Kommt es vor, daß Sie Einladungen annehmen, die Sie eigentlich lieber ablehnen würden?
2 Sitzen Sie in Gremien, Komitees usw., obwohl Sie dies für Zeitverschwendung halten?
3 Kommt es vor, daß Sie mit Freunden zum Essen ausgehen, obschon Sie lieber einen stillen Abend zu Hause verbrächten?
4 Hätten Sie ein schlechtes Gewissen, wenn Sie mal nicht ans Telefon gingen, wenn es klingelt?
5 Haben Sie schon einmal jemandem Geld (oder sonst etwas) geliehen, nur weil Sie nicht nein sagen konnten?
6 Schauen Sie sich beim Fernsehen immer das mit an, was andere sehen wollen?

7 Schweigen Sie, wenn ein Kellner Sie ruppig behandelt, statt sich zu beschweren?
8 Kommt es vor, daß Sie Dinge kaufen, die Sie eigentlich nicht wollen, nur weil Sie den Verkäufer nicht enttäuschen wollen?
9 Kommt es vor, daß Sie Urlaub an Orten machen, die Ihnen im Grunde nicht zusagen?
10 Haben Sie das Weihnachtsfest schon einmal mit Menschen verbracht, mit denen Sie nicht besonders gut auskommen?

Auswertung: 7-10 Ja: Mangelnde Selbstbehauptung schadet sehr wahrscheinlich Ihrer Gesundheit. Sie müssen selbstbewußter werden, mehr Selbstbestimmung über Ihr Leben gewinnen. 3-6 Ja: Auch hier besteht noch ein gewisser Nachholbedarf an Selbstbehauptung. 0-2 Ja: Sie brauchen aller Wahrscheinlichkeit nach in Sachen Selbstbehauptung keinen Rat.

Haben Sie eine gesunde Haltung gegenüber dem Weinen?
Ja/Nein-Fragen

1 Haben Sie ein schlechtes Gewissen, wenn Sie in der Öffentlichkeit weinen?
2 Glauben Sie, daß Weinen normalerweise ein Zeichen von Schwäche ist?
3 Glauben Sie, daß Jungen dazu erzogen werden sollten, ihre Tränen zu verstecken?
4 Ist es Ihnen peinlich, wenn Sie bei anrührenden Büchern oder Filmen weinen?
5 Würden Sie bei traurigen Anlässen – etwa einer Beerdigung – Ihre Tränen zurückzuhalten suchen?
6 Würden Sie einem Politiker mißtrauen, der in der Öffentlichkeit nasse Augen bekommt?
7 Wenn man Sie beim Weinen überraschte: Würden Sie so tun, als hätten Sie ein Staubkorn im Auge?
8 Geraten Sie in Verlegenheit, wenn Sie Männer weinen sehen?
9 Würden Sie jemandem erlauben, Sie zu trösten, wenn Sie weinend angetroffen würden?
10 Halten Sie Tränen für eine unangebrachte Gefühlsäußerung?

Auswertung: Bei 3 und mehr Ja ist Ihre Haltung zum Weinen nicht gesund. Weinen ist eine natürliche Reaktion; wer Tränen unterdrückt, sorgt für einen unguten Gefühlsstau.

Schädigen Wut und Ärger Ihre Gesundheit?
Ja/Nein-Fragen

1 Versuchen Sie immer, Ihren Ärger zu verbergen?
2 Neigen Sie zu langanhaltendem Ärger?
3 Kommt es vor, daß Sie völlig die Beherrschung verlieren?
4 Leiden Sie an körperlichen Beschwerden (Kopfweh, Magenschmerzen etc.), wenn Sie wütend sind?
5 Unterdrücken Sie stets den Wunsch, sich zu beschweren, wenn Sie wütend sind?
6 Ärgern Sie sich häufig?
7 Neigen Sie zum «Nachbrüten» über Dinge, über die Sie sich geärgert haben?
8 Haben Sie, wenn Sie sich über etwas ärgerten, Einschlafschwierigkeiten?
9 Werden Sie bei Wut rot (oder weiß) im Gesicht?
10 Hat Ihre Wut Sie schon einmal in Schwierigkeiten gebracht?

Auswertung: 7-10 Ja: Sie müssen lernen, mit Wut und Ärger besser umzugehen. 4-6 Ja: Die Wut ist nicht mehr so problematisch. 0-3 Ja: Wut und Ärger spielen in Ihrem Leben sehr wahrscheinlich keine beeinträchtigende oder gesundheitsschädigende Rolle.

Ist es für Sie manchmal notwendig, krank zu werden?
Ja/Nein-Fragen

1 Leiden Sie an Symptomen, die in unregelmäßigen und unerwarteten Abständen kommen und gehen?
2 Haben Sie ein chronisches Gesundheitsproblem, für das Ihr Arzt keine Erklärung findet?
3 Haben Sie als Mädchen oder Junge je körperliche Beschwerden ausgenutzt, um sich vor der Schule zu drücken?
4 Haben Sie sich je heimlich gefreut, wenn eine Erkrankung Ihnen ein unangenehmes gesellschaftliches Ereignis ersparte?
5 Wenn Sie als Kind krank waren: Machte Ihre Mutter immer übertrieben viel Aufhebens davon?
6 Werden Sie gern umhegt und umsorgt, wenn Sie krank sind?
7 Müssen Sie wichtige, aber unangenehme Termine regelmäßig aus Gesundheitsgründen absagen?
8 Stellen sich bei Ihnen unter Streß und Belastungen stets leichte körperliche Beschwerden ein (Übelkeit, Durchfall, Muskelschmerzen etc.)?

9 Wurden Sie schon mal als eingebildeter Kranker, Simulant, Hypochonder etc. bezeichnet?
10 Legen Sie sich gern ins Bett, wenn Sorgen, Ängste oder Probleme auf Sie zukommen?

Auswertung: 7-10 Ja: Mit großer Wahrscheinlichkeit setzen Sie (wahrscheinlich unbewußt) Krankheit und Unpäßlichkeit dazu ein, unangenehmen Konfrontationen und bedrohlichen Erlebnissen aus dem Wege zu gehen. Das Problem bei solcherart «zweckdienlichen» Leiden: Man wird kaum je gesund, solange man die Krankheit *braucht*. 4-7 Ja: Es ist wahrscheinlich, daß Sie Krankheit als Waffe oder Vorwand einsetzen. 0-3 Ja: Es macht nicht den Anschein, als benützten Sie Krankheit als Waffe.

Brauchen Sie in Ihrem Leben mehr positive Spannung?
Ja/Nein-Fragen

1 Fühlen Sie sich in eine ewige Tretmühle eingespannt?
2 Langweilen Sie sich viel?
3 Wünschen Sie sich, Sie hätten mehr Verantwortung?
4 Bedienen Sie routinemäßig Maschinen, über die Sie wenig oder gar keine Kontrolle haben?
5 Wissen Sie normalerweise, was Sie jeden Tag tun werden?
6 Gehen Ihnen Gewohnheiten Ihres Partners häufig auf die Nerven?
7 Sorgt das Fernsehen für die meisten Glanzlichter in Ihrem Leben?
8 Verhält sich Ihr Partner im Bett immer genau nach «Schema F»?
9 Wünschen Sie sich, Ihr Leben hielte mehr Überraschungen bereit?
10 Beneiden Sie Menschen, die ein aufregendes Leben führen?

Auswertung: 7-10 Ja: Sie leiden schwer an Langeweile. Sie müssen unbedingt mehr positive Spannung in Ihr Leben bringen. 4-6 Ja: Langeweile von mittleren Graden, potentiell ebenfalls noch gesundheitsbeeinträchtigend. Sie sollten etwas dagegen tun. 0-3 Ja: Langeweile spielt kaum eine Rolle in Ihrem Leben.

Wünschen Sie sich mehr Selbstvertrauen?
Ja/Nein-Fragen

1 Unterlassen Sie in der Regel Dinge, die andere stören könnten – selbst wenn es sich um Dinge handelt, die Sie gerne tun?
2 Haben Sie ein schlechtes Gefühl, wenn Sie aus einem Laden kommen und nichts kauften?

3 Richten Sie sich in Ihrem Kleidungsstil immer nach den Wünschen anderer?
4 Tun Sie in Ihrem Leben sehr viele Dinge, die Ihnen keinen Spaß machen?
5 Fühlen Sie sich schuldig, wenn Sie etwas in vollen Zügen genießen?
6 Lassen Sie Ihr Leben weitgehend von anderen Menschen lenken?
7 Glauben Sie, daß sie viel mehr Schwächen als Stärken haben?
8 Machen Sie sich große Sorgen, wenn Sie versehentlich jemanden ärgern?
9 Entschuldigen Sie sich dauernd?
10 Ertappen Sie sich oft bei dem Wunsch, mehr Talente und Fertigkeiten zu haben?

Auswertung: 7-10 Ja: Sie brauchen unbedingt mehr Selbstvertrauen. Ihr Mangel an Selbstbewußtsein wirkt zweifellos gesundheitsbeeinträchtigend. 3-6 Ja: Mittelstarker Mangel an Selbstvertrauen, ebenfalls noch eine Gefahr für die Gesundheit. 0-3 Ja: Ihre Gesundheit ist infolge des gelegentlich mangelnden Selbstvertrauens kaum gefährdet.

Wie wirken sich Ihre zwischenmenschlichen Beziehungen auf Ihre Gesundheit aus?

Fertigen Sie eine Liste aller Menschen an, mit denen Sie eine enge, wichtige Beziehung verbindet. Stellen Sie sich zu jeder einzelnen Person die folgenden Fragen. Die Antworten sollen Ihnen Aufschluß über Ihr soziales Netz und seine möglichen Auswirkungen auf Sie geben (keine Ja/Nein-Fragen, keine punktmäßige Auswertung).

1 Wer ist der stärkere Partner in Ihrer Beziehung?
2 Stützen Sie sich in hohem Maß auf ihn/sie?
3 Stützt er/sie sich in hohem Maß auf Sie?
4 Neigen Sie dazu, diese Beziehung als selbstverständlich zu betrachten?
5 Neigt er/sie dazu, die Beziehung zu Ihnen als selbstverständlich zu betrachten?
6 Können Sie immer auf ihn/sie zählen, wenn Sie Hilfe brauchen?
7 Kann er/sie immer auf Sie zählen, wenn er/sie Hilfe braucht?
8 Wirkt er/sie einschüchternd oder verängstigend auf Sie?
9 Glauben Sie, daß Sie je einschüchternd oder verängstigend auf ihn/sie wirken?
10 Hängt er/sie finanziell von Ihnen ab?
11 Hängen Sie finanziell von ihm/ihr ab?

12 Würden Sie ihm/ihr Geld oder Wertsachen anvertrauen?
13 Glauben Sie, daß er/sie Ihnen Geld oder Wertsachen anvertrauen würde?
14 Mögen Sie ihn/sie?
15 Lieben Sie ihn/sie?
16 Glauben Sie, daß er/sie Sie mag?
17 Glauben Sie, daß er/sie Sie liebt?
18 Was haben Sie von der Beziehung?
19 Was hat er/sie von der Beziehung?
20 Reden Sie von ihm/ihr in seiner/ihrer Abwesenheit immer freundlich?
21 Glauben Sie, daß er/sie in Ihrer Abwesenheit immer freundlich über Sie redet?
22 Was sind seine/ihre größten Ambitionen?
23 Was sind seine/ihre größten Ängste?
24 Was, glauben Sie, ist das Wichtigste in seinem/ihrem Leben?
25 Wenn Sie nachts um drei Uhr eine Autopanne hätten, könnten Sie ihn/sie anrufen und um Hilfe bitten?
26 Wenn er/sie nachts um drei eine Autopanne hätte, könnte er/sie Sie anrufen und um Hilfe bitten?
27 Bringt ihm/ihr die Beziehung finanziellen Nutzen?
28 Bringt Ihnen die Beziehung finanziellen Nutzen?
29 Was ärgert Sie am meisten an ihm/ihr?
30 Was, glauben Sie, ärgert ihn/sie am meisten an Ihnen?

Wie groß ist Ihre innere Ruhe und Gelassenheit?

Die folgenden Ja/Nein-Fragen sollen feststellen helfen, wie streßanfällig Sie sind – und was Sie von innerlicher Entspannung profitieren könnten. Zählen Sie am Schluß bitte die Ja zusammen.

1 Neigen Sie zu Reizbarkeit?
2 Bekommen Sie manchmal «Panik»-Anfälle?
3 Finden Sie es schwierig, sich zu entspannen?
4 Wünschen Sie sich, sie hätten weniger Verantwortung?
5 Leiden Sie viel unter Frustrationen?
6 Brauchen Sie in Belastungs- und Streßsitationen Beruhigungstabletten oder Schlafmittel?
7 Denken Sie hin und wieder: Am liebsten würde ich alles hinschmeißen und fortlaufen?
8 Leiden Sie an Symptomen, die durch Streß verursacht oder verschlimmert werden?

9 Würden Sie sich als Menschen bezeichnen, der dazu neigt, sich «graue Haare» wachsen zu lassen?
10 Fühlen sie sich dauernd in Eile, gehetzt?

Auswertung: 7-10 Ja: Entspannung von Leib, Geist und Seele könnte von enormem Nutzen für Sie sein. Sie sind außerordentlich anfällig für Streß, Druck, Angst und Sorgen. 4-6 Ja: Mittelschwere Anfälligkeit für Sorgen und Streß. Auch hier könnte Entspannung viel helfen. 0-3 Ja: Recht große Widerstandsfähigkeit. Trotzdem könnte die wiederholte Lektüre des Abschnitts «Innerlich zur Ruhe kommen» (siehe Seite 110 – 116) etwas nützen.

Wie stark ist Ihre körperliche Gespanntheit?
Die folgenden Ja/Nein-Fragen sollen feststellen helfen, wie streßanfällig Sie körperlich sind – und was Sie von körperlicher Entspannung profitieren könnten. Zählen Sie am Schluß bitte die Ja zusammen.

1 Bekommen Sie bei Aufregung Atembeschwerden, oder wird Ihr Atem keuchend, pfeifend?
2 Laufen Sie bei Wut und Ärger rot an?
3 Schwitzen Sie, wenn Sie Angst haben oder erschreckt werden?
4 Kriegen Sie bei Aufregung ein «flaues Gefühl im Magen»?
5 Bekommen Sie bei Angst und Aufregung starkes Herzklopfen?
6 Kommt es vor, daß Sie vor wichtigen Terminen an Brechreiz oder Durchfall leiden?
7 Kommt es vor, daß bei Aufregung Ihr Puls zu rasen anfängt?
8 Litten Sie infolge Aufregung oder Nervosität je an einem Hautausschlag?
9 Leiden Sie bei Sorgen manchmal unter Kopfweh?
10 Sind Sie aus Angst schon einmal in Ohnmacht gefallen?

Auswertung: Die Zahl der Ja-Antworten zeigt an, in welchem Grad Ihr Körper auf Streß und Druck reagiert. Wenn Sie weiterhin Streßsituationen ausgesetzt bleiben, ohne zu lernen, sich zu schützen, werden irgendwann Symptome von Streßkrankheiten auftreten. (Die Fragen, die Sie beantworteten, werden Ihnen vielleicht schon grob Anhaltspunkte dafür geliefert haben, welche Probleme für Sie am belastendsten sind.) Um sich zu schützen, müssen Sie lernen, sich körperlich zu entspannen.
7-10 Punkte: starke, 3-6 Punkte: durchschnittliche, 0-2 Punkte: unterdurchschnittliche körperliche Streßanfälligkeit.

Wie gut ist Ihre Imagination (Vorstellungskraft) entwickelt?
Ja/Nein-Fragen

1 Täumen Sie im Schlaf?
2 Träumten Sie als Kind am Tag vor sich hin?
3 Hatten Sie schon einmal einen Alptraum?
4 Phantasieren Sie dann und wann über Menschen, die Sie kennen, oder über Filmstars, Berühmtheiten etc.?
5 Hatten Sie schon einmal ein Déjà-vu-Erlebnis (den Eindruck, daß sie etwas Gegenwärtiges schon einmal sahen oder erlebten)?
6 Phantasieren Sie beim Geschlechtsverkehr?
7 Haben Sie starke religiöse Überzeugungen?
8 Haben Sie manchmal Angst, wenn Sie einen Horrorfilm sehen?
9 Fragten Sie sich schon einmal, wie es (gewesen) wäre, in einem anderen Jahrhundert zu leben?
10 Sorgen Sie sich um die Sicherheit von Familienmitgliedern, wenn diese sich auf Reisen befinden?

Je mehr Ja, desto stärker Ihre Imagination. Aber auch schon bei einem einzigen Ja läßt sich sagen, Ihre Imagination ist stark genug, um sie als Heilkraft einzusetzen.

Wie stark ist Ihr intuitives Gefühl?
Ja/Nein-Fragen

1 Können sie gut Namen raten?
2 Hatten Sie beim Spiel schon einmal eine lange Glückssträhne?
3 Wußten Sie schon mal, was in einem Brief stand, bevor Sie ihn aufmachten?
4 Hatten Sie schon einmal böse Träume, die sich bewahrheiteten?
5 Dachten Sie mal an jemanden, der lange nichts von sich hören ließ, und erhielten Sie dann plötzlich einen Anruf, einen Brief oder eine Karte von ihm? Oder sahen Sie ihn unerwartet auf der Straße wieder?
6 Wußten Sie bei einer bestimmten Gelegenheit, was jemand sagen wollte, noch ehe er den Mund aufmachte?
7 Hörten Sie schon Stimmen, die Ihnen sagten, was Sie tun sollten?
8 Wußten Sie schon einmal, wer am Apparat war, noch ehe Sie den Hörer abnahmen?
9 Beschlich Sie beim Anblick eines Hauses je das Gefühl: Dieses Haus ist das richtige für mich, und kein anderes?

10 Wünschten Sie nach einer kurzen Augenblicksbegegnung mit einem Fremden je, ihn unbedingt näher kennenzulernen?

Wenn Sie auch nur auf eine einzige Frage mit Ja antworteten, besitzen Sie intuitive Kräfte, die Sie zu Ihrem Vorteil einsetzen könnten. Je mehr Ja, desto größer Ihre Kräfte.

Nachwort
Selbstheilung aus dem Geist: Perspektiven

Die Stärke des hier entwickelten Konzepts «Selbsthilfe und Selbstheilung aus dem Geist» liegt in seiner Einfachheit. Das Ziel ist, Sie zu befähigen, die Kräfte zu besiegen, die krank machen, und diese Kräfte dann umgekehrt dazu einzusetzen, gesünder zu werden. An Ihrer Persönlichkeit werden Sie möglicherweise nichts ändern können, und an Ihren Lebensumständen wohl auch nichts. Aber ändern können Sie die Art, wie sich Ihre Persönlichkeit und Ihre Umwelt gegenseitig beeinflussen, und zwar mit Hilfe Ihrer positiven inneren Einstellung.

Wenn Sie die Strategie verfolgen, Ihre Geisteskräfte förderlich einzusetzen, werden Sie in zweierlei Hinsicht davon profitieren. Wenn Sie gesund sind, werden Sie weniger schnell krank, und wenn Sie krank sind, werden Sie eher wieder gesund.

Zwei Punkte sollen noch einmal betont werden. Erstens versteht sich das vorliegende Selbsthilfekonzept nicht als Alternative zur Schulmedizin. Es will zwar dem Patienten neue Perspektiven der Gesunderhaltung aufzeigen, aber dies kann die medizinische Behandlung nicht ersetzen. Ärzte und Heiler werden immer ihren Platz haben; sie werden als Techniker gebraucht, als Helfer im Kampf um Gesundheit und Glück. Das Konzept der gesundheitlichen Selbsthilfe mit geistigen Mitteln will lediglich neue Prioritäten setzen.

Zweitens ist das Konzept wesensmäßig für den Einzelmenschen bestimmt, zum individuellen Gebrauch. Als ich es erstmals anderen vortrug, stieß es zu meiner Freude fast allgemein auf begeisterte Zustimmung, doch wollten es einige zu meinem Schrecken gleich wieder zu einem neuen Untergebiet der «alternativen Medizin» machen.

Sie hatten das Wesen der Sache verkannt. Die gesundheitliche Selbsthilfe mit geistigen Mitteln bietet dem Leser Gelegenheit, mehr Mündigkeit und Selbstbestimmung über sein eigenes Leben und sein gesundheitliches Wohl zu erlangen und einiges von der Verantwortung zurückzuerobern, die in der letzten Zeit allzusehr von den herkömmlichen Interventionisten an sich gerissen wurde.

Es wird keine Kliniken, Produkte und Wunderheiler nach diesem Konzept geben. Es ist eine Idee, ein Ansatz, eine Lebenshaltung. Es ist ein Buch. Nicht mehr und nicht weniger. Aber ich hoffe, daß es Ihr Leben ändern wird.

Anhang

Die Praxis der Selbsthilfe und Selbstheilung aus dem Geist: Geistige Selbstverteidigung

Hier soll gezeigt werden, wie sich die bisher besprochenen Prinzipien der Selbsthilfe mit geistigen Mitteln gezielt auf bestimmte Beschwerden anwenden lassen.

Schätzungsweise können neunzig Prozent aller Symptome und Erkrankungen damit positiv beeinflußt werden, doch gibt es immer auch Fälle, wo ärztliches Eingreifen nötig ist. Zum Arzt sollten Sie gehen, wenn

— Sie schwere oder nicht zu kontrollierende Schmerzen haben,
— Sie unter unerklärbaren Schmerzen leiden, die immer wiederkehren oder länger als fünf Tage anhalten,
— Sie irgendeine unerklärliche Blutung haben,
— Sie eine anhaltende Veränderung in oder an Ihrem Körper bemerken oder wenn sich eine Beule, eine Warze oder ein anderes Hautmal verändert,
— wenn nach ärztlicher Behandlung neue Symptome auftreten,
— wenn psychische Symptome auftreten wie z. B. Verwirrung, Desorientierung, schwere Depression.

Grundsätzlich ist ein Arztbesuch auch in allen Zweifelsfällen anzuraten, das heißt wenn Sie über die Diagnose unsicher sind.

Vergessen Sie aber nicht, daß Sie auch dann, wenn eine Beschwerde ärztlich begutachtet oder behandelt werden muß, durch geistige Selbsthilfe einen Eigenbeitrag leisten und Ihre Genesung fördern können. Und Sie können sich damit vorbeugend gesünder erhalten. Wenn Sie sich (grundsätzlich) als krank und schwach sehen, werden Sie krank und schwach werden. Wenn Sie sich (grundsätzlich) als stark, widerstandsfähig und gesund betrachten, steigt die Wahrscheinlichkeit, daß Sie stark, widerstandsfähig und gesund bleiben oder werden, auf ein Vielfaches. Verbringen Sie Ihre Tage in angstvoller Erwartung, gelenkleidend zu werden, weil Ihre Eltern Gelenkleiden hatten, werden Sie wahrscheinlich auch Gelenkleiden bekommen. Wenn Sie dagegen Ihre Gelenke voll funktionsfähig und schmerzfrei sehen, bleiben Sie wahrscheinlich auch voll funktionsfähig und schmerzfrei.

Beachten Sie schließlich noch, daß die folgenden Abschnitte jeweils nur als Einführung gedacht sind. Bei konkreter Anwendung der dort vorgeschlagenen Behandlung einer Beschwerde, unter der Sie leiden, ist es ratsam, vorher noch einmal die Kapitel 5, 6 und 7 zu lesen.

Angst und Depression

Geisteskrankheiten und seelische Erkrankungen greifen immer weiter um sich. Eine sechsjährige Großstudie aus den USA (National Institutes of

Mental Health) kam zu dem erschreckenden Ergebnis, daß jeder sechste erwachsene Amerikaner an mindestens einer psychiatrischen Beschwerde leide. Die Hauptbeschwerden waren Angstzustände und Depressionen. Ähnliche Zahlen würden sicher auch bei Erhebungen in Großbritannien, Frankreich, Deutschland, in der Schweiz, Österreich und fast allen anderen entwickelten Ländern herauskommen.

Gewiß: Vielfach läßt sich auf Spezialistenhilfe nicht verzichten. Manche Formen der Depression sind schwer behandelbar und langdauernd und erfordern unter Umständen einen Krankenhausaufenthalt. Die Mehrheit der Angst- und Depressionsleidenden aber braucht keine Spezialistenhilfe und keine stationäre Therapie. Leider muß man sagen, daß gerade diese beiden verbreiteten Leiden beim «Normalverbraucher-Kassenarzt» am schlechtesten wegkommen.

Was tut der Kassenarzt nämlich meistens? Er verordnet Tranquilizer. Diese bieten weder kurz- noch langfristig eine akzeptable, wirksame und gefahrlose Lösung. Die Tranquilizer-Sucht ist bereits zu einem volksgesundheitlichen Problem, ja weltweit wohl schon zur größten Suchtgefahr geworden. Die Zahlen variieren von Land zu Land, im Schnitt nimmt aber jeder Zehnte ein Benzodiazepin ein – Valium, Librium oder Mogadan beispielsweise. Allein in Großbritannien gibt es Hunderttausende Männer und Frauen (überwiegend Frauen), die seit mehreren Jahren Tranquilizer schlucken und die bezeugen können, daß diese Mittel keine Lösung bieten.

Das Konzept der geistigen Selbsthilfe dagegen gibt Angst- und Depressionsleidenden, die ihre Symptome dauerhaft und ohne Nebenwirkungen in den Griff bekommen wollen, eine Reihe effektiver Hilfsmittel in die Hand. Sie eignen sich übrigens auch für Menschen, die von Benzodiazepin-Tranquilizern wegkommen wollen.

1. Depressive und an Angstzuständen Leidende haben oft zu wenig Selbstsicherheit. Wenn Sie glauben, daß in Ihrem Fall ein Mangel an Selbstvertrauen mitspielt, suchen Sie den Glauben an sich selbst aufzubauen, indem Sie an all Ihre Vorzüge und Tugenden denken. Stellen Sie sich vor, Sie wären ein guter Freund und wollten sich «von außen» beschreiben, von äußerst lobender Warte aus. Wahrscheinlich werden Sie erstaunt sein, wie viele verborgenen positiven Eigenschaften Sie bei sich entdecken.

2. Setzen Sie Ihre Vorstellungskraft (Imagination) ein, um Ihr Selbstvertrauen zu heben. Die meisten Menschen, die an Angstzuständen leiden, erschweren sich das Leben dadurch, daß sie stets das Allerschlimmste befürchten.

Ein Beispiel: Eine meiner Patientinnen arbeitet als Verkäuferin in einem Kaufhaus. Sie wollte befördert werden, hatte aber seit Jahren Angst davor, einen Antrag einzureichen. Sie fürchtete, man werde sie auslachen, nicht für voll nehmen. Sie entwickelte schließlich einen regelrechten Komplex und wappnete sich innerlich gegen alle möglichen Abfuhren. Ihr absoluter Mangel an Selbstvertrauen und Vertrauen in die eigenen Fähigkeiten untergrub ihre Chance, die ersehnte Stelle je zu bekommen. Sie konnte sich nicht als erfolgreichen Menschen «sehen», dafür um so deutlicher als Versagerin.

Ich schaffte es, sie zu dem Versuch zu bewegen, ihr negatives Selbstbild durch ein positiveres zu ersetzen. Jeden Morgen und jeden Abend sollte sie sich ein paar Minuten lang bildhaft vorstellen, den Beförderungsantrag einzureichen, mit dem Personalchef zu sprechen und in der neuen Position zu arbeiten.

Nach einer Woche, in der sie sich mit positiven Selbstbildern bombardiert hatte, gelang es meiner Patientin, ihren Antrag zu übergeben. Es folgte ein Happy-End: Die Geschäftsleitung freute sich, hatte geradezu auf ihre Bewerbung gewartet und beförderte sie.

3. Viele Menschen, die's mit den «Nerven» haben, finden es schwierig, ihre Gefühle zu äußern – sie neigen dazu, alles in sich zu verschließen. Das kann sehr schädlich sein.

Versuchen Sie daher, sich anzugewöhnen, Ihren Gefühlen von Zeit zu Zeit ganz freien Lauf zu lassen. Wenn Sie sich ärgern: heraus mit dem Ärger. Das heißt nicht, daß Sie in der Öffentlichkeit herumbrüllen oder Wutanfälle bekommen sollen. Wenn Sie z. B. aber mit einer gekauften Ware unzufrieden waren, beschweren Sie sich beim Verkäufer. Schreiben Sie einen geharnischten Brief an die Firma und schicken Sie ihn ab; lassen Sie ihn nicht auf dem Schreibtisch liegen. Damit reagieren Sie nicht nur Ihren Ärger ab, sondern bauen auch Ihr Selbstvertrauen und Ihre Selbstachtung auf. Sie beginnen, sich als jemanden zu sehen, der sich nicht alles gefallen läßt.

Wenn Sie Wut in sich aufsteigen und brodeln fühlen, tun Sie etwas Körperliches, um die aufgestaute Spannung loszuwerden. Gehen Sie beispielsweise im Eiltempo spazieren, denn es ist tatsächlich möglich, Ärger «abzulaufen». Lassen Sie bei sehr starker Gemütsbewegung Ihre Emotionen heraus. Haben Sie keine Angst, zu weinen. Weinen hat oft erstaunlich kräftigende und erfrischende Wirkung. Und seien Sie bereit, Ihre Not jemandem mitzuteilen («Geteiltes Leid ...»).

Manche, die an Depressionen und Ängsten leiden, sagen, sie könnten über ihre Gefühle nicht sprechen, weil sie keine engen Freunde hätten. Möglicherweise verhält es sich aber umgekehrt: Sie haben keine Freunde, *weil* sie nicht über ihre Gefühle sprechen. Bei Freundschaft geht es ums (Mit)Teilen. Schütten Sie Ihre Nöte aus und hören Sie zu, wenn der andere seine Nöte ausschüttet. Fangen Sie an zu reden; fangen Sie an, sich mitzuteilen, und sie werden sehen, daß Sie Freunde haben.

4. Nehmen Sie Ihre zwischenmenschlichen Beziehungen einmal kritisch unter die Lupe. Gibt es Berufskollegen, die Sie ärgern oder mit denen Sie sich nicht verstehen? Verwandte, mit denen Sie nicht klarkommen? Wenn ja, dann fragen Sie sich nach den Ursachen des schlechten Verhältnisses. An wem liegt es? Was können Sie tun, um den Riß zu kitten? Müssen Sie den Riß überhaupt kitten, oder können Sie dem anderen einfach aus dem Wege gehen? Nur weil jemand ein Verwandter ist, muß man ihn nicht notwendigerweise gern haben oder gut mit ihm auskommen.

5. Lernen Sie lachen. Muß bei Ihnen mehr Spaß ins Leben? Sind sie zu ernst? Manche Menschen halten Unernst, Spiel, Lachen und Vergnügen für kindisch. Mögen sie recht haben oder unrecht: Jedenfalls ist Lachen gesund. Gehen sie mal in ein Spielzeuggeschäft und lassen Sie alte Erinnerungen in sich aufsteigen. Kaufen Sie Bücher und Zeitschriften, die Sie erheitern, nicht nur solche von kulturellem Wert. Schauen Sie sich auch mal eine Unterhaltungssendung im Fernsehen an oder einen guten Videofilm. Dazu ein paar Freunde einzuladen, kann nicht schaden.

6. Verbringen Sie ein bißchen Zeit mit Tagträumen. Wenn das Wetter kalt und ungemütlich ist und Sie sich elend fühlen, legen Sie sich hin, machen die Augen zu und stellen sich vor, daß Sie sich an einem Strand sonnen. Dabei können Sie sich durch Bilder aus Reiseprospekten und Zeitschriften inspirieren lassen. Versetzen Sie sich so lebhaft wie möglich in das Bild hinein. Siehe auch Seite 113 – 116.

Arthritis

Kaum eine Krankheit befällt so viele Menschen wie Arthritis, kaum eine verursacht so viel Schmerz, Beschwerden und Behinderungen, und um kaum eine ranken sich so viele Mythen und Mißverständnisse. Der allererste Mythos, den man ausräumen muß, ist die Auffassung von Arthritis als *einer* Krankheit. Der Begriff «Arthritis» ist ungefähr so nützlich und spezifisch wie der Begriff «Infektion», und wie es über hundert verschiedene Arten von Infektionen gibt, gibt es über hundert verschiedene Arten von Arthritis. Diese Arthritisformen unterscheiden sich sehr stark im Ausmaß der Schädigungen und Behinderungen, die sie anrichten, und in der Krankheitsdauer.

Der zweite wichtige Punkt: Zwar ist Arthritis meistens unheilbar, aber es ist immer möglich, eine Linderung der Beschwerden herbeizuführen. Die mit dem Sammelnamen Arthritis bezeichneten Krankheiten sind nicht tödlich, und wenn man ihnen mit Achtung statt mit Angst gegenübertritt, läßt sich der Schaden, den sie anrichten, mindern.

Was immer die Krankheit verursacht oder zu ihr beigetragen hat – mechanische Überlastung, Altern, Abnutzung, erbliche Anfälligkeit, Bakterien- oder Virusinfektion, Verletzung, körperchemische oder Stoffwechselanomalien, hormonelle Anomalien –: die Symptome werden sich verschlimmern, wenn man sie unbehandelt läßt oder nur halbherzig behandelt. Wird dagegen frühzeitig und mit Enthusiasmus eine Behandlung eingeleitet, lassen sich die Erfolgsaussichten stark verbessern.

Durch Anwendung der in den letzten Jahrzehnten gewonnenen Erkenntnisse ist es möglich, die Zerstörung der Körpergelenke und die damit einhergehenden Verkrüppelungen zu unterbinden, Gelenkschmerzen und Steifigkeit zu lindern, verlorengegangene Gelenkfunktionen wiederherzustellen und das Fortschreiten der Arthritis zu bremsen und manchmal sogar zu stoppen. Einerseits stimmt es, daß manche Arthritisbehandlungen nachgewiesenermaßen schwere Nebenwirkungen haben; andererseits stimmt es auch, daß Millionen Patienten in aller Welt relativ gut durch Chemo-, Physio- und chirurgische Therapie geholfen worden ist.

Arthritis sollte meines Erachtens in jedem Fall vom Arzt begutachtet werden; daneben halte ich aber geistige Selbsthilfe für ein wertvolles begleitendes Therapeutikum. Arthritis ist – wie so viele Erkrankungen – nämlich nicht einfach ein mechanisches Problem. Die von den Gelenkveränderungen hervorgerufenen körperlichen Symptome, die bei arthritischen Leiden auftreten, werden durch Angst, Streß, Belastungen und Kummer verschlimmert; das steht fest.

Wir wissen, daß Arthritis wahrscheinlich eine Immun-(Autoaggressions-)Krankheit ist. Und wir wissen, daß das Immunsystem des Körpers durch geistige Kräfte beeinflußt werden kann. Wir wissen, daß Arthritis und Persönlichkeitstypus zusammenhängen. Wir wissen, daß Arthritis ein Entzündungsleiden ist, und wir wissen, daß Entzündungsleiden durch Angst verschlimmert werden. Wir wissen, daß nervositätsbedingte Muskelverspannung verschlimmernd auf arthritische Schmerzen und Deformationen wirken kann (zusätzliche mechanische Beanspruchung). Auf genau welche Weise Streß nun Arthritis schlimmer macht und welche Wechselwirkung zwischen den genannten Effekten besteht, ist noch weitgehend unerforscht.

Wir wissen jedoch auch, daß die durch arthritische Veränderungen hervorgerufenen Beschwerden durch geistige Selbsthilfe gemildert werden können. Zwar ist keine Wunderheilung zu erwarten (obwohl durch geistige Selbsthilfe vielleicht noch eher als durch jede andere Therapie), aber zumindest sind Symptomlinderung, Schmerzdämpfung und Hilfe bei der Wiederherstellung verlorener Gelenkbeweglichkeit möglich.

Als Selbsthilfe eignen sich – allein angewandt oder als Begleitmaßnahme zu ärztlicher Behandlung – folgende Maßnahmen:

1. Lernen Sie zunächst, Ihren Körper zu entspannen. Wenn Sie z. B. arthritische Schmerzen in einem Bein haben, können Sie die Schmerzen herabsetzen, indem Sie lernen, die Muskeln in diesem Bein zu entspannen.

Beginnen Sie mit den Übungen zu einer relativ schmerzfreien Zeit. Und fangen Sie mit den kleinsten Muskeln in dem Bereich an. Etwa im linken Bein: Krampfen Sie zunächst die Zehen des linken Fußes sehr fest zusammen. Spannen Sie die Fußmuskeln dabei an, so stark es geht. Wenn die Muskeln zu schmerzen anfangen, langsam und bewußt lockerlassen. Fühlen Sie, wie die Muskeln sich strecken und entspannen, und stellen Sie sich vor, wie frisches Blut wohltuend hereinströmt und viel erfrischenden Sauerstoff mitführt.

Führen Sie dann die gleiche Übung mit dem Fußgelenk durch und bewegen Sie den Fuß ganz nach oben, ganz nach unten, ganz nach rechts und ganz nach links. Bleiben Sie in jeder Position so lange, bis es unangenehm wird und die Muskeln leicht zu schmerzen beginnen. Dann langsam und bewußt lockerlassen.

Arbeiten Sie sich auf diese Weise am ganzen Bein hoch; spannen Sie nacheinander alle Muskeln an und lassen Sie sie wieder locker. Sie werden dabei das spezifische Gefühl frischentspannter und lockerer Muskeln kennenlernen. Nach einer gewissen Übungszeit werden Sie die Beinmuskeln dann sehr rasch entspannen können – ohne sie vorher krampfhaft anspannen zu müssen. Das können Sie jeden Abend und jeden Morgen tun – und immer dann, wenn Arthritisschmerzen Sie plagen.

2. Arthritisleidende wirken nach außen oft willensstark und zielsicher. Das ist aber häufig nur Fassade. Oft fehlt Arthritisleidenden Selbstvertrauen und Selbstsicherheit. Wenn Sie glauben, daß es Ihnen an Selbstvertrauen mangelt, dann suchen Sie Ihr Selbstbildnis einmal dadurch zu heben, daß Sie eine Liste all Ihrer Vorzüge und Stärken zusammenstellen. Schreiben Sie für sich eine Laudatio (eine Lobrede), wie ein guter, enger Freund sie vielleicht schreiben würde, und befleißigen Sie sich dabei keiner falschen Bescheidenheit. Oder texten Sie für sich mal eine Werbeannonce und preisen Sie sich mit Ihren guten Eigenschaften betont «positiv» an, wie ein Produkt, für das geworben wird.

3. Setzen Sie zur Bekämpfung der Gelenkschmerzen Ihre Vorstellungskraft (Visualisierungstechniken) ein. Ganz schmerzfrei werden Sie dadurch wahrscheinlich nicht, aber zumindest schmerzärmer und weniger abhängig von Schmerzmitteln.

Versuchen Sie, in jedes schmerzende Gelenk «hineinzusehen». Etwa bei Schmerzen im Hüftgelenk: Stellen Sie sich vor, Sie hätten Röntgenaugen und könnten direkt in das Gelenk hineinblicken. Sie haben bildhaft vor sich, wie die rauhen Knochenenden pein- und geräuschvoll gegeneinander scheuern. Nun stellen Sie sich vor, Sie sähen im Gelenk ein Heer weißbekittelter Männer hart daran arbeiten, die zerfurchten Knochenflächen zu verspachteln und zu glätten. Sie haben eine große Aufgabe vor sich, aber es ist ein rein technisches Problem, das sich lösen läßt. Stellen Sie sich dieses Arbeitsheer ein paar Minuten lang intensiv und bildhaft vor: als Team, mit Vorarbeitern und beratenden Experten.

Kehren Sie mehrmals am Tag zu diesem Bild zurück, um nachzuschauen, wie die Arbeit vorangeht. Allmählich werden die weißbekittelten Männer den Schaden in den Griff kriegen und die Schmerzen, an denen Sie leiden, reduzieren.

Eine andere Visualisierungsmöglichkeit: Stellen Sie sich vor, Sie hätten ein Schmerzzentrum im Gehirn, und alle Gelenke wären mit diesem Zentrum mittels Drähten verbunden. Vom linken Knie läuft ein Draht zum Hirn, von der linken Hüfte ein Draht, vom rechten Fußgelenk ein Draht usw. Die von den schmerzfreien Gelenken ausgehenden Drähte sind alle schon durchgeschnitten oder zerrissen. Die schmerzenden Gelenke dagegen haben deutlich sichtbare Drähte. Schneiden Sie jetzt jeden dieser Drähte einzeln durch und blockieren Sie dadurch die Schmerzübertragung zum Gehirn.

Dies waren zwei Beispiele für Selbsthilfe durch Visualisierung. Sie können selber neue Techniken schaffen, maßgeschneidert für Ihre gedanklichen Interessen und Möglichkeiten. Der Western-Fan könnte sich anstelle der Weißbekittelten galoppierende Cowboys vorstellen, der Science-fiction-Fan eine Flotte winziger Raumfahrzeuge, die in seinem Inneren schmerzverursachende extraterrestrische Monster ausrottet usw. Siehe auch Seite 118 – 121.

Asthma

In meinen Jahren als praktizierender Arzt habe ich den engen Zusammenhang zwischen Streß und Asthma gut kennengelernt. Immer wieder sah ich bei Kindern und Erwachsenen die Verkoppelung zwischen seelischer Belastung und asthmatypischer Atemnot. Bei Kindern setzte Asthma manchmal als Reaktion auf eigene Ängste ein (z. B. am Tag vor Schulprüfungen), manchmal aber auch als Reaktion auf Ängste der Eltern. Erwachsene bekamen Asthmasymptome nach häuslichen, beruflichen oder sozialen Streßsituationen.

Als Übergangshilfe erwies es sich oft als nötig, Arzneimittel zu verschreiben, die gezielt auf den Brustbereich und entspannend auf die Atmungsmuskulatur wirkten. Ging das Asthma auf eine allergische Reaktion zurück oder wurde es von ihr verschlimmert, mußte manchmal ein Allergiemittel, bei komplizierender Infektion ein Antibiotikum verordnet werden.

Es gibt heute ein breites Spektrum nützlicher und außerordentlich sicherer Asthma-Medikamente: Mittel, die geschluckt, eingespritzt oder mit einem Inhalationsgerät in die Atemwege eingebracht werden. (Ich habe es öfter erlebt, daß Patienten von ihrem Inhalationsgerät abhängig wurden. Merken Asthmatiker, daß sie ihr Gerät nicht bei sich haben, kann das einen Anfall auslösen.)

Medikamentöse Therapie hat also ihren Wert und wird bei Asthma immer eine wichtige Rolle spielen. Daneben halte ich aber geistige Selbsthilfe – wegen der asthmatypischen engen Verbindung zwischen seelischen Belastungen und körperlicher Erkrankung – in vielen Fällen für höchst wirkungsvoll.

Ja nicht nur für wirkungsvoll, sondern eigentlich für die einzige Lösung, die echte nachhaltige Besserung verspricht. Der Patient muß angeleitet werden, mit seinen Belastungen besser fertigzuwerden, und muß lernen, sich gegen jene Umwelteinflüsse zu schützen, die seine Krankheit zum Aufflammen bringen. Dabei können die Selbsthilfeprinzipien unseres Buches gute Dienste leisten. Die Anwendung wird sich nach den Gegebenheiten des einzelnen Falles richten müssen. Im folgenden einige allgemeine Anhaltspunkte.

1. Der typisch rasselnde oder pfeifende Atem bei Asthma entsteht dadurch, daß sich Muskeln im Brustbereich zusammenziehen und den freien Luftstrom von der Lunge und zur Lunge behindern. Der Asthmatiker verursacht beim Ausatmen aus demselben Grund Geräusche, wie es ein Luftballon tut, dem man beim Luftablassen die Öffnung mit den Fingern verengt. Asthmatiker können ihre Beschwerden oft dadurch lindern, daß sie sich vorstellen, sie sähen die verengten Luftwege, die sie dann bewußt entspannen und weiten.

So hingesagt, klingt das überaus simpel. Aber: Es funktioniert. Die Gänge, die Luft zur Lunge führen, sind im Prinzip Schläuche mit Muskeln. Die Muskeln, die die Atemwege umkleiden, bewußt zu entspannen, ist letzten Endes nicht schwieriger, als Hand- oder Fußmuskeln bewußt zu entspannen. Nötig ist nur Übung und der Glaube daran, daß es klappen wird. Und wenn man es sich überlegt, gibt es keinen Grund, warum es nicht klappen sollte. Wenn nämlich die Muskeln der Luftwege durch Streß verengt werden können, können sie logischerweise durch Entspannung wieder erweitert werden.

2. Asthmatiker können oft einfach davon profitieren, daß sie sich entspannen. Ein allgemeiner Entspannungszustand wirkt sich auf den ganzen Körper aus, auch auf die Lunge.

Fangen Sie damit an, daß Sie in einem dunklen, ruhigen Raum üben. Störungen und Ablenkungen wirken erschwerend. Legen Sie sich bequem hin, schließen Sie die Augen und stellen Sie sich vor, Sie lägen irgendwo an einem warmen Meeresstrand. Sanft rauschend brechen sich Wellen am Ufer, von Ferne hören Sie Möwengeschrei, und auf dem Gesicht fühlen Sie warmen Sonnenschein. Je überzeugender der Tagtraum ausfällt, desto stärker wirkt er als Entspannungshilfe. Siehe auch Seite 113 – 116.

3. Asthmaleidende haben oft erhebliche Schwierigkeiten, ihre Gefühle auszudrücken. Sie fressen Verärgerungen in sich hinein und erlauben es sich nicht, zu weinen. Das muß sich ändern.

Lassen Sie künftig Zorn, Unwille, Verärgerung «hinaus», so oft es geht. Wenn Sie über etwas wütend sind, lassen Sie es die Mitmenschen wissen. Sie können höflich und besonnen bleiben, aber stauen Sie Wut und Frust nicht talsperrenhaft in sich auf – das macht die Dinge für Sie nur schlimmer. Sagen Sie es den Leuten, wenn Sie sauer sind. Und sagen Sie ihnen, warum Sie sauer sind. Und erwarten Sie Lösungen, Antworten und – wo angebracht – Entschuldigungen. Schließlich noch: Körperliche Arbeit ist oft ein guter Weg, Ärger und Zorn loszuwerden. Wenn Sie sich über etwas aufgeregt haben, machen Sie in strammem Tempo einen Spaziergang.

Es ist auch wichtig, aufsteigenden Tränen mal ihren Lauf zu lassen. Halten Sie Ihren Kummer nicht eingesperrt; er wird Ihnen schaden und Ihr Asthma verschlimmern. Lassen Sie die Tränen fließen und haben Sie keine Angst, Mitmenschen sehen zu lassen, daß Sie traurig sind. Wenn es sich um gute Freunde handelt, werden Sie die Situation nicht als peinlich empfinden, sondern Sie zu trösten suchen.

4. Asthmatiker leiden oft an Liebesmangel – auch vermeintlichem. Wenn Sie Asthma haben und glauben, daß mehr Liebe in Ihr Leben muß, fragen Sie sich, ob Sie selber so liebevoll sind, wie Sie es sein könnten. Sagen Sie den Menschen, die Ihnen nahestehen, was Sie für sie empfinden? Berühren Sie sie, so oft Sie können? Umarmen und knuddeln Sie sie häufig? Vielleicht bekommen Sie mehr Liebe, wenn Sie mehr geben.

Wenn Sie einem Asthmatiker nahestehen: Versuchen Sie, ihm soviel Zuneigung wie möglich zu zeigen, und ermutigen Sie ihn, ein Gleiches zu tun. Menschen, die an Asthma leiden, sind oft schüchtern und leicht in Verlegenheit zu bringen – sie müssen aus ihrem Schneckenhaus hervorgelockt werden.

Bluthochdruck

Um zu leben und zu gedeihen, brauchen die menschlichen Körpergewebe und -organe regelmäßige Frischblutzufuhren. Blut bringt Sauerstoff und andere essentielle Nährstoffe, ohne die die Gewebe zugrunde gehen würden, und es sorgt für den Abtransport der vielen Abfälle, die entstehen. Damit der Blutkreislauf im komplizierten Netz von Arterien, Venen und Kapillaren in Gang bleibt, muß ein gewisser Druck in ihm herrschen. Für diesen Druck sorgt das Herz mit seiner regelmäßigen rhythmischen Pumparbeit.

Unter normalen Umständen bestimmen mehrere Faktoren den Blutdruck. Ein erster Faktor ist die Herzpumpe selbst. Wenn Sie überschnell oder überstark schlägt, erhöht sich der Bluthochdruck naturgemäß. Zweitens hängt er von der Größe der Blutgefäße und insbesondere der muskelwandigen Arterien ab. Hat sich der Hohlraum in einer Arterie durch Muskelkontraktion verengt, muß das Blut, um durch die Ader zu gelangen, unter größeren Druck gesetzt werden. Drittens spielt die Menge des Blutes im Körper eine wichtige Rolle. Steigt sie aus irgendeinem Grund, steigt auch der Druck; fällt sie, fällt auch der Druck.

Ebenso wirken die von außen kommenden Einflüsse auf den Blutdruck mitbestimmend. Wird man zum Beispiel körperlich angegriffen, erhöht der Körper den Blutdruck in der «Erkenntnis», daß die Gewebe jetzt mehr Sauerstoff brauchen, um die Krise zu bewältigen. Diese vorübergehende Abweichung hilft uns, zu überleben. Ist die Krise bewältigt, sinkt der Blutdruck wieder auf normales Niveau – ein nützlicher, sinnvoller, unter Umständen lebensrettender Mechanismus.

Manchmal aber steigt der Druckwert und bleibt hoch. Dies kann auf vielerlei Weise schaden. Die Körpergewebe und -organe werden übermäßigem Druck ausgesetzt und können dadurch defekt werden. Unbehandelter Bluthochdruck kann töten. Er zählt zu den Hauptursachen von Herzleiden und Schlaganfällen. Hoher Blutdruck gehört in der westlichen Welt zu den «großen Killern». Bis zu 20% der Weltbevölkerung leiden an Bluthochdruck, schätzt man.

Hinter abnorm gesteigertem Blutdruck kann eine ganze Reihe von Ursachen stehen. Bei manchen Menschen spielen Erbeinflüsse mit, bei anderen ist das Rauchen dafür verantwortlich. Auch der Verzehr von allzuviel Salz und tierischen Fetten kann den Blutdruck in die Höhe treiben. Eine der wichtigsten Ursachen für die derzeit enorm häufig auftretenden Fälle von Bluthochdruck ist jedoch, daß Abermillionen Menschen unter weitaus mehr Streß stehen, als sie verkraften können. Streß – das steht heute fest – ist fast immer mitbeteiligt, entweder als verursachender oder als verstärkender Faktor.

Früher ging man Bluthochdruck hauptsächlich mit starken Medikamenten an. Die medikamentöse Behandlung hat auch jetzt noch ihren wichtigen Stellenwert. Daneben aber kann sich der Hochdruckkranke nach heutigem Erkenntnisstand auch durch folgende Maßnahmen helfen: Reduzierung von Übergewicht, Verzicht auf tierische Fette, Verzicht auf

Rauchen, salzarme Kost, wenig Kaffee, bessere Streßbewältigung, geistig-seelische (und damit auch körperliche) Entspannung.

Zusammengenommen können diese Maßnahmen den Blutdruck oft so weit senken, daß keine Medikamente mehr nötig sind. Die bei weitem wichtigste der genannten Maßnahmen ist die bessere Streßbewältigung. Auch hier können die in diesem Buch beschriebenen Prinzipien helfen.

Durch Befolgen der nachstehenden Ratschläge können viele Hochdruckkranke – wenn der Hausarzt es genehmigt – teilweise oder vielleicht ganz auf die Einnahme von Hochdruckmitteln (Antihypertonika) verzichten.

1. Unabdingbar wichtig: Der Hochdruckkranke muß sich richtig entspannen lernen und muß dafür jeden Tag mindestens zehn Minuten reservieren. Siehe Seite 110 – 120.
2. Hochdruckkranke neigen oft zu aggressiver Grundhaltung und sind kompetitiv (Wettbewerbs-, Ellenbogenmenschen). Wenn Sie Aggressivität oder Ärger in sich aufsteigen fühlen, fragen Sie sich, ob der Ärger wirklich gerechtfertigt ist. Wenn ja: Lassen Sie ihn heraus. Wenn nicht: Vergessen Sie ihn. Es ist sinnlos, sich über Belanglosigkeiten aufzuregen. Siehe auch Seite 73 – 75.
3. Nehmen Sie Ihre zwischenmenschlichen Beziehungen kritisch unter die Lupe und fragen Sie sich, ob die Probleme, die Sie beim Umgang mit anderen haben, Ihre «Schuld» sein könnten. Versuchen Sie, Ihre Beziehungen zu analysieren. Fragen Sie sich, welche Ihrer Freunde und Bekannten für Sie wirklich wichtig sind. Fragen Sie sich, ob Sie sich Ihren Freunden gegenüber fair und annehmbar verhalten. Werden Sie ausgenutzt? Oder nutzen Sie andere aus? Die Erforschung Ihrer Beziehungen wird so auch zur Selbsterforschung führen, und Sie werden einiges über sich selbst und über die Streßquellen in Ihrem Leben erfahren. Siehe auch Seite 81 – 83.

Diabetes (Zuckerkrankheit)

Bei Diabetes – oder richtiger Diabetes mellitus – ist der Blutzuckerspiegel stark erhöht. Normalerweise wird die Nahrung, die wir zu uns nehmen, im Verdauungstrakt durch Enzyme und Säuren aufgespalten. Bei kohlehydratreicher Nahrung entsteht dabei Zucker, der ins Blut geht. Zucker liefert uns Energie, und eine gewisse Menge an Zucker ist immer im Blut vorhanden. Kohlehydratreich sind beispielsweise Brot, Kartoffeln, Gebäck, Marmelade, Schokolade, Reis, Nudeln und Obst.

Der Zucker, den wir nicht zur unmittelbaren Energieversorgung brauchen, wird in der Leber eingelagert. Ist dort bereits mehr als genug Zucker gelagert und kommt dennoch welcher hinzu, lagert sich der Überschuß in Gestalt von Fett im Körper ab. Geregelt wird der Zuckerhaushalt vom Hormon Insulin, das in der Bauchspeicheldrüse entsteht.

Ißt ein Gesunder eine Tafel Schokolade und sein Körper braucht diese Energiezufuhr im Augenblick nicht, schüttet die Bauchspeicheldrüse viel Insulin aus, das dafür sorgt, daß der überschüssige Zucker in der Leber deponiert wird. Ißt der Betreffende weitere Tafeln Schokolade und wird der eingelagerte Zucker nicht gebraucht, wandert ein Teil davon als Fett ins Langzeitlager. Bei der Zuckerkrankheit arbeitet dieses normalerweise sehr wirksame System nicht mehr einwandfrei. Es wird zuwenig Insulin hergestellt, und der Blutzuckerspiegel erhöht sich krankhaft.

Man unterscheidet zwei Grundtypen der Diabetes. Bei der Insulinmangeldiabetes (oder jugendlichen Diabetes) ist – wie es die Bezeichnung sagt – völliger oder fast völliger Insulinmangel die Ursache, während die Altersdiabetes auf nur teilweisem Insulinmangel beruht: die Bauchspeicheldrüse funktioniert noch, aber nicht mehr gut genug. Die erstere setzt, wie der Name sagt, überwiegend im Jugend- und frühen Erwachsenenalter ein, letztere im mittleren bis späten Alter. Der Jugendzuckerkranke ist im Schnitt zwölf Jahre alt, wenn die ersten Symptome auftreten, der Alterszuckerkranke fünfzig Jahre. Die bei weitem häufigere Form der beiden ist die Altersdiabetes. Insgesamt handelt es sich bei der Zuckerkrankheit um eines der verbreitetsten chronischen Leiden. Rund 2% der Gesamtbevölkerung sind betroffen, in der Bundesrepublik Deutschland und in Österreich sogar 3%.

Eine Reihe verschiedener Umstände hat Einfluß auf die Wahrscheinlichkeit, ob man Diabetes bekommt. Zweifellos am wichtigsten ist die erbliche Veranlagung. Trat in der Familie schon einmal Diabetes auf, ist man erheblich gefährdeter. Ferner wird man nachgewiesenermaßen durch Übergewicht diabetesgefährdet. Bei mittelstarker Fettleibigkeit erhöht sich das Diabetesrisiko um das Vierfache, bei starker Fettleibigkeit um das Dreißigfache. Weitere Faktoren: Rasse, Nationalität, Alter und Geschlecht.

Ein weiterer sehr wichtiger Faktor kann Streß sein. Er erhöht oft nicht nur die Wahrscheinlichkeit, daß man zuckerkrank wird, sondern macht es auch dem Arzt und dem Patienten viel schwerer, die Krankheit in den Griff zu bekommen. Wenn man unter Druck steht, erhöht der Körper nämlich den Blutzuckerspiegel, damit die Muskeln effektiver arbeiten können. Ein guter Blutzuckerstand ist wesentlich für die Abwehr von Bedrohungen und Gefahren. Steigt der Blutzuckerspiegel, steigt auch der Insulinbedarf des Körpers. Durch eine Streßsituation (oder eine als stressend oder potentiell stressend wahrgenommene Situation) kann deshalb ein stabiler Diabetesfall umkippen, und damit labil und äußerst schwierig kontrollierbar werden.

Ist Diabetes erst einmal entstanden, gibt es eine streng begrenzte Zahl von Therapiewegen. Bei der jugendlichen Diabetes werden wahrscheinlich Insulin-Injektionen nötig sein, bei der Altersdiabetes (Alterszuckerkrankheit) Tabletten, die die Bauchspeicheldrüse anregen, mehr Insulin auszuschütten. Wichtig bei den Diabetesformen ist, daß der Patient die Kohlehydratmenge kontrolliert, die er zu sich nimmt, genau seine Diät einhält und auf sein Gewicht achtet. Außerordentlich hilfreich ist bei den Diabetesformen wiederum die Fähigkeit, die Streßbelastung und Streßanfälligkeit in Grenzen zu halten. Hier können die Techniken dieses Buches dem Diabetiker und seinem Arzt wertvolle Hilfe dabei leisten, bedrohliche und potentiell gefährliche Situationen unter Kontrolle zu bekommen und zu behalten.

1. Zügellose Gefühlsausbrüche schaden Ihrem Körper. Wenn Sie Diabetiker sind, sollten Sie unbedingt wissen, wie man emotionale Extreme gefahrlos und gut bewältigt. Siehe Seite 72 – 75.

2. Lernen Sie, sich gut und effektiv zu entspannen. Nützlich ist hierbei die Technik des Tagträumens. Siehe Seite 113 – 116.

Erkältung und Grippe

Die offiziell empfohlenen Behandlungen für Erkältung und Grippe sind primitiv und von begrenztem Wert. Erkältungen durch schleimhauttrocknende Mittel zu bekämpfen, ist ungefähr ebenso sinnvoll, wie bei einer Depression die Tränendrüsen zu verstopfen. Genau das tun aber leider die meisten Ärzte und Apotheker.

Gerade hier kann sich die Wirkung besonders leicht ins Gegenteil verkehren. Bewiesen ist mittlerweile zur Genüge, daß bestimmte sehr verbreitete Schnupfen- und Erkältungsmittel, wenn man sie mehr als ein, zwei Tage benutzt, genau die Symptome hervorrufen, die sie bekämpfen sollen. So kann übermäßig angewandter Nasenspray eine Nasenverstopfung erzeugen – paradox, aber wahr.

Sinnlos sind auch die häufig wahllos verordneten Antibiotika. Erkältungen werden nämlich fast ausnahmslos von Viren hervorgerufen – und Antibiotika wie zum Beispiel Penizillin wirken nur gegen Bakterien, nicht gegen Viren.

Impfungen nützen ebenfalls nicht viel, gibt es doch mehrere Hundert verschiedene Virusarten, die Grippe und Erkältung auslösen, so daß die Chance, gerade gegen den richtigen Virus immunisiert zu werden, sehr gering ist. Und im Zeitalter des Düsenverkehrs, da mit den menschlichen Fluggästen auch die Viren um die Welt reisen, ist jeder für einen landestypischen Virus entwickelte Impfstoff hoffnungslos veraltet, sobald er auf den Markt kommt.

Daß die Medizin gegen die ordinäre Erkältung (und den «Grippevirus») so machtlos ist, liegt zum Teil daran, daß trotz aller Forschungsarbeit noch weitgehend ungeklärt ist, wie sich Erkältungen eigentlich verbreiten und was bestimmte Menschen anfällig macht. Wir wissen, daß sich der Infekt anscheinend durch die Luft verbreitet und daß die Erreger vermutlich durch den Mund oder durch die Augen in den Körper eindringen. Und wir wissen, daß Menschen oft deshalb Erkältungen bekommen, weil sie mit virustragenden Fingern ihre Augen berühren und so die Tränenkanäle infizieren. Aber wir wissen nicht, warum der eine krank wird und der andere – obwohl dem gleichen Risiko ausgesetzt – nicht.

Fest steht indessen, daß die Erkältungsanfälligkeit durch emotionale Unausgeglichenheit beeinflußt wird. Wir erkälten uns, wenn wir Angst haben, Sorgen haben, aufgeregt oder nervös sind. Wir erkälten uns, wenn wir niedergeschlagen sind und wenn wir Erkältungen erwarten. Wir erkälten uns vor wichtigen Terminen. Und wir erkälten uns, wenn wir uns in irgendeiner Sache unsicher fühlen. Angesichts all dessen wird es fast nebensächlich, wie die erkältungsauslösenden Viren in den Körper gelangen.

Wir sollten uns daher nicht so sehr auf das Abschotten vor Ansteckung und auf die Symptombehandlung konzentrieren. Symptomunterdrükkung ist ja ohnedies fragwürdig, da wir jetzt wissen, daß das natürlich auftretende leichte Fieber und die Appetitlosigkeit, die uns bei kleinen Infekten befällt, heilsam wirken, das heißt, die eindringenden Organismen durch Hitze und Nahrungsentzug schädigen. Vielmehr müssen wir dafür sorgen, mittels geistiger Selbsthilfe widerstandsfähiger gegen Infekte dieser Art zu werden. Dafür bieten sich viele Möglichkeiten an.

1. Wenn Sie sich häufig vor wichtigen Terminen erkälten und beispielsweise den Elternabend in der Schule absagen müssen, überlegen Sie genau: Gehen Sie gern zum Elternabend? Ist die Krankheit vielleicht ein Mittel zum Zweck? Ist etwas an dem Elternabend, das Sie ängstigt oder Ihnen Sorgen bereitet? Wenn Sie gern zum Elternabend gingen, hätten Sie sich wahrscheinlich nicht erkältet – der Körper würde die Symptome unterdrücken. Nur durch Aufdeckung dessen, wovor Sie zu flüchten versuchen, läßt Sie erkennen, wie Sie sich vor Erkältungen schützen können.
2. Menschen, denen es an Selbstbewußtsein mangelt, sind für Infekte und Krankheiten besonders anfällig. Steigern Sie Ihr Selbstvertrauen, indem Sie sich Ihre positiven Seiten vor Augen führen. Siehe auch Seite 85 – 88.
3. Langeweile kann die Wahrscheinlichkeit steigern, daß man sich erkältet. Dadurch, daß man mehr Sinn und positive Spannung in sein Leben bringt, kann man sich erkältungsresistenter machen. Einer der Gründe, warum Ärzte sich selten erkälten, ist darin zu sehen, daß sie ihre Arbeit als sinnvoll empfinden. Setzen Sie sich Ziele, stellen Sie sich sinnvolle Aufgaben, und Ihr Körper wird weit besser in der Lage sein, Krankheitserreger und Infektionen abzuwehren. Sollten Sie an beruflicher Langeweile leiden (oder gar arbeitslos sein): Bringen Sie Sinn und positive Spannung in Ihr Leben, indem Sie bespielsweise eine neue kreative Fertigkeit erlernen, einen Sport aufnehmen oder sonstwas beginnen, dem Sie sich mit Enthusiasmus widmen können.

Genesung

Besuchszeit im Krankenhaus: für jeden unbefangenen Beobachter ein deprimierendes Schauspiel. Vom Parkplatz bis zur Eingangshalle eine Phalanx unglücklich aussehender Männer und Frauen mit gestreßt-desolater Miene, die Männer im unbequemen Sonntagsstaat mit blankgeputzten, knarrenden Schuhen, engsitzendem Anzug und aus der Mode gekommenen Mänteln, die Frauen gedrückt und feierlich, als ging's zu einer Beerdigung.

Flüstern, gedämpfter Redeton, Seufzer, kaum je ein Lachen. Besucher und Patienten schauen häufig auf die Uhr, als wollten sie sich vergewissern, wie lange die für beide Seiten qualvolle Prozedur denn noch dauere.

Von einer solchen Visite hat niemand etwas, am wenigsten der Patient selbst. Bedrückt und stumm liegt er in den Kissen, wenn der Besuch wieder gegangen ist. Auf dem Nachttischchen die triste Hinterlassenschaft: eine Tüte zerquetschte Weintrauben und eine Tageszeitung mit den neuesten Arbeitslosen- und Verkehrsunfallziffern.

Die traurige Ironie ist, daß es ganze Bücherregale voll wissenschaftlichen Beweismaterials dafür gibt, daß Kranke oder von einer Operation Genesende viel schneller gesund werden, wenn man sie zum Lächeln und zum Lachen bringt. Hoffnung, Ermutigung, Lachen, Frohsinn, Liebe, Zuneigung – das ist eine Medizin, deren genesungsfördernde Wirkung gar nicht hoch genug veranschlagt werden kann.

Diese Wirkung sollten die Ärzte meiner Meinung nach unbedingt berücksichtigen: bei ihrer ärztlichen Tätigkeit, bei der Gestaltung und Einrichtung von Krankenhäusern, beim Krankenhausbetrieb und bei ihrer Einstellung gegenüber Besuchern. (Hospitäler müssen hospitabler, gastfreundlicher werden – viele sind weit zu trist und kafkaesk.) Unabhängig von der Haltung des Arztes können aber Verwandte und Freunde durch ihre eigene Haltung sehr zu einem genesungsfördernden Klima beitragen.

1. Denken Sie daran, daß Kranke auf Heiterkeit und Humor sehr positiv reagieren. Bringen Sie als Besucher etwas mit, das Spaß macht, das unterhält: Bücher, Zeitschriften, Comics, Puzzles und sogar Spielzeug.

Erzählen Sie dem Kranken nichts von langweiligen, niederdrückenden Ereignissen, die Ihnen zugestoßen sind. Bringen Sie ihm keine Rechnungen mit, die bezahlt werden müssen, keine Lokalblätter voller Todesanzeigen und Unfallmeldungen. Erzählen Sie ihm komische Anekdoten über Leute, die er kennt, Witze, die Sie von Freunden gehört haben. Spielen Sie den Entertainer, bringen Sie ihn zum Lachen.

2. Merken Sie sich, daß alle Genesenden Liebe und Zuwendung als wahres Labsal empfinden. Handelt es sich um jemand Nahestehenden, sagen Sie ihm immer wieder, daß Sie Ihn lieb haben. Wenn Sie nicht selbst ans Krankenbett können, schicken Sie Briefe und Karten. Schicken Sie Blumen. Telefonieren Sie und hinterlassen Sie eine Nachricht. Der Kranke muß wissen, daß Sie sich um ihn kümmern.

3. Achten Sie andererseits darauf, daß der Patient die Krankheit nicht dazu mißbraucht, sich vor der Gegenwart oder Zukunft abzuschotten. Krankheiten werden oft als willkommenes Refugium genutzt, in das man sich flüchtet, weil man vor der Lebensrealität Angst empfindet. Um dem entgegenzuwirken, sprechen Sie mit dem Kranken über Zukunftspläne. Reden Sie sehr positiv davon, wie es weitergehen soll, wenn er wieder gesund ist. Fangen Sie an, Pläne zu schmieden für Ferien, für «Wieder-daheim»-Begrüßungsfeste. Sorgen Sie dafür, daß dem Patienten bewußt bleibt oder wird, daß es in der Außenwelt Dinge gibt, auf die er sich freuen kann.

Hautleiden (Ekzeme, Dermatitis usw.)

Unsere Haut ist ein sensibler Spiegel unseres Seelenzustandes. Bei Angst werden wir blaß, bei Verlegenheit rot; bei Aufregung schwitzen wir, die Haut wird feucht und schlüpfrig. Bei Konfrontationen zwischen Mensch und Umwelt ist es offenbar immer die Haut, die zuerst «Bescheid weiß». Kaum überraschend, daß hinter der verbreitetsten Hautkrankheit, dem Ekzem, als gewichtige Mit-Ursache der stark gestiegene Streß in unserer Gesellschaft steht.

Das Ekzem ist keine scharf umrissene monokausale Erkrankung, sondern wird durch eine ganze Reihe möglicher Faktoren hervorgerufen. Das Krankheitsbild ist von Hauttrockenheit, Rötung, Jucken, Schwellungen, Bläschenbildung, Nässen u.a. gekennzeichnet. Begrifflich herrscht hier wie auf dem ganzen Feld der Hautkrankheiten ein ziemlicher Wirrwarr. «Ekzem», «Dermatitis», «entzündliches Hautleiden», «Ausschlag» – diese Bezeichnungen lassen sich mehr oder weniger austauschbar verwenden.

Wissenschaftlich sind mehrere Faktoren festgestellt worden, die bei der Ekzemanfälligkeit mitspielen. Vererbung zum Beispiel hat viel damit zu tun. Wenn ein Elternteil in der Jugend an Ekzemen litt, liegt die Wahrscheinlichkeit, daß die Kinder ebenfalls Ekzeme (oder ein ähnliches Leiden wie zum Beispiel Asthma) bekommen, bei 50%; hatten beide Eltern Ekzeme, liegt die Wahrscheinlichkeit noch höher.

Auch die Art der Persönlichkeit hat entscheidenden Einfluß. So stellte man fest, daß viele Ekzemleidende hochsensible Menschen sind, die dazu neigen, ihre Gefühle zu unterdrücken. Bei relativ heftigen Gemütsbewegungen (Trauer, Aufregung, Wut) unterdrücken sie alle äußeren Zeichen ihres Gefühlszustandes. Diese Haltung ist besonders für Männer (aufgrund ihrer männertypischen Erziehung) charakteristisch.

Zudem fand man heraus, daß Ekzemkranke stark zu Abhängigkeit neigen. Als Kind erfuhren sie wahrscheinlich viel Zuwendung, wenn sie krank waren, und wieder mehr Strenge, wenn sie gesund waren. Dieser Fehler wird von Eltern oft gemacht; von Natur aus bringt man dem hautkranken Kind Liebe und Nachsicht entgegen, zieht die Zügel aber wieder straffer an, sobald es dem Kind besser geht. Für das ekzematöse Kind verbindet sich demzufolge Krankheit und Abhängigkeit mit Liebe und Zuwendung.

Nachgewiesenermaßen sind Ekzemkranke überdies besonders streßanfällig. Wir alle reagieren unterschiedlich auf Streß und haben unterschiedlich hohe Streßschwellen. Nicht so sehr der Streß «an sich» erzeugt dabei die Probleme, sondern unsere Fähigkeit, ihn zu bewältigen. Ekzemleidende neigen dazu, schon auf relativ geringe Streßmengen schlecht zu reagieren.

Und schließlich stellte sich noch heraus, daß Ekzemkranke überdurchschnittlich stark mit Schuldgefühlen zu kämpfen haben. Sie neigen zu Aufopferung und Selbstlosigkeit und sorgen sich sehr darum, was andere Menschen denken. Sie sorgen sich überhaupt sehr viel: Ob sie morgen genug Geld in der Tasche haben; ob sie eine Aufgabe gut erledigt haben; ob die ihnen nahestehenden Menschen glücklich sind. Und natürlich sorgen Sie sich wegen ihres Hautleidens.

Nicht alle Ekzemkranken zeigen diese Persönlichkeitszüge. Trotzdem werden sich die meisten in dieser Liste zum Teil wiedererkennen. Wenn

Sie ekzemleidend sind, müßten Sie durch eine Überprüfung Ihrer Persönlichkeitszüge leicht feststellen können, welche Methoden der geistigen Selbsthilfe sich für Sie am besten eignen.

Die für Hautkranke insgesamt vielversprechendsten Methoden sind unten aufgeführt. Wie üblich muß ich betonen, daß fachärztliche Ratschläge trotzdem zu befolgen sind. Zur Linderung von Ekzemen gibt es heute viele gute Salben, von denen einige mehr als Hautschutzmittel, andere mehr zur Bekämpfung vorhandener oder entstehender Hauterkrankungen gedacht sind. Die nachstehende Techniken werden das Ekzem nicht unbedingt heilen (obschon sie die Anfälligkeit dazu besser kurieren können als alle Hautmedikamente), aber sie werden zumindest die Beschwerden auf ein Minimun herabsetzen.

1. Sorgen Sie dafür, Ihre Gefühle angemessen zu äußern, nach außen zum Ausdruck zu bringen, besonders wenn Sie der Typ sind, der zum Unterdrücken von Emotionen neigt. Inneres Aufstauen von Gefühlen («Talsperren-Effekt») kann problematisch werden und Hautreaktionen hervorrufen.
2. Lernen Sie, sich innerlich gut zu entspannen. Üben Sie, wenn Sie nicht unter Druck stehen. Siehe auch Seite 110–116.
3. Bauen Sie Ihr Selbstvertrauen auf. Ekzemleidende als Gruppe neigen dazu, sehr wenig Selbstvertrauen zu haben. Siehe auch Seite 83–88.
4. Fragen Sie sich, ob Sie das Ekzem manchmal als willkommenes Mittel benützen, sich vor Situationen zu schützen, die Sie als schwierig oder bedrohlich empfinden. Wenn ja, sollten Sie andere Wege suchen, mit Ihrem Problem fertigzuwerden. Streben Sie keine Problemlösung an, wird Ihr Ekzem bleiben.

Herzleiden

Jahr für Jahr sterben in Europa mehr als eine Million Männer und Frauen an Herzerkrankungen. Ähnliche Zahlen liegen für Amerika vor, und in Deutschland ist die Todesursache jedes zweiten Bundesbürgers heute eine Herz-Kreislauf-Erkrankung. In Großbritannien sterben jährlich mehr als 60000 Männer und Frauen unter 65 plötzlich und oft unerwartet an Herzleiden. Am gefährdetsten sind Männer zwischen 45 und 55. Ein Teil dieser Todesfälle wird durch Herzmuskelschwäche oder Klappenfehler verursacht, bei den meisten der jüngeren Opfer ist das Herz an sich aber gesund. Sie sterben, weil die Arterien, die den Herzmuskel mit Blut versorgen, sich durch Ablagerungen verengen und nicht mehr genug Sauerstoff und Nährstoffe heranführen können.

Das etwa faustgroße Herz pumpt in der Minute je nach den körperlichen Anforderungen etwa 6 bis 28 Liter Blut in die Adern. Um diese Leistung zu erbringen, muß es in der Minute 70mal, am Tage 100000mal, im Jahr 36 millionenmal und im Leben ungefähr 2,5milliardenmal schlagen. Die das Herz umgebenden Koronararterien (Kranzgefäße) liefern dem Herzen die für seine Eigenversorgung notwendigen Stoffe und führen die Abfälle ab, die sich sonst sammeln und Schaden anrichten könnten.

Die Funktionsfähigkeit der Kranzgefäße wird durch eine ganze Reihe von Faktoren beeinflußt. Untersuchungen ergaben, daß Menschen, die viel Bewegung haben, weniger gefährdet sind als Menschen mit sitzender Tätigkeit, und daß hoher Blutdruck, Übergewicht und Genuß tierischer Fette die Gefahr ebenfalls erhöhen.

Herzinfarkte können durch plötzliche Kaltwettereinwirkung, durch Schreck, durch große Aufregung ausgelöst werden. Immer wieder sterben Menschen zum Beispiel vor dem Fernseher. Sportübertragungen sind für aufgeregte Fans besonders gefährlich. Ich erinnere mich, daß ich einmal während eines wichtigen Spiels hintereinander zu vier verschiedenen Herzinfarkt-Fällen gerufen wurde.

Rauchen schädigt die Herzkranzgefäße, denn Nikotin ist ein Gefäßgift und zieht die Adern zusammen. Die meisten Männer, die an Infarkten sterben, sind Zigarettenraucher.

Zu den Hauptursachen von Herzerkrankungen zählen zweifellos auch geistig-seelische Belastungen. Schon vor dreihundert Jahren bemerkte der Chirurg John Hunter, sein Leben sei in der Gewalt eines jeden, der ihn ärgere. Die amerikanischen Ärzte Friedman und Rosenman, die sich auf das Studium von Herzbelastungen spezialisierten, untersuchten eine Gruppe von Firmenbuchhaltern und stellten fest, daß das Infarktrisiko erheblich stieg, wenn der Termin für die Abgabe der Steuererklärung heranrückte.

Anhand von Persönlichkeitsstudien an Infarktopfern ergab sich die Folgerung, daß ehrgeizige, konkurrenz- und leistungsorientierte, hart arbeitende Individuen am gefährdetsten sind. Herausgestellt hat sich aber auch, daß die Infarktgefahr sinkt, wenn diese Menschen lernen, sich zu entspannen.

In einer klinischen Großstudie aus jüngster Zeit wurden 800 Männer, die einen Infarkt erlitten, in zwei Gruppen eingeteilt. Die erste Gruppe erhielt die medizinischen Standard-Ratschläge: Verzehr tierischer Fette einschränken, Rauchen einschränken, die verordneten Medikamente nehmen. Die zweite Gruppe erhielt phantasievollere Anweisungen. Zusätzlich zu den Standard-Ratschlägen wurde ihr beigebracht, sich zu entspannen, emotionale Probleme auf risikolosere Weise zu bewältigen und ihre Ziele und Ambitionen kritisch zu überprüfen.

Nach einiger Zeit stellte sich ein verblüffendes Resultat ein: Bei der zweiten Gruppe, die sich entspannen gelernt hatte, waren nur halb so viele zweite Herzanfälle zu verzeichnen wie bei der ersten.

Herzkranken und Gefährdeten empfehle ich dringend, das 7. Kapitel noch einmal zu lesen. Beachten Sie auch die folgenden allgemeinen Hinweise zur Selbsthilfe.

1. Männer und Frauen, die herzkrank werden, treiben sich oft zu stark an. Sie arbeiten sehr viel, finden es schwierig, stillzusitzen und sich zu entspannen, und haben häufig Schwierigkeiten, ihren Ambitionen Grenzen zu setzen. Sie schaufeln sich ein frühes Grab.

Gerade als Herzkranker oder Gefährdeter müssen Sie Ihre Lebensprioritäten kritisch überdenken. Wieviel Zeit widmen Sie Ihrer Arbeit? Wieviel Zeit der Familie? Und wieviel Zeit sich selbst? Denken sie daran, daß es keinen Zweck hat, eine Million zu verdienen, wenn Sie so hart dafür arbeiten müssen, daß Sie sterben, ehe Sie von dem Geld überhaupt etwas hatten.

Entscheiden Sie, wieviel Geld Sie wirklich brauchen, um glücklich zu leben. Und wieviel Zeit Sie grundsätzlich Ihrer Arbeit widmen wollen. Nehmen Sie sich Zeit für Entspannung und für Freundschaften. Versuchen Sie, Rahmenbedingungen für Ihr Leben festzulegen.

Wenn Sie sich die Mühe machen, Klarheit und Ordnung in Ihre Lebenswünsche zu bringen, werden sie enorm davon profitieren.

2. Lernen Sie, sich geistig und körperlich zu entspannen. Nehmen Sie einen gewissen Zeitaufwand für ein Entspannungstraining in Kauf. Sich erschlafft vor den Fernseher fallen zu lassen, während die Tagesprobleme noch im Kopf herumschwirren, ist keine Entspannung. Entspannung muß man lernen und üben wie jede andere Kunst. Siehe auch Seite 110 – 117.

3. Menschen, die schließlich herzleidend werden, sind oft ungeduldig und aggressiv. Lassen Sie sich durch Ärger und Zorn nicht umbringen. Versuchen Sie vielmehr die Dinge im richtigen Größenverhältnis zu sehen. Ist Ihr Zorn gerechtfertigt: Lassen Sie ihn heraus. Sind Sie von jemandem enttäuscht: Sagen Sie es ihm. Ein ruhiges Wort des Protestes nützt wahrscheinlich mehr als ein hemmungsloser Wutanfall und ist viel besser für Ihre Gesundheit. Regen Sie sich über kleine Alltagsprobleme nicht zu sehr auf. Lohnt das Problem die Aufregung nicht, streichen Sie es aus dem Gedächtnis. Das geht oft am besten, wenn man es niederschreibt und in einer entsprechenden Akte ablegt. Ist es schriftlich fixiert und sicher verwahrt, kann man zur Tagesordnung übergehen – und es vergessen. Siehe auch Seite 73 – 75.

Kopfschmerzen

Sie sind ohne Zweifel das verbreitetste behandlungs- und beratungsbedürftige medizinische Symptom: vier von fünf Lesern dieses Buches leiden gelegentlich oder chronisch daran. Kopfschmerzen können von vielerlei Ursachen herkommen, unter anderem von Alkoholgenuß, Überanstrengung der Augen, kranken Zähnen, Hineinbeißen in Eiskrem oder bestimmten Arthritisformen der Halsknochen. Manche Menschen bekommen sogar beim sexuellen Orgasmus Kopfweh.

Kopfschmerzen können so heftig, so qualvoll werden, daß sie Angst machen; mancher vermutet sofort eine Horror-Erkrankung wie etwa einen Gehirntumor. Hirntumoren sind jedoch in Wirklichkeit sehr selten. Eine beruhigende Zahl aus einer jüngst stattgefundenen Untersuchung: Von 1152 Patienten, die alle mit Kopfschmerzen und ärztlichem Tumorverdacht an einen Krankenhausspezialisten überwiesen worden waren, hatte nur einer tatsächlich einen Hirntumor. Bei wiederkehrenden, hartnäckigen oder besonders starken Kopfschmerzen sollte man grundsätzlich zum Arzt gehen; ferner dann, wenn die Kopfschmerzen von anderen Symptomen begleitet werden. Angst, die man wegen Kopfschmerzen hat, kann die Kopfschmerzen rückkoppelnd verstärken, während professioneller Zuspruch meist ebenso stark wirkt wie jede Arznei.

Die allermeisten Kopfschmerzleidenden (geschätzter Anteil: 88%) haben das, was man «Streß-» oder «Spannungskopfschmerz» nennt. Diese Art von Kopfweh entsteht durch Muskelverspannungen. Wenn bestimmte Muskeln im Kopf-Hals-Nacken-Schulterbereich allzulange angespannt bleiben, ist Spannungskopfschmerz die Folge. Solchen Kopfschmerz kann man sozusagen entstehen sehen, wenn man sich im Büro oder in der Straßenbahn umblickt. Man wird viele Menschen mit gerunzelter Stirn und zusammengezogenen Augenbrauen bemerken, mit hochgezogenen Schultern und nervös verzerrtem Gesicht. Die Nervenspannung erzeugt also die Muskelspannung, und diese wiederum erzeugt den Schmerz.

Es ist möglich, den Schmerz mit Schmerzmittel wie z. B. Aspirin (bzw. Acetylsalicylsäure) oder Paracetamol zu betäuben. Beide Mittel werden wahrscheinlich Wirkung zeigen. Die geistige Selbsthilfe allerdings bietet eine viel bessere Langzeitlösung und stellte oft die einzig nachhaltige, wirksame Therapie dar.

1. Viele chronisch Kopfschmerzleidende lassen sich dauernd zu Dingen bewegen, die Sie eigentlich gar nicht wollen.

Als Norah zum Beispiel, eine Frau von etwas über vierzig, erstmals zu mir in die Sprechstunde kam, schluckte sie täglich mehrere Dutzend Aspirin: ein verzweifelter und gefährlicher Versuch, ihr permanentes Kopfweh niederzuzwingen. Nachdem ich länger mit ihr gesprochen hatte, entdeckte ich, daß Norah einen äußerst manipulativen Freund mit sehr starker Persönlichkeit hatte. Er hatte sie dazu gebracht, sich in einer wohltätigen Organisation zu engagieren; er hatte sie dazu gebracht, bei einem Jugendclub mitzuhelfen; er hatte sie dazu gebracht, im Elternbeirat der Schule mitzuarbeiten.

Norah lebte überhaupt kein eigenes Leben mehr. Sie lebte ihr Leben aus zweiter Hand. Kein Wunder, daß der Streß Spuren hinterließ und eine fast endlose Serie von Kopfschmerzanfällen verursachte. Als Norah lernte, für sich selbst einzustehen; als sie erklärte, nicht jeden Montag, jeden Mittwoch und jeden Sonntag zu Treffen und Sitzungen gehen zu wollen; als sie unter Druck festblieb – da waren ihre Kopfschmerzen wie weggeblasen.

Selbstbehauptung kann eine hervorragende Methode sein, wenn es gilt, Nervenspannungen und davon herrührende Muskelverspannung zu bekämpfen, die Kopfschmerzen und ähnliche Symptome auslösen.

2. Kopfschmerzen dienen oft als Ausflucht, um unangenehmen Dingen aus dem Wege zu gehen. Bei häufiger Benutzung schleift sich der Mechanismus dann so ein, daß der Körper von sich aus immer mehr Kopfschmerzen erzeugt. Das Kopfweh wird zur Universallösung für unüberwindlich scheinende Probleme. Unsere Psyche lernt, bei einer Konfrontation mit Schwierigkeiten Kopfschmerzen auszulösen. Wenn das bei Ihnen der Fall ist: Versuchen Sie die wahren Probleme zu eruieren, die als Auslöser dahinterstehen.

3. Mentale Entspannung eignet sich ausgezeichnet zur Bekämpfung sowie zur Vorbeugung von Kopfschmerzen. Durch mentale Entspannung können Sie die Kette der Ereignisse, die zu Nervenanspannung und Muskelverspannung führen, durchbrechen. Siehe auch Seite 110–116.
4. Wird der Kopfschmerz von verspannten Muskeln erzeugt, eignet sich ebenso Muskelentspannung als Gegenmaßnahme. Siehe Seite 116–117.

Krebs

Milliardensummen hat die Krebsforschung in den letzten Jahrzehnten verschlungen. Oft hat man dabei auf den großen Durchbruch gehofft, auf eine pharmakologische Allzweck-Wunderwaffe. Aber: «Krebs» ist ein sehr lockerer Oberbegriff für ganz unterschiedliche Erkrankungen, mit einer Streubreite wie etwa der Begriff «Infektion». Und wie es den Ärzten kaum gelingen wird, jemals eine medikamentöse Waffe zu entwickeln, die gegen alle Infektionen wirkt, wird es ihnen auch kaum gelingen, eine zu finden, die gegen alle Krebsformen wirkt. Mit anderen Worten: Bei einzelnen Krebsformen mögen Fortschritte erzielt werden, aber es ist nicht anzunehmen, daß auch die übrigen Krebsleiden davon profitieren werden.

Die nach einer General-Lösung suchenden Forscher setzen indes ihr ziemlich irrationales Unterfangen aus einer ganzen Reihe von Gründen fort – meist aus wirtschaftlichen und politischen Gründen und nicht so sehr aus wissenschaftlichen oder medizinischen. Das Wort «Krebs» weckt Emotionen, und für ein allgemeines Krebsforschungsprogramm Geld aufzutreiben, ist nicht schwer. Nicht alle Ärzte freilich fahnden nach dem großen Allheilmittel. In vielen Laboratorien in aller Welt wurden auf Einzelgebieten, bei der Behandlung bestimmter Krebse, beträchtliche Fortschritte erzielt. Neue Medikamente kamen auf den Markt, und mit Riesenschritten sind strahlentherapeutische Techniken weiterentwickelt worden. Diese Forscher sind es, die die meisten Erfolge erzielten und es den Ärzten ermöglichten, die Überlebensrate z. B. bei Hautkrebs und Leukämie beachtlich zu verbessern.

Während ironischerweise orthodoxe Forscher vergeblich nach der Anti-Krebs-Wunderdroge suchten, machte man bei einem anderen ebenfalls generellen Lösungsansatz vielversprechende Fortschritte. Und zwar nicht auf orthodoxen Gebieten, sondern auf dem sehr unorthodoxen Gebiet der Zusammenhänge zwischen geistigen Kräften und körperlichen Erkrankungen.

Aus den Forschungsresultaten derer, die auf diesem wertvollen, aber unterfinanzierten medizinischen «Hinterhof» arbeiten, ist ersichtlich, daß Krebsleidende sich durch geistige Techniken auf verschiedene, sehr gezielte Weisen helfen können.

Ehe ich diese Methoden beschreibe, eine grundsätzliche Vorbemerkung. Manche Ärzte raten, die im folgenden unter Punkt 3 dargestellte Visualisierungstechnik (die mit vorgestellten Bildern arbeitet) in Verbindung mit Alternativmitteln wie Vitamintherapie und Laetrile einzusetzen

(Laetrile, einem Extrakt aus Aprikosenkernen, wurde einmal krebsbekämpfende Wirkung zugeschrieben, was sich aber als illusorisch herausstellte). Davon rate ich dringend ab. Daß geistige Techniken bei allen Formen von Krebserkrankungen deutlich nützen können, ist mittlerweile immer klarer nachgewiesen worden; für die Wirksamkeit von Spezialdiäten, der Vitamintherapie oder von Laetrile fehlt dagegen jeder handfeste Beweis.

Die besten Erfolgsaussichten bestehen, wenn geistige Selbsthilfetechniken mit schulmedizinischen Behandlungsweisen (Chemotherapie, Strahlentherapie usw.) kombiniert werden. Wenn Sie krebsleidend sind, liegen Ihre höchsten Erfolgschancen gegen die Krankheit bei einem Hand-in-Hand-Einsatz der orthodoxen Waffen der Ärzte und der von Ihnen selbst einzusetzenden positiven Geisteskräfte. Keine der beiden Methoden wirkt allein so gut wie beide zusammen. Und keine andere Kombination von Techniken ist so wirksam wie diese.

1. Lernen Sie, sich körperlich und geistig so tiefgehend wie möglich und so oft wie möglich zu entspannen. Legen Sie sich eine kleine Reihe angenehmer Tagtraum-Szenarios zurecht und setzen sie diese Tagträume zur Bewältigung von Streßsituationen und bedrohlichen Lebenslagen ein. Siehe Seite 113 – 116.

2. Schränken Sie wenn möglich den Kontakt mit Menschen ein, die Sie schwermütig und depressiv stimmen. Lassen Sie Menschen um sich sein, die ein Lächeln auf Ihr Gesicht zaubern. Haben Sie keine Scheu, zu lachen, sich offen zu freuen. Wir alle haben eine begrenzte Lebensspanne auf Erden. Wenn wir nicht lachen und lernen, uns zu freuen, ist unser Leben einfach nicht lebenswert.

3. Wenn Sie sich gründlich und tief entspannen gelernt haben: Setzen Sie Ihre Imagination als Waffe gegen den Krebs ein. In der *Daily Mail* beschrieb im Juni 1985 die Schauspielerin Jill Ireland, wie sie Visualisierungstechniken bei sich anwandte:

«Ich begann, mir Krebszellen bildhaft vorzustellen, und sagte mir dann, Krebs ist eine schwache Krankheit, bestehend aus schwachen, konfusen, deformierten Zellen ... Ich stellte mir meine weißen Blutkörperchen bildhaft vor. Und zwar als Piranhas. Sie strömten zu den Stellen, wo die Krebszellen saßen, und vernichteten sie; ich stellte sie mir als stummes Heer von Aufpassern vor, die meinen Körper bewachten und Krebszellen überall vernichteten, wo sie sie antrafen.»

Diese Visualisierungstechnik können Sie Ihrer persönlichen Vorstellungskraft entsprechend abwandeln. Denken Sie sich die Krebszellen als «die Bösen», die körperlichen Abwehrkräfte als «die Guten». Stellen Sie sich die Abwehrkräfte als mobile Greifkommandos vor, die überall im Körper verängstigte Krebszellen jagen.

4. Lernen Sie, Ihren Gefühlen offen Ausdruck zu geben. Viele wissenschaftliche Indizien sprechen heute dafür, daß Menschen, die ihre Wut und ihre Tränen unterdrücken, krebsanfälliger sind als andere.

Wenn Ihnen nach Weinen zumute ist, scheuen Sie sich nicht, zu weinen. Wenn Sie sich über etwas ärgern, scheuen Sie sich nicht, den Ärger zu zeigen. Teilen Sie Ihre Emotionen der Umwelt mit. Je länger Sie Emotionen in sich aufstauen, desto höher wird deren Schadenspotential.

5. Selbstbehauptung! Lassen Sie sich nicht alles gefallen. Wenn Sie im Krankenhaus liegen und Ärzte und Schwestern Ihnen gewünschte Auskünfte nicht geben, machen Sie Zoff, machen Sie Ärger, werden Sie zum unbequemen Patienten, und zwar so lange, bis Sie Antwort auf Ihre Fragen bekommen.

Überlassen Sie die Sorge um Pflege und Heilung nicht einfach dem Personal. Bestehen Sie auf Mitverantwortung. Bestehen Sie darauf, zu Rate gezogen zu werden. Stehen Sie auf, wenn Sie wirklich aufstehen wollen. Sehen Sie fern, wenn Sie fernsehen wollen. Essen Sie mitten in der Nacht ein Brötchen, wenn Sie Lust dazu haben.

6. Bauen Sie Ihr Selbstvertrauen auf. Lernen Sie, sich als Individuum zu achten und zu schätzen. Menschen, die Krebs bekommen – und daran sterben –, haben oft eine zu niedrige Selbstwertschätzung. Stärken Sie Ihr Selbstvertrauen, und Sie werden länger leben. Siehe auch Seite 84–88.

Magenbeschwerden

Aufgabe des Magens ist es, die Vielzahl verschiedener Nahrungsmittel, die man hineingibt, zu einem dickflüssigen Brei zu verarbeiten, der zur nächsten Station des Verdauungstrakts weiterbefördert werden kann. Der Magen bildet gleichsam das Vorzimmer zum restlichen Verdauungstrakt: hier wird die Speise verdauungsfertig gemacht. Wichtig ist vor allem, daß man weiß, daß der Magen nicht nur ein passives Nahrungsbehältnis ist.

Zur Verdauungsvorbereitung trägt er auf zweierlei Weise bei. Erstens erzeugen die Zellen der Magenhaut täglich etwa drei Liter Magensaft. Einer der wichtigsten Bestandteile dieses Saftes ist Salzsäure, abgesondert von den Wandzellen (von denen es im Magen ungefähr eine Milliarde gibt). Die Magensäure ist, wie einer meiner Ratgaber im Medizinstudium zu bemerken pflegte, stark genug, Löcher in den Wohnzimmerteppich zu ätzen.

Hinzu kommt zweitens die Magenperistaltik, eine mahlende Bewegung der Magenwand, die den Speisebrei mit Magensaft durchmischt und ihn dann durch den Magenpförtner in den nächsten Teil des Verdauungsganges, den Zwölffingerdarm, befördert. Diese beiden Eigenschaften des Magens sind es, die seine Kraft als Verdauungsorgan ausmachen.

Das normale Funktionieren des Magens hängt von einer Reihe verschiedener Faktoren ab, unter anderem von der richtigen Ernährung. Und immer mehr Mägen sind heute funktionsgestört. Wenn sich sechs Menschen zu Tisch setzen, kann man darauf wetten, daß hinterher mindestens einer Magenbeschwerden hat.

Unterschiedliche Ursachen können dahinterstehen. Beispielsweise zu schnelles Essen. Oder das falsche Essen. Wer je ein Mahl hastig hinunterschlingen mußte, weil ein eiliger Termin wartete, der weiß, wie leicht es ist, den Magen zu überladen. Und wer je zu scharf gewürzt gegessen hat, weiß, wie unbekömmlich das sein kann.

Auch zuviel Alkohol und Zigarettenrauch kann Magenbeschwerden verursachen – einfach dadurch, daß die Magenschleimhaut gereizt, geschädigt und anfälliger gemacht wird für die Verätzung durch die eigene Magensäure. Allerdings sprechen jetzt viele wissenschaftliche Anhaltspunkte dafür, daß Magenbeschwerden in der Mehrzahl der Fälle durch Streß, Angst, Anspannung und Sorge bewirkt oder zumindest mitbewirkt werden.

Eine der aufsehenerregendsten Studien über die Auswirkungen von Streß auf den Magen wurde vor rund einem Jahrhundert von Dr. Stewart Wolf durchgeführt, und zwar an einem Patienten namens Tom. Tom hatte sich als Neunjähriger die Speiseröhre so schlimm verbrannt, daß bei ihm ein künstlicher Mageneingang durch die Bauchwand angelegt werden mußte, durch den Nahrung direkt in den Magen gelangen konnte.

Doktor Wolf erkannte, als er Tom begegnete, sofort die einzigartigen wissenschaftlichen Forschungsmöglichkeiten, die sich ihm boten, und arrangierte es, daß er als Krankenhauspfleger eingestellt wurde. Dann ging er daran, Toms Magen eingehend zu studieren. Eine der überraschendsten Entdeckungen: Wenn Tom verärgert oder wütend war, produzierte sein Magen überflüssige Säure in großen Mengen. Wurde Tom rot vor Wut, gab seine Magenwand große Säuremengen ab.

Die überschüssige Säure wird, physiologisch betrachtet, eigentlich aus gutem Grund hergestellt, geht es doch darum, in einer gefährlichen Situation die sich im Magen befindliche Nahrung so schnell wie möglich zu verdauen, damit sie rasch in Blutzucker (Energie) umgesetzt werden kann. Was also den Körper betrifft, handelt es sich um eine sinnvolle Reaktion. Der Körper reagiert auf eine äußere Gefahr auf die einzige ihm mögliche Weise: Fertigmachen zum Kampf.

Unglücklicherweise wird aber die überschüssige Säure nicht gebraucht, weil man auf die meisten heutigen Bedrohungen nicht mit Kampf – direktem körperlichem Handeln – antworten kann. Und weil viele Bedrohungen auch nicht rasch wieder verschwinden, geht die Säureproduktion weiter und wird bei Dauerstreß unter Umständen chronisch.

Daraus resultieren dann die typischen Beschwerden, die mit Magenübersäuerung einhergehen: Sodbrennen, Übelkeit, Gastritis, Magengeschwüre (bei denen sich der Magen sozusagen selbst verdaut).

Das übliche Hilfsmittel dagegen war und ist ein Antazidum (das überschüssige Säure bindet). Aber das kann nur eine kurzfristige Lösung sein. Langfristig ist es viel besser, Selbsthilfe durch positive Geisteskräfte anzuwenden. Kommen die Magenbeschwerden wieder und erweisen sie sich als hartnäckig oder schwer zu kontrollieren, sollte man auf jeden Fall auch den Arzt aufsuchen.

1. Unbeherrschte oder nur schlecht beherrschte Wut zählt zu den häufigsten Ursachen von Verdauungsstörungen. Wer mit seinen Emotionen nicht richtig umzugehen lernt, läuft Gefahr, daß sich eine Magenverstimmung leicht zum Magengeschwür auswächst. Siehe auch Seite 72–75.
2. Lernen Sie, sich gründlich zu entspannen. Aber glauben Sie nicht, man könne sich in einer einzigen Zehn-Minuten-Sitzung entspannen lernen.

Zur tiefen, wirksamen Entspannung muß man jeden Tag üben. Siehe auch Seite 110 – 116.

3. Lassen Sie sich durch kleine Ärgernisse und Störungen nicht zu sehr ärgern. Rufen Sie sich immer wieder ins Gedächtnis, was wichtig ist und was nicht. Siehe auch Seite 105 – 109.

4. Lassen Sie sich durch Streß und Belastung nicht zu überhastetem Essen zwingen. Nehmen Sie sich immer Zeit; essen Sie langsam und in Ruhe. Schlingen Sie die Nahrung in unzerkauten Brocken hinunter, muß der Magen protestieren. Nehmen Sie sich fürs Mittagessen ein paar Minuten mehr, stehen Sie den Problemen des restlichen Tages besser gewappnet gegenüber.

5. Nehmen Sie Ihre zwischenmenschlichen Beziehungen kritisch unter die Lupe. Sofern Sie oft unter Beziehungsstreß leiden, sollten Sie sich überlegen, was sich tun läßt, um dieses Problem dauerhaft zu lösen. Siehe auch Seite 81 – 83.

6. Zwickt Sie wieder einmal der Magen, stellen Sie sich im Geist so deutlich wie nur möglich vor, ein Trupp hochqualifizierter Installateure sei in Ihrem Magen am Werk und schließe eilends alle Hähne, aus denen Säure strömt. Malen Sie sich gleichzeitig aus, ein anderes Spezialistenteam gieße Antazidum in den Magen, das die Säure neutralisiert und weiteren Symptomen vorbeugt.

Menstruationsbeschwerden

Regelmäßig, etwa im Monatsturnus, verdickt sich die Gebärmutterschleimhaut der Frau und bereitet sich so auf die Einnistung eines befruchteten Eis vor. Eingeleitet wird das Dickenwachstum der Schleimhaut (des sogenannten Endometriums) von Hormonen, die in den Eierstöcken hergestellt werden. Gelangen beim Eisprung oder danach Spermien in den Eileiter und befruchtet ein Spermium das Ei, bleibt die Schleimhaut an ihrem Ort; wird das Ei nicht befruchtet, stößt der weibliche Organismus die Gebärmutterschleimhaut ab (Monatsblutung). Ein neuer Zyklus kann beginnen.

Die durchschnittliche Länge des Menstruationszyklus beträgt 28 Tage, aber auch Längen von 21 bis 42 Tagen können als ganz normal gelten. Wichtig ist nicht die Länge des Zyklus, sondern seine Regelmäßigkeit. Hat eine Frau regelmäßig einen 35-Tage-Zyklus, ist das für sie normal.

Die Periode selbst (der Zeitraum der Blutung) dauert 2 bis 7, im Schnitt 4 bis 5 Tage. Wichtig ist wiederum die Regelmäßigkeit. Hat eine Frau normalerweise eine 6-Tage-Periode, ist eine 3-Tage-Periode für sie unnormal; hat sie normalerweise eine 3-Tage-Periode, ist eine 6-Tage-Periode für sie unnormal.

Menstruationsprobleme fallen gängigerweise in eine oder mehrere der folgenden Kategorien: Ausbleiben der Periode, schwere Periode, unregelmäßige Periode, schmerzhafte Periode.

Das Ausbleiben der Periode muß nichts Schlimmes bedeuten. Bis zur Pubertät haben junge Mädchen keine Periode, Frauen nach den Wechseljahren keine mehr. Kommt es zur Empfängnis und Ei-Einbettung in die Gebärmutterschleimhaut, setzt die Periode während der gesamten Schwangerschaft aus. Nach der Schwangerschaft setzt bei zwei Drittel aller Frauen, die ihr Kind mit Muttermilch stillen, die Periode erst nach etwa drei Monaten wieder ein.

Neben den offensichtlichen Gründen gibt es auch verdecktere für das Ausbleiben der Periode, beispielsweise übertriebene Schlankheits-Diät, Anorexie (psychisch bedingte Appetitlosigkeit), bestimmte Medikamente. Schwere Perioden (d. h. ungewöhnlich starke Blutungen) können von unterschiedlichen Faktoren herrühren. Als Ursache kommen hormonelle Veränderungen in Frage, entzündliche Erkrankungen, Fibrombildung, von einer Abtreibung zurückgebliebene Reste und intra-uterine Verhütungsmittel. Es muß auf jeden Fall nach der Ursache gefahndet und diese gegebenenfalls medizinisch oder chirurgisch behandelt werden.

Auch unregelmäßige Perioden sollten stets untersucht werden. Mögliche Ursachen sind Hormonstörungen, kleine Verletzungen am Gebärmutterhals, Polypen und noch ein Dutzend weitere Auslöser. Die Behandlung richtet sich nach der Ursache.

Schmerzhafte Perioden werden meist in zwei Hauptgruppen geteilt: in solche, die ein, zwei Jahre nach der Pubertät einsetzen (primäre Dysmenorrhoe), und andere, die nach Jahren schmerzloser Menstruation auftreten (sekundäre Dysmenorrhoe). Bei der primären Dysmenorrhoe lösen Kontraktionen der Gebärmutter, die durch die Ausschüttung von Prostaglandinen bewirkt werden, den Schmerz aus. Er ist kolikähnlich, beginnt einige Stunden vor der Menstruation, dauert ungefähr einen Tag und wird manchmal von Schwindelgefühlen, Schweißausbrüchen, Ohnmachten und Verstopfung begleitet. Er konzentriert sich meist im Unterbauch und strahlt in die Schenkel und den unteren Gesäßteil aus. Bei zwei Dritteln der Mädchen, die unter primärer Dysmenorrhoe leiden, hatten schon die Mütter solche Schmerzen, und viele Mädchen, bei denen diese Schmerzen besonders ausgeprägt sind, wurden von ihren Müttern schon entsprechend vorgewarnt oder erlebten zumindest mit, wie ihre Mütter daran litten. So lernten sie aber auch, die Periode mit Schmerz zu assoziieren.

Die sekundäre Dysmenorrhoe, die sich wie gesagt erst nach Jahren schmerzfreier Menstruation entwickelt, kann auf Infektionen, Endometriose (Vorkommen von Gebärmutterschleimhautgewebe außerhalb der Gebärmutter), Beckenentzündung, Fibrome (gutartige Geschwülste aus Bindehautgewebe), Polypen, Krebs, intra-uterine Verhütungsmittel, Darmstörungen, Knochenerkrankungen, urologische Leiden und noch sehr viele andere Ursachen zurückgehen.

Von diesen vier Arten von Menstruationsbeschwerden sind die erste und die letzte durch Selbsthilfe mittels geistiger Kräfte am leichtesten beeinflußbar. Bleibt die Periode aus, liegt es oft daran, daß sich die Frau wegen irgend etwas Sorgen macht. Geradezu klassisch ist der Fall, da das Mädchen oder die junge Frau sich davor ängstigen, schwanger geworden zu sein, und die Periode sich dann verspätet oder einmal ganz ausbleibt.

Hier kann kaum Zweifel daran sein, daß es die innere Einstellung ist, die diese dramatische Wirkung auf den Körper ausübt. Und da das Ausbleiben der Periode hier auf geistigen und seelischen Streß zurückzuführen ist, liegt die Lösung auf der Hand: Die Frau sollte versuchen, sich so wirksam wie möglich zu entspannen. Drei- bis viermal täglich sollte sie eine gezielte zehn- bis fünfzehnminütige Entspannungssitzung abhalten, und zwar durch Tagträumen (siehe Seite 113 – 116).

Natürlich werden die Probleme nicht vergangen sein, wenn sie aus ihren Tagträumen zurückkehrt. Aber sie wird erfrischt zurückkehren; ihr Körper wird Atempausen vom Streß erleben, und so ist es durchaus möglich, daß die Periode dann wieder ganz normal eintritt.

Die zweite durch geistige Selbsthilfe gut beeinflußbare Menstruationsbeschwerde ist die schmerzhafte Periode. Zwar behandeln die Ärzte solche Schmerzen in der Regel weiterhin medikamentös, aber es ist hier gezeigt worden, daß die innere Haltung bei der Entstehung solcher Schmerzen ganz entscheidend mitspielt. Folglich ist es für eine durchgreifende, langfristige Besserung weit vielversprechender, Haltung, Mißtrauen und Ängste zu analysieren und zu bearbeiten.

Menstruationsschmerzen verursachen ungezählten Tausenden von Frauen jeden Monat starke Beschwerden. Jugendliche werden oft sogar zu der Erwartung angehalten, ihr Zyklus werde mit tagelangen Schmerzen verknüpft sein. Wohlmeinende Mütter und Ärzte – und nicht so wohlgemeinte Werbeanzeigen – helfen dabei, diese Angst zu einer dauernden negativen Erwartungshaltung werden zu lassen.

Praktische Wege zur Selbsthilfe durch positive Gedankenkräfte:

1. Einbildungstechniken (vorgestellte Bilder oder Sachverhalte) eignen sich zur Bekämpfung von Schmerzzuständen verschiedenster Art sehr gut. Für die spezifischen Bauchschmerzen während der Periode gibt es zwei Techniken, die Sie ausprobieren können.

Erstens: Ballen Sie die rechte Hand zur Faust, so stark wie nur möglich, und stellen Sie sich dabei vor, daß sich gleichzeitig mit den Handmuskeln auch die Muskeln der Gebärmutter zusammenziehen. Versuchen Sie, die Hand als Ihre Gebärmutter zu sehen, und halten sie die Hand ein bis zwei Minuten fest geballt. Entspannen Sie danach langsam die Muskeln Ihrer Hand und erlauben Sie den Fingern, sich zu entfalten. Während Sie dies tun, werden sich auch die Muskeln der Gebärmutter entspannen und der Schmerz wird langsam verschwinden.

Zweitens (Alternative): Stellen Sie sich vor, Ihre rechte Hand sei ganz kalt, eiskalt. Versuchen Sie, sie so stark einzufrieren, daß sie ganz gefühllos wird vor Kälte. Dann legen Sie die gefrorene Hand auf die Stelle des stärksten Schmerzes und lassen die Gefühllosigkeit durch die Bauchdecke dorthin sickern, wo es am meisten weh tut.

2. Lernen Sie, sich geistig und seelisch tiefgreifend zu entspannen. Siehe Seite 110 – 116.

Migräne

Zum Krankheitsbild «Migräne» gehören Kopfschmerzen, Augenjucken, verstopfte Nase, Stimmungsschwankungen, Empfindlichkeit gegen Licht und Lärm, Übelkeit. Die – gewöhnlich einseitigen – Kopfschmerzen können besonders schlimm und schwer behandelbar sein.

Über die genauen physiologischen Vorgänge beim Migräneanfall herrscht noch einige Unsicherheit, aber es scheint, daß das Problem überwiegend von einer falschen Streßreaktion des Körpers herrührt. In der Annahme, eine Streßsituation lasse sich durch Vorbereitung der Muskeln auf körperliches Handeln lösen, steigert der Körper die Blutzufuhr zu den Muskeln und drosselt die Blutzufuhr zum Gehirn. Scheint die Bedrohung nachzulassen, öffnen sich die Blutgefäße zum Hirn wieder, und Blut schießt in die Gewebe. Diese jähe Blutzufuhr scheint der Auslöser für die Migräneschmerzen zu sein.

Gegen Migräne hat bisher weder die Schul- noch die Alternativmedizin wirklich durchgreifende Lösungen gefunden. Mehrere Techniken der Selbsthilfe durch positive Geisteskräfte können jedoch mit gutem Erfolg angewandt werden.

1. Zwischen Streß und Migräne gibt es einen engen Zusammenhang, oder genauer: zwischen dem, was als Streß erlebt wird, und Migräne.

Die Migräneanfälle werden sich auf ein Minimum reduzieren, wenn Sie sich möglichst wenig überflüssigem Streß aussetzen. Behalten Sie die großen Prioritäten in Ihrem Leben im Auge. Sorgen Sie dafür, daß Sie sich nicht überstark mit Problemen und Kümmernissen auseinandersetzen, die vielleicht von nebensächlicher Bedeutung sind.

Um den überflüssigen Streß zu reduzieren, mag es nötig sein, daß Sie hin und wieder ein bißchen mehr Durchsetzungsvermögen beweisen. Wenn man Sie ständig manipulativ zu Dingen bewegt, die Sie eigentlich gar nicht wollen oder als unangenehm empfinden, sollten Sie sich fragen, warum Sie solchem Druck nachgeben. Versuchen Sie zu durchschauen, wie andere Sie manipulieren, und stärken Sie Ihren Vorsatz, zu mehr Selbstbestimmung zu kommen und Ihre eigene Rangordnung von Prioritäten zu schaffen.

2. Lernen Sie, sich geistig und seelisch zu entspannen. Wenn Sie die Technik einmal beherrschen, können Sie sie auf jede beliebige Streßsituation anwenden. Siehe Seite 110–116.

3. Migräneleidende haben oft zu wenig Selbstvertrauen. Bauen Sie bewußt Ihr Selbstvertrauen auf. Siehe Seite 85–88.

4. Durch Einbildungstechniken können Sie Migräneanfälle lindern und vielleicht sogar ganz loswerden. Da der Schmerz des Migräneanfalls hauptsächlich durch die Verengung der gehirnversorgenden Blutgefäße erzeugt wird, muß das Ziel lauten, die Gefäße wieder zu weiten. Dies ist recht schwierig, da man ja weder die betreffenden Blutgefäße noch das Gehirn sehen kann. Dennoch läßt sich dieses Problem lösen. Immer wenn die gehirnversorgenden Blutgefäße verengt sind, sind nämlich auch die Blutgefäße in den Händen verengt. Man muß also bewußt versuchen, Blut in die Hände zu leiten.

Das ist einfacher, als es klingt. Man braucht sich nur einzubilden, die Hände würden wärmer und wärmer. Dann öffnen sich die Gefäße, und in die Gewebe strömt mehr Blut. Öffnen sich die Blutgefäße in den Händen, öffnen sich auch die gehirnversorgenden Gefäße.

Phobien

Alle Menschen haben ihre individuellen Vorlieben und Abneigungen. Einer meiner Freunde mag Katzen nicht leiden. Ein anderer gestand mir, ihm werde immer etwas mulmig, wenn er im Fernsehen Schlangen sehe. Normalerweise können wir diese Gefühle gut unter Kontrolle halten, doch manchmal schlagen sie in etwas Stärkeres um – und produzieren spezifische körperliche Angstsymptome. Sie werden zu Phobien.

An Beispielen seien genannt: Ailurophobie (Furcht vor Katzen) Akrophobie (Höhenangst), Equinophobie (Angst vor Pferden), Nyktophobie (Angst vor der Dunkelheit), Xenophobie (Furcht vor Fremden), Pyrophobie (Furcht vor Feuer), Brantophobie (Angst vor Donner), Klaustrophobie (Angst vor geschlossenen Räumen), Agoraphobie (Platzangst, d.h. Angst, ins Freie oder auf große weite Plätze zu gehen, eine der verbreitetsten aller Phobien).

Wenn sich eine Phobie entwickelt, ist es oft möglich, einen einschlägigen Grund dafür zu finden. Der Hundephobiker kann seine Angst durch ein traumatisches Kindheitserlebnis, der Klaustrophobiker durch versehentliches oder absichtliches Eingesperrtwerden in einen Schrank erworben haben. Der Agoraphobiker mag Angst haben, vor die Tür zu gehen, weil es ihm an Selbstvertrauen mangelt und weil er sich den Belastungen und Spannungen der Außenwelt einfach nicht gewachsen fühlt.

Weil wir jetzt wissen, wie Phobien entstehen, können wir einiges zur Vorbeugung tun. Wurde ein Kind zum Beispiel von einem Hund erschreckt, wäre es klug, das Kind zu ermutigen, sich allgemein ein bißchen für Hunde zu interessieren. Fällt ein Kind vom Stuhl, helfen Sie ihm scherzend wieder auf den Stuhl hinauf und halten das Kind gut fest, damit es sich getröstet und wieder sicher fühlt.

Hat sich eine Phobie einmal fest eingenistet, kann Selbsthilfe aus dem Geist einiges dazu beitragen, sie für immer wieder loszuwerden.

1. Phobien verschlimmern sich oft, weil wir unserer Phantasie die Zügel schließen lassen und dadurch die Ängste aufbauschen. Umgekehrt läßt sich die Phantasie (Imagination bzw. Vorstellungskraft) aber auch zur Bekämpfung von Phobien einsetzen.

Ein Agoraphobiker beispielsweise kann seine Angst dadurch vermindern, daß er sich jeden Tag eine Zeitlang im Geiste vorstellt, wie er aus der Tür geht, die Straße entlang, zum nächsten Bäcker, Fleischer oder Lebensmittelladen. Er muß sich dann vorstellen, wie er jemanden trifft, mit ihm spricht; wie er seine Einkäufe tätigt und nach Hause zurückkehrt. Das erfolgreiche Bild, das er im Geist von sich schafft, wird ihm ein Problem überwinden helfen, das sich sonst zu einem schweren sozialen Handikap auswachsen könnte.

Katzenphobiker könnten sich jeden Tag eine Zeitlang vorstellen, Katzen erst zu beobachten, dann sich ihnen zu nähern und sie schließlich zu streicheln. Die Imagination hat mitgeholfen, die Phobie zu schaffen; nun kann sie mithelfen, die Phobie wieder zu beseitigen.

2. Phobikern mangelt es an Selbstsicherheit und Selbstvertrauen. Jeder Phobiker sollte sich daher seine persönlichen Vorzüge – eventuell in Form einer Liste – immer wieder vor Augen führen. Siehe auch Seite 83 – 88.

Rauchen

Angefangen hat alles, als Christoph Kolumbus von Eingeborenen aus San Salvador Tabakblätter geschenkt bekam und diese nach Europa heimbrachte. Schritt für Schritt verbreitete sich in den folgenden Jahrhunderten der Genuß von Kau- und Rauchtabak. Richtig populär wurde das Rauchen aber erst mit Einführung der maschinengedrehten Zigarette vor hundert Jahren. Mit der eleganten Fabrikzigarette begannen auch die Frauen zu rauchen.

In den vielen Jahren, die es dauerte, bis der Tabak seine heutige Verbreitung erlangte, ist der blaue Dunst wissenschaftlich oft unter die Lupe genommen worden. 1928 isolierten die Forscher das Nikotin und identifizierten es als aktiven Tabakwirkstoff, der hochgiftig ist. Eine Zigarre enthält genug Nikotin, um zwei Menschen umzubringen! Der einzige Grund, warum Zigarren und Zigaretten nicht sofort tödlich wirken, ist der, daß das Nikotin recht langsam über einen längeren Zeitraum in den Körper aufgenommen wird.

Neben seiner Giftigkeit hat Nikotin noch eine Reihe weiterer Wirkungen auf den menschlichen Körper. Es stimuliert das Zentralnervensystem und steigert die Hirnstromaktivität; es senkt die Hauttemperatur, verengt die Hautblutgefäße, steigert Puls und Blutdruck und betäubt die Geschmacksknospen auf der Zunge.

Bei einem so breiten Wirkungsspektrum verwundert nicht, daß Tabak, wie man heute weiß, zahlreiche Krankheiten hervorruft oder fördert. Meist denkt man dabei nur an Lungenkrebs, Bronchitis und generell Erkrankungen des Atemtraktes, aber das Rauchen wirkt mindestens so schädlich auch auf den Kreislauf, indem es Herzleiden und hohen Blutdruck verursacht. Als Gefäßgift bewirkt Nikotin eine Verengung der Arterien und schmälert die Leistungsfähigkeit des menschlichen Herzens. Prozentual viele junge Männer, die an Herzleiden sterben, sind Raucher.

Ferner zählt Rauchen zu den Hauptursachen von Magengeschwüren, Gastritis und Verdauungsbeschwerden. Zigaretten reizen und schädigen die Magenschleimhaut, fördern die Entstehung von Geschwüren und verzögern die Abheilung bereits vorhandener Geschwüre.

Viele Raucher tun die Gefahren des Qualms dadurch ab, daß sie sagen, sie hätten schwere Raucher gekannt, die sich immer pudelwohl gefühlt hätten. Ein Mann versicherte mir einmal, sein Vater habe ein halbes Jahrhundert lang fünfzig Zigaretten am Tag geraucht und sei nie krank gewesen. Das ist, als wolle man aus der Tatsache, daß jemand einmal einen

Frontalzusammenstoß lebend überstand, ableiten, Frontalzusammenstöße seien harmlos!

Bestärkt werden die Abwiegler natürlich von den Repräsentanten der Tabakindustrie, die ein existentielles Interesse daran haben, daß unangenehme Fakten nicht ans Licht kommen. Kaum eine kommerzielle Lobby ist so stark wie die Tabakindustrie. Und kaum eine Regierung kann es sich leisten, mit der Qualm-Branche ganz konsequent umzuspringen: Allein in Großbritannien bereichert sie den Steuersäckel um jährlich 4 Milliarden Pfund. Die Behauptungen und Proteste eines so potenten Steuerzahlers zu ignorieren, ist für jede Regierung schwierig.

Über alles Pro und Kontra hinweg versucht eine wachsende Zahl von Menschen, sich der Suchtdroge Tabak zu entziehen. Überzeugt von dem Beweismaterial, das sie gesehen und gelesen haben, und sicher auch überzeugt von Gesundheitsschäden, die sie bei sich selber schon feststellten, kämpfen Jahr für Jahr Hunderttausende darum, es sich abzugewöhnen. Das ist natürlich nicht leicht. Rauchen hat ein ausgeprägtes Suchtpotential, wie Alkohol und Heroin.

Viele schaffen es, bleiben ein paar Wochen oder Monate sauber und rauchen dann wieder. Das tun sie nicht aus einer ungebrochenen körperlichen Sucht heraus, sondern weil sie sich nie mit den Gründen auseinandersetzen, die sie ursprünglich zum Rauchen veranlaßten.

Wenn Sie planen, es sich abzugewöhnen, müssen Sie zuerst genau die Hauptgründe ausfindig machen, warum Sie rauchen. Manchmal, na gut, raucht man aus Geselligkeitsgründen, oder weil einem jemand eine angeboten hat und man ohne Überlegung zugriff. Zumeist aber wird es so sein, daß Sie rauchen, um sich bei der Bewältigung ganz spezifischer Probleme dieser und jener Art zu helfen. Etwa: Sie rauchen, wenn Sie stark unter Streß stehen. Oder: Sie rauchen, wenn Sie sich langweilen.

Wenn Sie diese Beweggründe nicht aufdecken und keine anderen Wege finden, dieses Problem zu bewältigen, stehen die Chancen schlecht, sich das Rauchen abzugewöhnen. Auch hier freilich läßt sich mit geistiger Selbsthilfe viel erreichen.

1. Wenn Sie zu den Streßrauchern gehören, die hauptsächlich unter Belastung zur Zigarette greifen, dann versuchen Sie sich einmal an eine bestimmte Gelegenheit zu erinnern, wo Sie außerordentlich stark gestreßt waren und geraucht hatten. Suchen Sie sich den Raum vorzustellen, in dem Sie waren, die Menschen, die dabei waren. Suchen Sie den Geruch der Möbelpolitur wieder heraufzubeschwören und den schalen Zigarettenqualm. Und nun suchen Sie auch die Ängste und Sorgen wieder zu spüren, die mit dieser Situation verbunden waren. Suchen Sie sich an die Trockenheit im Mund, an den Schweiß auf den Händen zu erinnern. Rufen Sie sich den Gegenstand der Sorge ins Gedächtnis zurück.

Wenn Sie diesen Hintergrund für sich geschaffen haben, versuchen Sie, gleichsam aus sich selbst herauszutreten und sich aus der Distanz zu sehen, wie Sie in jenem Raum sitzen. Werden Sie ein unsichtbarer fremder Beobachter in der Zimmerecke. Und beobachten Sie nun, wie Sie die

Situation mit Bravour bewältigen, ohne sich eine Zigarette anstecken zu müssen; wie Sie Probleme lösen, Aufgaben handhaben, ohne daß Sie das Verlangen nach einem Glimmstengel übermannt.

Wenn Sie diese Visualisierungstechnik regelmäßig praktizieren, werden Sie das eingefleischte Selbst-Image – unter Druck muß ich mir eine anstecken – allmählich durch ein neues Selbst-Image ersetzen: Ich komme gut ohne Zigarette aus.

2. Wenn Sie zu den Rauchern aus Langeweile gehören, bieten sich folgende zwei Techniken an. Erstens: Versuchen Sie sich vorzustellen, daß Sie ruhig und still irgendwo sitzen und mit der Langeweile gut ohne Zigarette fertigwerden. Sehen Sie sich beispielsweise am Frühstückstisch sitzen, ruhig die Zeitung lesend, aber ohne Zigarette in den Fingern. Sehen Sie sich im Eisenbahnabteil, ohne Zigarette in der Hand. Projizieren Sie innerlich immer wieder dieses Bild von sich, so oft es geht, und Sie werden allmählich ein Selbstbild aufbauen, das zeigt, wie Sie Langeweile oder Muße ohne Tabak durchstehen.

Zweitens (Alternative): Arbeiten Sie das nächstemal, wenn Sie sich langweilen, mit erregenden Phantasievorstellungen. So überwinden Sie die Langeweile und schalten das Bedürfnis nach einer Zigarette aus. Versuchen Sie sich zu sehen, wie Sie einen äußerst attraktiven Partner lieben. Stellen Sie sich bildhaft vor, wie Sie etwas Gewagtes, Aufregendes, Glamouröses tun.

3. Gehören Sie nach eigener Einschätzung zu den Rauchern, die hauptsächlich aus mangelndem Selbstbewußtsein zur Zigarette greifen, lesen Sie Seite 83–88. Wenn Sie Ihr Selbstvertrauen aufbauen, wird das Rauchbedürfnis allmählich schwinden.

(*Anmerkung:* Obige Techniken können auch zur Bekämpfung anderer schlechter Gewohnheiten eingesetzt werden, z. B. des Nagelkauens und Stotterns.)

Schlafstörungen

Allabendlich schlucken Millionen Menschen Schlaftabletten. So werden zum Beispiel allein in der Bundesrepublik Deutschland jährlich 40 Millionen Packungen verkauft. Diese Tabletten schaden oft mehr als sie nützen. Denn nimmt man sie länger als ungefähr eine Woche, kann die Wirkung ins Gegenteil umschlagen, und der Schlaf wird gehemmt statt gefördert. Außerdem haben sie zum Teil schwere Neben- und Nachwirkungen und können süchtig machen.

Wenn Sie schlecht schlafen, sollte Ihre erste Aufgabe sein, die genauen Ursachen festzustellen. Wenn Sie die Ursachen kennen, gibt es vielleicht eine ganz einfache Lösung.

Beantworten Sie folgende Fragen:

1. Nehmen Sie derzeit ständig ein Schlaf- oder Beruhigungsmittel?

Wenn ja, könnten die Tabletten zu Ihren Problemen beitragen. Sprechen Sie mit Ihrem Arzt über eine Dosisreduzierung. (Dosisreduzierungen sollten ärztlich überwacht werden.) Um die Gewöhnung loszuwerden, müs-

sen Sie die allabendliche Dosis so langsam und schonend wie möglich herabsetzen. Peilen Sie als Ziel eine Halbierung der Dosis alle 14 Tage an.
2. Werden Sie von Schmerzen wachgehalten?
Wenn ja, müssen Sie etwas gegen die Schmerzursache unternehmen. Sprechen Sie darüber mit dem Arzt. Kann er Ihnen nicht helfen und sprechen die Schmerzen auch nicht auf Selbsttherapie an, sollten Sie einen zweiten Arzt aufsuchen.
3. Werden Sie von anderen Symptomen wachgehalten, etwa von Atemnot oder Krämpfen?
Wenn ja: zum Arzt.
4. Haben Sie Einschlafschwierigkeiten, weil es Ihnen zu warm oder zu kalt oder sonstwie ungemütlich ist?
Wenn ja: entsprechende Umstellungen vornehmen.
5. Werden Sie von Lärm oder Geräuschen wachgehalten?
Wenn ja: Suchen Sie Ihr Schlafzimmer schallzuisolieren (Doppelverglasung, Bücherregale). Oder schlafen Sie mit Ohrenstöpseln.
6. Machen Sie im Augenblick eine Schlankheitskur?
Beim Abnehmen verringert sich oft die Schlaffähigkeit, und zwar wahrscheinlich aufgrund des abgesunkenen Blutzuckerspiegels.
7. Werden Sie von Hunger wachgehalten?
Wenn ja: eine Kleinigkeit essen. Nichts Heißes, Reichhaltiges, Scharfgewürztes. Ein Glas Milch und ein Plätzchen müßten genügen.
8. Müssen Sie nachts aufstehen, um zu urinieren?
Wenn ja: abends keinen Alkohol, Tee, Kaffee oder möglichst überhaupt keine Flüssigkeit mehr trinken. Vor dem Schlafengehen noch einmal austreten. Ändert sich dennoch nichts: zum Arzt.
9. Halten Sie normalerweise ein Mittags- oder Nachmittagsschläfchen?
Dann kann die nächtliche Schlafstörung daran liegen, daß Sie zuviel schlafen. Also tagsüber keine Nickerchen mehr.
10. Haben Sie Depressionen?
Wenn Depression und Schlaflosigkeit Hand in Hand gehen, ist es die Depression, die (ärztlich) behandelt werden muß.
11. Sorgen Sie sich, weil Sie nicht so viel schlafen wie andere Menschen aus Ihrem Bekanntenkreis?
Manche Menschen brauchen neun Stunden Schlaf, andere nur fünf. Eine Idealzahl gibt es nicht.
12. Sorgen Sie sich, weil Sie nicht mehr so viel schlafen wie früher?
Wir alle brauchen weniger Schlaf, wenn wir älter werden.
13. Nehmen Sie rezeptpflichtige Arzneien?
Reden Sie mit Ihrem Arzt. Manche Medikamente können Schlaflosigkeit erzeugen.

Haben Sie bisher noch keinen konkreten Grund gefunden, dann kann es sein, daß Ihnen die Alltagssorgen und -ängste noch im Kopf herumschwirren, wenn Sie ins Bett gehen. Das kann schlaftötend wirken oder zumindest schlafverschlechternd. Der Tagesstreß muß weg.

Dazu empfiehlt sich ein gründliches Entspannungsprogramm.

1. Gründliche körperliche Entspannung vor dem Zubettgegen. Zuerst vielleicht ein zehn- bis fünfzehnminütiger Spaziergang im scharfen Tempo, so schnell es geht. Dabei alle Tagesprobleme durchdenken. Nach der Heimkehr: ein Notizbuch nehmen und alle Nöte und Sorgen niederschreiben. Dieses Notizbuch immer zur Hand haben. Taucht ein neues Problem, ein neuer Gedanke auf: niederschreiben.
2. Ein warmes beruhigendes Bad nehmen, wieder zehn bis fünfzehn Minuten. Dabei die Gedanken frei schweifen lassen. Frische Ideen und Gedanken ins Notizbuch schreiben.
3. Mit einem entspannenden Buch ins Bett gehen. Dies soll die Tagessorgen zum Verschwinden bringen. Wenn Ihnen Schmerzmedikamente verschrieben worden sind: die Einnahme nicht vergessen. Das Buch zehn bis fünfzehn Minuten lesen. (Liebe mit dem Partner ist eine ausgezeichnete Alternative.)
4. Licht löschen. Es hilft übrigens, wenn das Bett warm ist. Wenn Sie eine Heizdecke benutzt haben: nicht vergessen, sie abzustellen.
5. Augen schließen und sich in einen beruhigenden und entspannenden Traum hineindenken. Siehe Seite 113 – 116.

Schmerz (allgemein)
Seit langem bekannt und nachgewiesen sind die Zusammenhänge zwischen Schmerz und innerer Haltung. Es ist nicht schwer, Beispiele dafür zu finden, wie die innere Haltung eines Menschen seine Schmerzempfindung mitbestimmt. Schauen Sie sich – auch wenn Ihnen Boxen zuwider ist – mal das Ende eines Box-Matchs im Fernsehen an. Beide Opponenten werden viel eingesteckt haben, doch in der Regel wird der Verlierer den Eindruck machen, weitaus stärkere Schmerzen zu leiden als der Gewinner.

Oder bei Laufwettbewerben: Der Sieger zieht fröhlich winkend eine Ehrenrunde und wirkt noch relativ fit und frisch; der «zweite Sieger » indes steht da, mit den Händen auf den Knien, um Atem ringend und sichtbar leidend.

Woher der Schmerz auch kommt: Durch Angst, Sorge, Furcht wird er fast sicher verstärkt. Wenn man sich entspannen, sich freuen und heiter sein kann, wird er verringert. Hier einige gangbare Wege der Selbsthilfe durch positive Geisteskräfte:
1. Denken Sie daran, daß wir alle manchmal Schmerz als Entschuldigung verwenden, um unangenehmen oder schwierigen Aufgaben aus dem Weg zu gehen. Wenn Sie an hartnäckigen oder wiederkehrenden Schmerzen leiden, die sich mit irgendeiner bestimmten Tätigkeit, Aufgabe, sozialen Situation etc. in Verbindung bringen lassen, wäre es sinnvoll, etwas gegen die zugrunde liegende Angst oder Abneigung zu tun, statt nur die Schmerzen zu behandeln.

Mit anderen Worten: Wenn Sie vor einer bestimmten Konferenz immer Kopfweh bekommen, fragen Sie sich, was Sie an dieser Konferenz so streßt. Wenn Sie immer Bauchweh bekommen, wenn gewisse Verwandte

oder Bekannte ihren Besuch angesagt haben, läßt sich gegen die Schmerzen nur dadurch etwas tun, daß Sie Ihre Konflikte mit ihnen beilegen.
2. Spannungs- und Angstzustände können Sie schmerzanfälliger machen und bereits vorhandene Schmerzen intensivieren. Wenn Sie Ihre Schmerzanfälligkeit senken und Ihre Chancen zur Bekämpfung von Streß- und Belastungsschmerzen erhöhen wollen, müssen Sie lernen, sich geistig und seelisch zu entspannen. Siehe auch Seite 110–116.
3. Sehr gut zur Schmerzbekämpfung eignen sich Visualisierungstechniken. Entspannen Sie sich und suchen Sie sich dann vorzustellen, Sie sähen die Selbstheilungsmechanismen Ihres Körpers bei der Arbeit. Stellen Sie sich bildhaft vor, wie die weißen Blutkörperchen zur Schmerzstelle eilen und wertvolle schmerzlindernde Hormone mitbringen. Stellen Sie sich auch vor, wie die weißen Blutkörperchen gleichsam als Friedenstruppe wachsam in Ihrem Körper patrouillieren.

Alternative: Sie versetzen sich aus Ihrem Körper heraus und betrachten sich aus der Distanz von außen. Sie sehen, wie eine Krankenschwester zu Ihnen kommt und Ihnen beruhigend zuspricht und über die Stirn streicht. Sie sehen, wie liebevolle Menschen sich um Sie kümmern und Ihnen bei der Schmerzausschaltung helfen. Hat sich der Schmerz gelegt, kehren Sie in Ihren Körper zurück. Siehe auch Seite 118–121.
4. Traurigkeit und Unglücklichsein wirken oft schmerzsteigernd. Kleine Schmerzen kann man vergrößern, indem man sich unter unglückliche Menschen begibt; umgekehrt lassen sich Schmerzen entschärfen, indem man lächelt, lacht, sich vergnügt. Fragen Sie sich, ob es in Ihrem Leben genug «zu lachen gibt». Nehmen Sie die Dinge allzu ernst? Wenn Ihr Leben tatsächlich zu ernst ist, sollten Sie – so banal es klingt – versuchen, dem Spiel und dem Vergnügen mehr Raum zu geben.
5. Liebe lindert Schmerz. Versuchen Sie, dafür zu sorgen, daß es in Ihrem Leben viel Liebe und Zuneigung gibt. Und versuchen Sie, auch dafür zu sorgen, daß kein Ihnen Nahestehender ohne Liebe und Zuneigung bleibt. (Allerdings sollte man Liebe nicht nur dann offerieren, wenn der Betreffende schmerzleidend ist. Sonst schleift sich bei ihm nämlich die Erwartung ein, daß er Anzeichen von Schmerz oder Unwohlsein zeigen muß, um Liebe zu bekommen.)

Schwangerschaft

Schwangerschaft ist keine Krankheit, aber Schwangere werden oft wie Kranke behandelt. Und – schlimmer – auch ermutigt, sich als Kranke zu betrachten.

Gleich mit dem Beginn der Schwangerschaft geht es los: Die Frau muß zum Arzt, den Blutdruck messen lassen, Urinproben abgeben, Formulare ausfüllen. Sie bekommt Blutproben abgezapft und Eisentabletten in die Hand gedrückt. Freundinnen und Verwandte erkundigen sich, ob sie schon an Morgenübelkeit leide.

Da kann es kaum überraschen, daß viele Frauen es in der Schwangerschaft «mit der Angst zu tun» bekommen und viel durchmachen müssen.

Sie erhalten gar keine Chance, an das Kind zu denken, das sie tragen; ihre Aufmerksamkeit wird allein auf die Symptome gelenkt, die sich zeigen.

Bange Selbstbeobachtungen und bange Erwartungen erhöhen den Streßpegel der Schwangeren enorm. Ein Räuspern des Arztes bei der Blutdruckmessung weckt sofort Angst vor Komplikationen; ein paar gemurmelte Worte des Krankenhausarztes, die sie nicht versteht, können Panik wecken, manchmal buchstäblich krankmachende Panik.

Nicht daß manche Frauen an hohem Blutdruck und schwerer Morgenübelkeit leiden, wundert einen da, sondern daß es so viele überhaupt schaffen, komplikationslos durch die Schwangerschaft zu kommen. Zur Ausschaltung der eher mental bedingten Risikofaktoren empfehle ich werdenden Müttern:

1. Scheuen Sie sich nicht, nachzufragen, wenn es etwas gibt, das Sie nicht verstehen. Angst vor dem Unbekannten ist die schädlichste aller Ängste. Sagt Ihr Arzt etwas, das Sie nicht ganz verstehen, bitten Sie ihn um Erläuterung. Oder bitten Sie jemand anderen, es zu erläutern. Nehmen Sie nie Ihre Ängste stumm mit nach Hause, wo sie womöglich ins Riesenhafte wachsen. Wenn Sie das tun, können Sie sich buchstäblich krank ängstigen.
2. Betrachten Sie sich immer als eine völlig gesunde Frau, die eben zufällig schwanger ist. Denken Sie daran, daß Ihre Arzt- und Krankenhausbesuche wahrscheinlich überflüssig sind. Solange keine Anomalie gefunden wird (und bei den allermeisten Schwangerschaften wird keine Anomalie gefunden), dienen die Besuche der Vorbeugung, nicht der Heilung. Sie sind ebensowenig krank, als gingen Sie zu einer Routineimpfung oder einer vorgeschriebenen vertrauensärztlichen Untersuchung. Wenn Sie sich als Patienten sehen, werden Sie wahrscheinlich auch zur Patientin.
3. Konzentrieren Sie sich so intensiv wie möglich auf die positiven, schönen Seiten der Schwangerschaft. Denken Sie daran, daß Männer schwangere Frauen häufig besonders attraktiv finden. Gegen Sex mit dem Partner während der Schwangerschaft spricht überhaupt nichts, es wäre denn, Sie empfänden dabei Schmerzen oder es wäre für Sie unbequem. Und denken Sie an das Kind in Ihrem Schoß. Denken Sie an sich als werdende Mutter und nicht als jemand, der die Qualen des Schwangerseins zu erdulden hat.
4. Kommt es zu morgendlichem Übelsein, vergegenwärtigen Sie sich, daß es sich um eine übliche, meistens leichte Beschwerde handelt, die normalerweise keine Behandlung erfordert und nicht lange dauert. Verursacht wird sie wahrscheinlich von nichts Schlimmerem als einer simplen hormonellen Veränderung. Es hilft gegen Morgenübelkeit, wenn Sie schwere fettig-ranzige Gerüche meiden; eventuell läßt sie sich auch durch die Einnahme einfacher Medikamente erleichtern, die Ihnen der Arzt verschreiben kann. Sehr wahrscheinlich verschwindet sie von selbst, wenn Ihre Hormonspiegel sich wieder verändern. Kaum jemals stellt sie für das Ungeborene eine Bedrohung dar.

Wenn es auf die Niederkunft zugeht, werden Sie vor neuen Problemen stehen. Viele kulturspezifische Reize sorgen dafür, daß die Frau bei der

Entbindung so viel wie möglich zu leiden hat. So tragen die natürlichen Muskelkontraktionen, die das Kind austreiben, schon von vornherein den bedrohlichen Namen «Wehen», der nahezu garantiert, daß die «Wehenschmerzen» irgendeine künstliche Linderung erfordern.

Selbsthilfe durch positive Gedankenkräfte kann gegen Entbindungsschmerzen und -ängste auf folgende Weise wirksam sein:

1. Schwangeren wird meistens nahegelegt, sehr viel an die Schmerzen zu denken, die sie erleiden werden. Diese Fixierung der Ärzte auf den Schmerz hat unweigerlich zur Folge, daß die Schmerzen bei der Entbindung dann tatsächlich zum Problem werden. Ersetzt man die von den Ärzten geförderte angstvolle Erwartungshaltung durch frohe, optimistische Erwartungen («freudiges Ereignis»!), läßt sich die Schmerzmitteldosis, die die werdende Mutter braucht, oft herabsetzen.

Ich will damit nicht suggerieren, eine Geburt könne je völlig schmerzfrei sein, oder es sei mit einer Frau, die Schmerzen bei der Niederkunft empfindet, etwas nicht in Ordung. Ich will damit nur sagen, daß Geburtsschmerzen häufig dadurch gelindert werden können, daß man negative Bilder durch positive ersetzt.

2. Angst erzeugt Spannung, und verspannte Muskeln sind anfällig für Schädigungen. Frauen, die voller Angst auf die Entbindung zugehen, werden sich also relativ leicht Gewebeschäden zuziehen und ärztlicher Behandlung bedürfen. Hilfreich ist stets, wenn sich die Hochschwangere gründlich entspannen lernt, etwa durch Tagtraum-Techniken. Siehe Seite 113–116.

Sexualprobleme

Einige der verbreitetsten und destruktivsten Sexualprobleme entstehen dadurch, daß Früherfahrungen, die sich tief in uns festgesetzt haben, verstärkt und neu belebt werden, wenn bestimmte Umstände unsere Erinnerung auslösen.

Nicola beispielsweise, eine meiner ehemaligen Patientinnen, hatte schwere Probleme in ihrer Ehe, weil sie sich hartnäckig weigerte, sich ihrem Mann unbekleidet zu zeigen. Als sie schließlich den Mut aufbrachte, mit mir darüber zu reden, brachte sie nicht einmal das Wort «nackt» über die Lippen. Ihr Mann fand, nicht unnatürlicherweise, ihre Schamhaftigkeit schwer zu verstehen und noch schwerer zu akzeptieren. Er hatte einen durchschnittlichen, gesunden Sexualtrieb. Er erwartete nicht, daß seine Frau an irgendwelchen ausgefallenen sexuellen Turnübungen teilnahm; nur hätte er sie einfach gerne mal nackt bewundert. Er hatte es satt, sie immer nur im Dunkeln zu lieben, «zugeknöpft» unter der Bettdecke.

Nach längeren Gespräch mit Nicola stellte sich heraus, daß sie von sehr strengen Eltern erzogen worden war. Ihre Angst vor Nacktheit und ihre extreme Schamhaftigkeit hatten sich während einiger Ferienaufenthalte am Meer entwickelt. Anders als ihre Altersgenossinnen hatte Nicola nie einen Badeanzug tragen dürfen (schon gar nicht einen Bikini), sondern mußte voll bekleidet am Strand bleiben, während andere im Wasser herumtollten. Einmal hatte sie ihren Rock geschürzt und war ein bißchen im Wasser herumgewatet, aber als ihr Vater sah, daß sie «jedermann die Knie zeigte», schimpfte er und schickte sie zur Strafe ins Hotelzimmer zurück.

Dieser und noch einige ähnliche Vorfälle hatten Nicola eine schreckliche Angst davor eingepflanzt, was geschehen könnte, wenn sie sich «unbekleidet» zeigte (wie sie es rührend und traurig formulierte). Auch als verheiratete Frau kam sie über diese Hemmungen zunächst nicht hinweg – erst nach langer Diskussion und Bloßlegung ihres Seelenlebens.

Nicolas Problem fällt etwas aus dem Rahmen, ist aber keineswegs einzigartig. Wir alle haben unsere Hemmungen und Verklemmungen, wenn auch vielleicht nicht so stark wie in Nicolas Fall. Wir scheuen davor zurück, uns von Gleich- oder auch Andersgeschlechtlichen berühren oder nackt betrachten zu lassen. Diese Reaktionen kommen wie so viele andere von dem her, was wir als Kind gelernt haben.

Wenn wir klein sind, spüren wir, wie Erwachsene mit Freude, Erregung, Schock, Ekel etc. auf bestimmte Dinge und Vorkommnisse reagieren, und wir lernen, uns entsprechend zu verhalten und ebenso zu reagieren (Modellernen). Unsere Sexualängste und -verklemmungen wurden von denen geschaffen, deren Handlungen wir folgten und respektierten, als wir jung waren. Da ist es wohl kaum überraschend, daß im späteren Leben Lust und Angst so oft Hand in Hand gehen, wenn sexuelle Gefühle erregt werden.

Wenn Sie Ihre eigenen sexuellen Probleme erfolgreich angehen wollen, müssen Sie zunächst zu entdecken versuchen, welche Kräfte Ihre Vorlieben und Abneigungen, Ambitionen und Schwächen mitgeformt haben. Suchen Sie Ihre persönliche Haltung in Sachen Sex festzustellen und durchforsten Sie dann Ihre Erinnerung nach möglichen Zusammenhängen und Erklärungen. Mitbestimmend können da u. a. Eltern, Lehrer, Freunde und früheste Sexualpartner gewirkt haben.

Was Sie als Kind lernten, beeinflußt Ihre Verhaltensweisen und Präferenzen als Erwachsener. Wurden Sie zum Beispiel einmal beim Lieben auf dem Wohnzimmerteppich ertappt, kann sich das auf zweierlei Weise auswirken. Die Erinnerung daran kann einerseits sehr stimulieren; sie kann andererseits aber auch so scham- und schreckensvoll sein, daß der bloße Gedanke daran Sie vor Angst impotent macht. Hatten Ihre Eltern eine sexualfeindlich-prüde Haltung («Sex ist schmutzig»), kann es sein, daß Sie echte sexuelle Befriedigung nur in Heimlichkeit und mit viel Aura des Verbotenen erlangen können.

Bei den allermeisten sexuellen Problemen (auf welche Ursache sie auch immer zurückgehen) kann Selbsthilfe durch positives Denken von Nutzen sein. Sie kann allein angewandt werden oder im Zusammenspiel mit sexualtherapeutischer Beratung.

1. Ihre sexuelle Potenz und Anziehungskraft läßt sich möglicherweise steigern, wenn Sie phantasieren lernen. Zwischen physischer Gefahr und «Sex Appeal» gibt es enge Zusammenhänge, die Sie nutzen können.

Wenn Sie sich zum Beispiel vorstellen, Sie nähmen an einem riskanten Autorennen teil und Ihr Leben sei wiederholt in Gefahr, wird der Körper auf die eingebildete Gefahr reagieren. Das Herz wird schneller schlagen, die Pupillen werden sich vergrößern, das Gesicht wird sich röten, und Sie werden ein bißchen schwitzen. All diese Veränderungen sind auch Signale für sexuelle Erregung, und Sie werden daher für das andere Geschlecht attraktiver wirken.

2. Wenn Sie als Mann Erektionsschwierigkeiten haben, wird Ihnen Phantasieren wahrscheinlich helfen. Denken Sie an eine Frau, die Sie hochattraktiv finden, und stellen Sie sich vor, von ihr verführt zu werden. Lassen Sie die Phantasie frei und ungehindert schweifen. Stellen Sie sich vor, daß sie sich und dann Sie auszieht. Bauen Sie im Geist eine starke erotische Szene auf.

3. Die zweite häufige Sexualstörung bei Männern (neben Erektionsschwierigkeiten) ist vorzeitiger Samenerguß. Dieses Problem müßte sich durch nichterotische Phantasievorstellungen lösen lassen. Denken Sie bei der Liebe zwischendurch an etwas ganz und gar Unerregendes, beispielsweise an Ihre Steuererklärung. Oder daran, daß Sie das Gartenbeet umgraben müssen. Dadurch müßte sich die Sexualreaktion verzögern lassen.

4. Hinter vielen Sexualproblemen steht ein Mangel an Selbstvertrauen. Machen Sie eine Liste Ihrer sexuellen Stärken, körperlichen Vorzüge, persönlichen Leistungen. Denken Sie an die Seiten Ihrer Persönlichkeit, die sexuell anziehend sind. Stellen Sie sich vor, in welchen Punkten andere Sie besonders attraktiv finden könnten. Erfinden Sie für sich eine Rolle als Sexsymbol. Siehe auch Seite 85 – 88.

5. Wenn Sie Schwierigkeiten haben, sexuelle Beziehungen anzuknüpfen oder aufrechtzuerhalten, fragen Sie sich, was an Ihren zwischenmenschlichen Beziehungen nicht stimmt. Erwarten Sie von anderen zuviel? Versprechen Sie zuviel? Versprechen Sie zuwenig? Durch solch gezielte Fragestellungen zu Ihren Sexualbeziehungen müßten Sie in der Lage sein, festzustellen, wo die Fehler liegen.

Übergewicht

In der einen Welthälfte wird die Mehrheit aller schweren und tödlichen Krankheiten von Fehl- oder Mangelernährung (mit)verursacht; in der anderen Welthälfte – in unserer – ist Überernährung dafür verantwortlich.

Es ist unmöglich, genau zu berechnen, wieviele Menschen jährlich an Übergewicht sterben, ebenso wie es unmöglich ist, genau zu berechnen, wieviele Menschen jährlich am Rauchen sterben. Gleichwohl steht ohne den leisesten Zweifel fest, daß Fettleibigkeit töten kann. Übermäßiges Essen und Übergewicht sind zusammen in der westlichen Welt die wahrscheinlich bedeutendste Todesursache.

Zu den Hauptgefahren des guten Essens zählen hoher Blutdruck, Herzerkrankungen, Diabetes, Schlaganfall. Außerdem machen einem die

Speckschichten auch sonst das Leben schwer, und zwar im doppelten Sinne. Sie machen gefährliche Krankheiten wie zum Beispiel Asthma und Arthritis noch gefährlicher. Und sie lasten auch auf der Seele (Angst, Depressionen).

Dick werden die Menschen aus den unterschiedlichsten Gründen. Der eine ißt, weil er Depressionen hat, der andere, weil er Trost braucht. Gemeinsamer Nenner bei allen: Sie hören nicht auf die Körpersignale, die ihnen sagen, daß sie jetzt genug gegessen haben. Sie essen nicht, um ihren Hunger zu stillen; sie essen, um sozialen und emotionalen Bedürfnissen zu entsprechen, nicht körperlichen.

Tief in unserem Hirn sitzt ein Appetitsteuerzentrum (Hungerzentrum), das seinerseits von der Menge des im Blut zirkulierenden Zuckers gesteuert wird. Dieses Zentrum kann uns genau signalisieren, wann wir zu essen haben und was wir zu essen haben. Würden wir darauf hören, würden wir niemals dick – so erstaunlich das klingt. Wir würden richtig ausgewogene Kost in der richtigen Menge zu uns nehmen. Aber wir hören nicht darauf. Wir essen aus den falschen Gründen.

Denken Sie an die Zeit zurück, in der Sie klein waren. Wahrscheinlich tauchen Erinnerungen an festgelegte Eßzeiten auf, an bestimmte Speisen, die man essen mußte, und an Vorhaltungen, immer den Teller leerzuessen («Die hungernden Kinder in Afrika wären froh, wenn sie das kriegten»). Wurden Sie mit der Flasche großgezogen, begann Ihr «Training» wahrscheinlich schon, bevor Sie sich an einen Tisch setzen und sich selber ernähren konnten. Die Mutter wird Sie angehalten haben, die Flasche schön auszutrinken – auch wenn Sie schon satt waren. (Brustgestillte Kinder können viel besser auf ihr Hungerzentrum hören, weil der «Nahrungsbehälter» undurchsichtig ist und die Mutter deshalb nicht kontrollieren kann, wieviel noch drin ist.)

Diese falschen oder zumindest unguten Verhaltensweisen tragen alle dazu bei, daß später das Hungerzentrum sich kein Gehör mehr verschaffen kann. Nicht mehr von körperlichen, sondern von sozialen Bedürfnissen und Normen werden dann die Eßgewohnheiten bestimmt. Man wächst heran in der Gewohnheit, zu festgelegten Zeiten zu essen, und das zu essen, was andere einem vorsetzen, vor allem auch, *wieviel* sie einem vorsetzen. Sehen Sie sich, wenn Sie das nächstemal im Restaurant speisen, einmal unter den Gästen um. Sie werden bemerken, daß sie meisten brav «leeressen», auch wenn der Teller noch so überhäuft war. Man läßt den Appetit nicht von den eigenen Bedürfnissen bestimmen, sondern von den Bedürfnissen und Normen anderer.

Vielleicht haben Sie sich auch angewöhnt, beim Lesen, beim Arbeiten und beim Fernsehen zu essen. Dabei achtet man kaum auf die aufgenommene Menge (und Art) der Speisen, sondern ißt häufig «bis zum Platzen» oder bis nichts mehr da ist.

Einige Möglichkeiten der geistigen Selbsthilfe, wenn Sie Ihr natürliches, gesundes Gewicht erreichen und halten wollen:

1. Lernen Sie, Ihre Intuition einzusetzen, damit sie Ihnen sagen kann, wann Sie wirklich Hunger haben und wann Sie genug gegessen haben.

Wenn Sie auf Ihren Körper – und Ihren Hunger – hören und nur essen, wenn Sie essen müssen, werden Sie die Mengen essen, die Ihr Körper benötigt.

Gewöhnen Sie sich wenn möglich an, nicht mehr zu festen Mahl-Zeiten, sondern aufgrund des natürlichen Hungergefühls zu essen. Und wichtiger noch: Gewöhnen Sie sich an, dann mit dem Essen aufzuhören, wenn Sie keinen Hunger mehr haben. Voraussetzung dazu ist, daß Sie konzentriert und mit wachem Bewußtsein essen.

2. Legen Sie beim Essen mehr Durchsetzungsvermögen und mehr Selbstbestimmung an den Tag. Wenn Sie weiterhin Ihre Nahrungsaufnahme von anderen Menschen bestimmen lassen, werden Sie sicher übergewichtig bleiben. Wer andere entscheiden läßt, was und wieviel er auf den Teller bekommt und wann er aufhören darf, zu essen, wird seine Pfunde nie los. Eine dauerhafte Gewichtsreduzierung läßt sich nur erreichen, wenn man seine Nahrungsaufnahme selbst in die Hand nimmt.

Denken Sie immer daran: Unvernünftig sind die anderen, die Sie nötigen wollen, noch eine zweite Portion zu nehmen. Würde ein Freund einer aufdringlichen Gastgeberin mit «Nein, danke» antworten, wären Sie auch nicht schockiert.

3. Wenn Sie abnehmen wollen, stellen Sie für sich einen vernünftigen Fahrplan auf. Gleich in die Vollen zu gehen («50 Pfund minus»), ist sinnlos. Das Ziel ist zu groß und zu unerreichbar. Setzen Sie sich zunächst ein Etappenziel («10 Pfund minus»), wird es viel besser klappen. Das Erfolgserlebnis macht Ihnen Mut, dann auch weitere Schritte auf das Fernziel hin zu unternehmen. Sie werden sich auf der Siegerseite fühlen.

4. Wollen Sie gezielt an einer bestimmten Körperpartie abnehmen, konzentrieren Sie Ihre Gedanken auf die Figur, die Ihnen vorschwebt. Denken Sie nicht zuviel an Ihre breiten Hüften, den zu rundlichen Po etc. Wenn Sie immer nur an Ihre Schwachpunkte denken, lassen Sie negative Bilder innerlich die Oberhand gewinnen und verstärken Ihr Selbstbild als «dick und häßlich». Versuchen Sie statt dessen an den Körper zu denken, den Sie gern hätten. Denken Sie sich schlank, aber wohlgeformt. Je bildhafter Sie sich das vorstellen können, desto höher wird die Wahrscheinlichkeit, daß Sie in Ihrem Kampf gegen die Pfunde Erfolg haben.

Unfälle

Wenn Sie, in Gedanken an berufliche Sorgen versunken, eine rote Ampel überfahren: Ist das ein Unfall? Wenn Sie sich über Ihr Ehegespons schwarzgeärgert haben und schließlich in der Stadt beim Überschreiten der Fahrbahn die herannahende Straßenbahn übersehen: Ist das ein Unfall? Wenn Sie, über Geldsorgen nachbrütend, sich in der Küche die Hand verbrühen: Ist das ein Unfall – im Sinne einer Unvermeidbarkeit? Ich glaube nicht. Streß, Angst, seelische Belastungen spielen bei vielen Unfällen mit, die sich hätten verhüten lassen.

Ich möchte die Behauptung wagen, daß die Mehrzahl der Unfälle nicht schicksalhaft ist. Sie geschehen nicht aufgrund völlig unvorhergesehener

Umstände, sondern aufgrund von Fahrlässigkeit, von Wissenslücken und – noch häufiger – von Konzentrationsstörungen, die auf Sorgen und Ängste zurückgehen, die durch irgendein anderes Problem verursacht werden.

Wenn Sie zum unfallträchtigen Typus Mensch gehören – so sehr, daß man Sie in der Krankenhausambulanz schon mit Vornamen anredet –, sollten Sie sich mit zwei Hauptwegen der Selbsthilfe durch positive geistige Kräfte zur Unfallverhütung vertraut machen.

Unfalltypen stecken häufig in einem Wust kleiner Alltagsprobleme. In diesen verzetteln sie sich geistig derart, daß sie sich auf das, was sie gerade tun, gar nicht mehr richtig konzentrieren können. Erste Regel zur Unfallverhütung lautet daher: System und Ordnung in das Chaos der kleinen Alltagssorgen bringen.

Beginnen Sie damit, daß Sie eine Liste all Ihrer Sorgen aufstellen und die Sorgen in verschiedene Kategorien einteilen. Etwa häusliche Sorgen, berufliche Sorgen, Beziehungssorgen etc.

Nun schauen Sie sich ein Problem nach dem anderen an und stellen sich die Frage, ob das reine Sich-Sorgen an ihnen irgend etwas ändert. Suchen Sie Wege, die Probleme konkret anzugehen; wenn Sie etwas tun können, tun Sie es. Mit Erstaunen werden Sie wahrscheinlich feststellen, daß Probleme, die bergeschwer drücken, solange man die Augen von ihnen abgewandt hält, bei näherem Hinsehen oft ganz erheblich an Schwere verlieren.

Der zweite Weg zur Unfallverhütung heißt Schärfung des Intuitionssinnes. Wenn einem das gelingt, schärft man damit gleichzeitig seine Reflexe und sein Reaktionsvermögen in Gefahrenlagen. Der Begriff Intuition hat manchmal geheimnisvolle oder irrationale Beiklänge, aber in Wahrheit ist es so, daß Intuition sich auf Gelerntes (Erfahrung) gründet.

Die Schärfung des Intuitionssinnes geschieht daher überwiegend durch genaues Wahrnehmen der Umwelt. Etwa indem man sich so genau wie möglich über die Maschinen informiert, die man bedient, über das Auto, das man fährt, über die Örtlichkeiten, an denen man lebt und arbeitet. Wer zum Beispiel weiß, daß der Feuerlöscher links im Flur neben der Fahrstuhltür hängt, der läuft beim Ausbruch eines Brandes «instinktiv» dorthin. Es wird wie Intuition oder Instinkt aussehen, ist aber kaum mehr als praktischer Verstand.

Eine absolute Garantie gegen Unfälle kann geistige Selbsthilfe natürlich nicht bieten. Aber sie kann viel zur Verhütung beitragen. Und wenn doch einmal ein Unfall eintritt, lassen sich die Folgen spürbar entschärfen. Wieder muß ich auf die Grenzen der Selbsthilfe hinweisen: Wenn Sie sich ein Bein brechen, werden Sie sich die Knochen richten lassen müssen, werden Gipsverband oder Schiene brauchen, werden fachärztliche Hilfe in Anspruch nehmen müssen. Hierbei nützt geistige Selbsthilfe nicht viel. Aber sie kann die Genesung beschleunigen. Einige konkrete Wege:

1. Bleiben Sie nach Unfallverletzungen so hoffnungsvoll und optimistisch wie möglich. Angenommen, Sie stürzen beim Skifahren. Wenn Sie sofort

denken: «Komplizierter Beinbruch» oder «Das Bein muß sicher abgenommen werden und ich bleib' lebenslang ein Krüppel», dann wird, wenn Sie ins Krankenhaus eingeliefert werden, der Körper nicht auf den tatsächlichen Sturz, sondern auf die imaginierte große Bedrohung reagiert haben. Die Muskeln werden angespannt sein, der Schmerz enorm; Puls und Blutdruck werden nicht auf die tatsächlichen (wahrscheinlich geringfügigen), sondern auf die eingebildeten (schweren) Unfallfolgen reagiert haben.

Wenn Sie andererseits feststellen, daß es zwar weh tut, aber daß Sie stehen und gehen können; und wenn Sie sich sagen, daß Sie wohl nur ein paar Quetschungen davontrugen und daß Sie auf der Abfahrtspiste in der nächsten Zeit ein bißchen vorsichtiger sein müssen, werden Sie weit weniger Schmerzen leiden und weniger lahmgelegt sein. Wenn Sie sich nicht im Krankenhaus «sehen», sondern sich rasch genesen und wieder skilaufen «sehen», werden Sie den Unfall viel schneller überwinden.

2. Der Grad an Beachtung, den Sie einer Verletzung schenken, wird vom Gewicht Ihrer sonstigen Bewußtseinsinhalte beeinflußt. Wenn Sie sich also stark auf etwas für Sie Wichtiges konzentrieren, bleibt die Verletzung unter Umständen völlig unbemerkt. Sportler beispielsweise tragen oft böse Blessuren davon, ohne es zu merken. Berühmter Fall aus einem Pokalendspiel: Ein Torwart spielte weiter, ohne zu merken, daß er sich einen Halswirbel gebrochen hatte!

Wenn Sie sich bei der Gartenarbeit den Arm gestoßen haben, reiben Sie ihn ab, kontrollieren Sie, ob nichts gebrochen oder wund ist, und lenken Sie dann Ihre Aufmerksamkeit auf die nächste Arbeit, die Sie sich vorgenommen hatten. Die Verletzung wird Ihnen weit weniger zu schaffen machen, als es sonst, bei voller Konzentration darauf, wahrscheinlich der Fall wäre.

3. Wenn Sie es nach einer Verletzung schaffen, Leib und Seele zu entspannen, werden die natürlichen Heilmechanismen des Körpers ihre volle Wirkung entfalten können, werden die Körperreaktionen auf die Verletzung nicht übertrieben sein und werden Schmerz und Beschwerden auf ein Minimum beschränkt bleiben.

Müssen Sie nach einer schweren Verletzung (im Krankenhaus oder zu Hause) das Bett hüten, suchen Sie sich durch Tagträume zu entspannen. Lassen Sie die Gedanken vom Krankenbett wegwandern; erträumen Sie sich einen Ferientag am Meer, in den Bergen, irgend etwas, das entspannend auf Sie wirkt. Siehe Seite 113 – 116.

4. Lachen hilft Schmerz lindern und Gewebeschäden heilen. Halten Sie, wenn Sie im Bett liegen müssen, immer Bücher, Zeitschriften und vielleicht auch Videos parat, die Unterhaltungswert besitzen und ruhig auch mal zwerchfellerschütternd sein dürfen.

5. Schmerzen bei Verletzungen lassen sich oft durch Visualisierungstechniken bekämpfen. Beispiel: Sie entspannen sich so gründlich wie möglich und bilden sich intensiv ein, die Schmerzübertragung in Ihrem Körper erfolge durch Drähte. Ein Team winziger Ärzte marschiert in

Ihrem Körper herum und zerschneidet alle Drähte, die es findet. Schicken Sie das drähtezerknipsende Team nacheinander in alle schmerzenden Körperpartien.

Noch einmal: Ich will damit nicht sagen, diese Techniken könnten Knochenbrüche heilen, Rißwunden schließen. Sie können jedoch das Genesungstempo beschleunigen und das Komplikationsrisiko herabsetzen.

Unfruchtbarkeit

Schätzungsweise jedes zehnte Paar ist unfruchtbar. So wünschen sich zum Beispiel in der Bundesrepublik Deutschland 1,2 Millionen Ehepaare vergeblich ein Kind. Meist wird, wenn keine Kinder kommen, der weibliche Teil verantwortlich gemacht, aber in der Praxis ist ebensooft der Mann verantwortlich.

Ungefähr vierzig organische Ursachen für Unfruchtbarkeit soll es geben; bei genauem Nachforschen fände man sicher noch einige mehr. Bei der Frau sind ausbleibender Eisprung und blockierter Eileiter (letzteres oft Folgeerscheinung einer früheren Infektion) die häufigsten; beim Mann ungenügende Spermiendichte und ungenügende Spermienqualität. Diese Störungen lassen sich in vielen Fällen auf andere Probleme zurückführen. Hinter dem ausbleibenden Eisprung zum Beispiel kann Endometriose (Vorkommen von Gebärmutterschleimhautgewebe außerhalb der Gebärmutter) oder eine allgemeine Beschwerde stehen, etwa starker oder plötzlicher Gewichtsverlust. Hinter ungenügender Spermiendichte und -qualität beim Mann kann eine alte Infektion oder sogar ein Unfall stehen. Mumps führt beim Mann häufig zu Unfruchtbarkeit. Weitere mögliche Ursachen: allgemeine Krankheiten wie Diabetes und Schilddrüsenleiden, frühere Geschlechtskrankheiten, gelegentlich auch, daß einer der beiden Partner Antikörper gegen Samenzellen bildet.

Außerdem darf man nicht außer acht lassen, daß bei Unfruchtbarkeit keine innere Krankheit oder Störung vorliegen muß, sondern daß es einfach daran liegen kann, daß Samenzellen gar keine richtige Chance bekommen, ein Ei zu befruchten. Hat etwa der Mann Erektionsschwierigkeiten oder ejakuliert er vorzeitig, wird es kaum zu einer Empfängis kommen. Von einiger Bedeutung ist zudem die Häufigkeit des Verkehrs. Bei einem Paar, das alle sechs Monate einmal verkehrt, liegt die Wahrscheinlichkeit, daß sich Nachwuchs einstellt, naturgemäß viel niedriger als bei einem Paar, das täglich verkehrt.

Ist der weibliche Teil des Paares unter dreißig, lohnt sich im allgemeinen eine Unfruchtbarkeitsuntersuchung erst dann, wenn das Paar zwei Jahre lang ohne jegliche Verhütungsmittel ergebnislos miteinander verkehrte. Bis dahin kann das Paar viel tun, um die Empfängniswahrscheinlichkeit zu steigern.

Erster, auf der Hand liegender Schritt: Der Geschlechtsverkehr soll zeitlich möglichst eng mit dem Eisprung zusammenfallen. Bei den meisten Frauen findet der Eisprung vierzehn Tage vor Beginn der nächsten Periode statt; hier, vierzehn Tage vor der Blutung, liegt die Empfängniswahrscheinlichkeit besonders hoch. Besonders niedrig liegt sie zur Zeit der Blutung selbst, zum einen weil wahrscheinlich gar kein Ei vorhanden ist, und zum anderen weil die Gebärmutterschleimhaut dann auf die Einnistung eines Eis nicht vorbereitet ist.

Frauen, die regelmäßig menstruieren, haben übrigens mit hoher Wahrscheinlichkeit auch regelmäßig einen Eisprung. Der Zeitpunkt des Eisprungs läßt sich auch durch tägliche Körpertemperaturmessung (Basaltemperaturkurve) ermitteln. Man erkennt ihn meistens an einem kleinen Temperaturabfall und -wiederanstieg.

Um sein Sperma in bestmöglichem Zustand zu halten, sollte der Mann keine hautengen Hosen tragen, nicht zu heiß baden, nicht in die Sauna gehen und beim Sitzen möglichst oft die Beine gespreizt halten. Samenzellen sind sehr hitzeempfindlich (deshalb hängen die Hoden außerhalb des Körpers).

Nach dem Verkehr sollte eine Frau, die schwanger werden will, noch eine halbe Stunde im Bett bleiben, die Beine an den Brustkorb angezogen, mit einem Kissen unter dem Po. Diese Stellung steigert die Wahrscheinlichkeit, daß Samen den Muttermund erreicht und durchdringt. Je mehr Samen in die Gebärmutter hineingelangt, desto höher ist die Empfängnischance.

Soweit die eher praktischen Seiten. Aber Unfruchtbarkeit ist nicht immer so einfach zu erklären, und sie ist auch nicht immer so rein praktisch-technisch zu beheben. Auf die Empfängnisfähigkeit nehmen – wie es scheint – noch andere, verborgenere Faktoren Einfluß.

Es gibt Anhaltspunkte dafür, daß die Empfängnisfähigkeit der Frau von ihrer Seelen- und Geistesverfassung mitbestimmt wird. Man behauptet, daß bei manchen primitiven Stämmen die Frauen erst dann empfängnisfähig werden, wenn sie geheiratet haben und das Kinderkriegen für sie gesellschaftlich akzeptabel geworden ist – ganz gleich, wieviele Sexualkontakte sie vorher bereits hatten oder wie lange sie schon ohne Verhütungsmittel verkehrten.

Diese zunächst unglaubliche klingende Behauptung verliert durch Daten aus entwickelten Ländern einiges an Unwahrscheinlichkeit. Auch in unserer Hochzivilisation geben nämlich viele Frauen an, daß sie – nachdem sie sich entschieden hatten, jetzt sei der Zeitpunkt richtig, das erste Kind zu bekommen – auch sehr rasch schwanger wurden. Und da man weiß, daß hormonelle Veränderungen bei Frauen vom Seelenleben beeinflußt werden (Paradebeispiel: Angst oder Nervosität lassen die Periode ausbleiben), ist es durchaus möglich, daß die Empfängnisfähigkeit weit stärker durch geistig-seelische Kräfte mitgesteuert wird (oder werden kann), als wir bisher dachten.

Geisteshaltungen, Befürchtungen, Ängste haben mitbestimmenden Einfluß. Bleibt bei einer Frau, die durch Schwangerschaft für ihren Mann unattraktiv zu werden befürchtet, die Empfängnis aus, so liegt dies unter Umständen nicht an organischen Defekten, sondern schlicht und einfach an der inneren Einstellung der Frau zur potentiellen Mutterschaft.

Eine unfruchtbare Frau, die ihre Chance auf Mutterschaft steigern will, sollte die folgenden Punkte lesen, besonders wenn sie sich schon seit längerer Zeit ein Kind wünscht, aber unerklärlicherweise steril bleibt.

1. Hegen Sie eventuell Zweifel oder Ängste (bewußter oder unbewußter Natur), die sich bremsend auf die Bereitschaft Ihres Körpers auswirken könnten, eine Schwangerschaft einzuleiten? Fürchten Sie, Ihre Figur könnte wegen des Babys dauernden Schaden davontragen? Sind Sie sicher, daß Ihre Partnerbeziehung durch das Kind gestärkt und nicht geschwächt wird? Machen Sie sich Sorgen, daß die Schwangerschaft Ihnen beruflich schadet? Wenn Sie solche oder andere Probleme voraussehen, die durch Ihren Mutterstatus heraufbeschworen werden könnten, sollten Sie sich bewußt sein, daß Ihre heimlichen Unsicherheiten möglicherweise Einfluß auf Ihre Empfängnisfähigkeit haben.

Versuchen Sie, mit diesen Problemen auf möglichst offene und ehrliche Weise fertig zu werden. Sprechen Sie mit Ihrem Partner und mit Ihrem Arbeitgeber über Ihre Mutterschaftspläne. Versuchen Sie genau zu ergründen, ob und wie innig Sie ein Kind ersehnen.

2. Helfen kann dabei eine allgemeine Bestandsaufnahme Ihrer Lebensziele und -prioritäten. Wissen Sie, welche Dinge in Ihrem Leben Vorrang haben? Wie wichtig ist der Beruf? Wie wichtig ist die Familie? So schwierig es sein mag, diese Fragen zu beantworten – Sie müssen sich genau darüber klar werden, wo für Sie die Prioritäten liegen, wenn Sie etwaige versteckte Empfängnishindernisse aus dem Weg räumen wollen.

Helfen kann beispielsweise der Entschluß, vorübergehend auf Teilzeitarbeit umzusteigen und später, zu einem festgelegten Zeitpunkt, wieder voll in den Beruf zurückzugehen. Und vielleicht sollten Sie sich auch jetzt schon überlegen, wie viele Kinder Sie insgesamt haben wollen. (Diese Überlegung kann man später jederzeit wieder revidieren, aber eine positive Entscheidung hilft zunächst einmal die Unsicherheit beseitigen.)

3. Denken Sie sorgfältig über Ihre zwischenmenschlichen Beziehungen nach. Werden sie den Veränderungen durch das Kind gewachsen sein, werden sie förderlich oder hinderlich wirken? Will auch Ihr Partner das Kind? Haben sie im Bereich Ihrer persönlichen Beziehungen irgendwelche Zweifel? Könnten Probleme mit Menschen auftauchen, die in Ihrem Leben während und nach der Schwangerschaft eine wichtige Rolle spielen werden?

4. Angst kann eine Frau unfruchtbar machen. Auch Angst vor der Schwangerschaft selbst. Dem sollten Sie durch eine möglichst umfassende Selbstaufklärung über das, was während der Schwangerschaft geschieht, entgegenwirken.

5. Bauen Sie Ihr Selbstvertrauen auf. Versuchen Sie daran zu denken, auf welche Weise die Schwangerschaft Ihr Aussehen eventuell verbessern statt verschlechtern könnte (wenn Sie zum Beispiel Ihre Brust für zu klein halten, kann die Schwangerschaft sie vergrößern). Siehe auch Seite 85–88.

6. Lernen Sie, sich geistig und seelisch so tief wie möglich zu entspannen. Es gibt wissenschaftliche Beweise dafür, daß Frauen, die unter Streß arbeiten, Empfängnisschwierigkeiten bekommen können. Siehe auch Seite 110–116.

Wechseljahre

Zwischen vierzig und fünfundfünfzig erreichen die meisten Frauen die Wechseljahre (Klimakterium, Menopause). Dann verringern die Drüsen die Produktion von Sexualhormonen, und die Eierstöcke hören auf, Eier auszustoßen. Die Monatsblutung wird unregelmäßig und bleibt schließlich ganz aus. Die Frau kann nun keine Kinder mehr bekommen.

Die typischen Beschwerden während der Wechseljahre hängen in erster Linie mit dem abgesunkenen Östrogenspiegel zusammen. Es können auftreten (in der Reihenfolge der Häufigkeit):

— Hitzewallungen, Schweißausbrüche
— Angstzustände, Depression, Reizbarkeit, Müdigkeit, Schlafstörungen
— Unregelmäßiger Menstruationszyklus
— Nachlassendes Sexualinteresse, Schmerzen beim Geschlechtsverkehr
— Schmerzen, am häufigsten Kopfweh und Gelenkschmerzen
— Haar- und Hautveränderungen. Die Haut wird trockener, Falten treten schärfer hervor. Das Kopfhaar wird dünner, und paradoxerweise wächst nun Haar an Stellen, wo es nicht gewünscht wird, z. B. im Gesicht
— Erinnerungs- und Konzentrationsschwächen
— Vaginale Trockenheit, manchmal vaginale Empfindlichkeit
— Allgemeiner Verlust an Selbstsicherheit und Selbstvertrauen; das Gefühl, keine vollwertige Frau mehr zu sein
— Urologische Symptome, z. B. Inkontinenz (unwillkürlicher Harnabgang)
— Brennen oder seltsamer Geschmack im Mund
— Vermehrtes Auftreten von Knochenbrüchen

Die Behandlung der Probleme, die so häufig die Wechseljahre begleiten, gibt manche Nuß zu knacken. Wenn bestimmte Beschwerden besonders schlimm sind, kann man in bestimmten Fällen gezielt vorgehen: Kalziumgaben wirken gegen Knochenschwäche, Östrogenbehandlung kann trokkene Scheidenhaut geschmeidiger machen. Und manchmal läßt eine sehr schwere Depression in den Wechseljahren eine Behandlung mit einem Antidepressivum angezeigt erscheinen.

Gleichzeitig mit den vom Umschwung im Hormonhaushalt ausgelösten körperlichen Beschwerden muß die Durchschnittsfrau in den Fünfzigern noch mit allgemeinen Lebensveränderungen fertig werden, die sie zusätzlich belasten, stressen, ängstigen.

Diese Belastungen sind insofern von Bedeutung, als die hormonellen Umschwünge, die die typischen Wechselsymptome hervorrufen – die Wallungen, die Schweißausbrüche, und so weiter –, stark von der Geisteshaltung der betreffenden Frau beeinflußt werden. Eine Frau, die sich schämt, weil sie rot wird, wird noch röter werden. Eine Frau, die befürchtet, daß ihre Wechselsymptome für ihre gesamte Umwelt deutlich sichtbar sind, wird durch ihre Nervosität die Aufmerksamkeit auf sich ziehen. Eine Frau, die Angst hat, daß das Aufhören ihrer Periode von einer Unzahl lästiger und quälender Symptome begleitet ist, wird mit hoher Sicherheit an lästigen und quälenden Symptomen zu leiden haben. Und eine Frau, die Sorgen wegen ihres Partners oder wegen ihrer Kinder hat, wird ebenfalls für Wechselbeschwerden anfälliger sein.

Können die Wechselsymptome einerseits durch die Geisteshaltung des Individuums verschlimmert werden, so können sie andererseits durch die geeignete innere Haltung auch gelindert werden. Sie lassen sich durch die in unserem Buch umrissenen Prinzipien finden.

1. Viele Frauen in den Fünfzigern mangelt es an Lebenssinn. Zwangsläufig empfinden sie ihr Leben häufig als Leerlauf, als ziellos. Wenn Sie an Wechselbeschwerden leiden, sollten Sie sich daher fragen, ob Ihr Leben Sinn und Ziel braucht. Lautet die Antwort Ja, empfiehlt es sich, neue Ziele, Pläne, Ambitionen zu schaffen. Gehen Sie zur Abendschule oder Volkshochschule oder belegen Sie einen Fernkurs auf einem Gebiet, das Sie schon immer interessierte. Machen Sie sich geschäftlich selbständig. Übernehmen Sie Ehrenämter.

2. Wechselsymptome verschlimmern sich häufig durch mangelndes Selbstvertrauen. Arbeiten Sie daran, Ihr Selbstvertrauen aufzubauen. Siehe auch Seite 85 – 88.

3. Setzen Sie zur Bekämpfung Ihrer körperlichen Symptome Visualisierungstechniken ein. Wenn Sie merken, daß Sie eine Hitzewallung bekommen und erröten, versuchen Sie sich geistig in ein außerordentlich kaltes Milieu zu versetzen. Stellen Sie sich vor, Sie stünden in tiefem Schnee, stürzten sich in eiskaltes Wasser oder nähmen an einer Arktisexpedition teil. Ihre Hauttemperatur wird fallen, und die Hautrötungen werden sich auf ein Mindestmaß beschränken.

Register